本专著由西北民族大学资助，"西北民族大学西北少数民族新闻传播科研创新团队（2013年度）"集体撰写完成

媒体单边战

"9·11"事件背景下西方媒体对异质文化的形象建构

杨志平　马廷魁 等◎著

中国社会科学出版社

图书在版编目（CIP）数据

媒体单边战："9·11"事件背景下西方媒体对异质文化的形象建构／杨志平等著．—北京：中国社会科学出版社，2016.12

ISBN 978 - 7 - 5161 - 9345 - 7

Ⅰ.①媒… Ⅱ.①杨… Ⅲ.①传播媒介—研究—西方国家 Ⅳ.①G219.1

中国版本图书馆 CIP 数据核字(2016)第 280898 号

出 版 人	赵剑英
责任编辑	田　文
特约编辑	席建海
责任校对	冯英爽
责任印制	王　超

出　　版	中国社会科学出版社
社　　址	北京鼓楼西大街甲 158 号
邮　　编	100720
网　　址	http://www.csspw.cn
发 行 部	010 - 84083685
门 市 部	010 - 84029450
经　　销	新华书店及其他书店

印　　刷	北京君升印刷有限公司
装　　订	廊坊市广阳区广增装订厂
版　　次	2016 年 12 月第 1 版
印　　次	2016 年 12 月第 1 次印刷

开　　本	710×1000　1/16
印　　张	19.5
插　　页	2
字　　数	252 千字
定　　价	75.00 元

本书撰写分工

策划、统稿	杨志平	马廷魁
第一章	杨志平	马廷魁
第二章	白艳丽	杨公成
第三章	杨志宏	马翠华
第四章	马廷魁	张辉刚
第五章	马廷魁	杨志平
第六章	马小龙	
第七章	杨志平	撒兰创

序

　　尽管作者已经在绪论中将本书的写作宗旨讲得十分清楚，并且在全书中得到了很好的实现，但基于本书内容的丰富性，我觉得依然有些感受不能不说，这不仅是一项重要的案例研究，更是重大传播现象的一项重要学术成果，有许多值得关注的发现。

　　进入21世纪以来，伴随着全球化进程的是日益加快的"媒介化社会"进程，技术进步支持下的媒介对世界的影响几乎无所不在。最重要的是，媒介提供的信息与观点，日益成为人们认识、判断世界的基本依据，媒体还进一步影响着人们的思维方式、行为方式。社会对媒体的重视程度与日俱增，甚至可以说，有时真相本身、是非本身已经变得不那么重要，重要的是占据主流的媒体怎么说，掌握话语权的麦克风发出怎样的声音，表达什么样的观点。政治的逻辑越来越成为媒体的逻辑，国家战略越来越成为媒体战略的首要考虑因素，霸权主义逻辑不但构成了政治哲学的基石，而且也正在成为传播哲学的基石。这一切，都在这项"9·11"传播案例研究中得到了展示与证实。

　　当今世界的乱象，应该说离不开"媒体战""舆论战"。我欣赏本书的书名《媒体单边战："9·11"事件背景下西方媒体对异质文化的形象建构》，媒介化社会条件下，通过缜密策划、系列展开，主导方往往可以对异己的集团、族群、国家、思潮、意识形态、文化进行重新建构，使其形象发生根本改变，成为人们陌生、疏离、恐惧、厌恶、蔑视、仇恨的对象，使特定的异质文化产生分化、自我怀疑，其主张的道路被疏远、被抵制，甚至被仇视、被攻击。从"9·11"事件媒体单边战的后果看，美国为首的西方基本实现了自己的目的。

"9·11"事件的媒体单边战虽然已落下帷幕，随着幕后真相的不断被披露，人们发现伊拉克并没有什么大规模杀伤性武器，也没有发现萨达姆和"基地"组织有什么瓜葛，占领伊拉克不过是一场"误会"；始作俑者小布什早已"归隐"田园农场，合作者布莱尔面对世界的质疑，不过发表了一个致歉声明，但世界格局已然发生了翻天覆地的变化，被操纵的媒体已经完成了"合谋"，结束了它的历史使命，实现了华丽的转身，继续为对手建构下一个令世界紧张的形象去了。他们无须担心人们在被愚弄后会提高警惕，引以为戒。因为只要媒体存在，受众就存在，大众就会跟着媒体走，毕竟人们对世界的印象几乎全部来源于媒体。所以，在今天，离开对新闻生产者的政治经济学分析、政治哲学分析，对媒介与传播的研究就注定是肤浅的、隔靴搔痒的。西方中心论价值追求的内驱力，其实就是许倬云先生所说的"婆罗门情结"。

本书历史地考察了西方媒体霸权的建构过程、媒体垄断的现状、文化渗透、话语霸权、霸权扩散、犹太利益集团与媒体共谋；现实考察了中国与中东媒体的差异、东西方国际传播策略；梳理事实，揭露了美国媒体在全球实行的双重标准及媒体战略。

杨志平教授率领的团队犹如一个出色的外科手术团队，手执解剖刀，层层深入，直指病灶。恢宏开阔的视野高屋建瓴，让人跳出固有的领地，获得全景式的印象，鞭辟入里的分析令人茅塞顿开、为之折服。占有材料的丰富，梳理之清晰，均给人启迪。研究媒体的书不少，但追寻真相的有限；熟悉传播、了解西方的人不少，但勇于讲真话、表达正义感的人不多。所以我认为这是一本有见地、有厚度、有温度的书。

　　依古人之见，读书，明理之谓也。所以，能让人明白一些新的、重要的道理与事实的书就应该是好书。如果这种书还能让你"明真相"，那就更有价值了。由研究对象说开去，作者体现出难得的清醒，从当下以及今后的媒体"可以透视出全球霸权主义下的政治博弈与利益争夺仍然是国际局势的实质内核，而西方媒体将矛头指向某一文明是其配合国家利益和全球战略而设置的议程，也是语言表述的策略和技巧。美国利用强大的新闻传播软实力通过这一突发事件轻易地占领了'正义'的舆论制高点，打赢了一场'漂亮'的媒体单边战。"此种单边战，今后可能还要上演。

　　本人产生的另一个感想，是本书作者身上多少也体现出类似后殖民理论家身上的那种特有气质。像萨义德、斯皮瓦克、荷米芭芭等，这些出身于发展中国家的少数族裔学者，恰恰因为独特的敏感，敢于怀疑流行的资讯、理论主张，甚至理论体系、价值理念，指出其谬误。他们会站在被歪曲、丑化了的对象的视角去发出独特的辩护甚至反驳。这种声音成了西方主流学术界的空谷足音。从此可看出，具有少数民族身份的一些学者，其知识结构、文化视野、学术思考，是有其独到之处的。杨志平教授的多民族研究团队是个令人羡慕的合作团队。说到此种现象，我愿意再举一个例子：数月前通过答辩的河北大学金强博士的博士学位论文《中国大陆媒体对伊斯兰国家报道研究（2001—2015）》，与本书有异曲同工之妙。研究的是"9·11"事件以来中国媒体对伊斯兰国家的报道。为何也恰恰是"9·11"以后？报道中的问题为何又与我们经常驳斥的西方媒体存在某种一致性？是巧合，还是西方全球传播战略确实在全球产生了共鸣效应？即使有时这种回应是无意识的。这篇博士学位论文同样引出一系列对媒体传播引发的文明形象建构的思考。该论文在近二十万字的篇幅中，通过对我国媒体新闻报道的自我审视，总结出许多令人触目惊心的表现及问题。与本书所分析的问题——新闻报道对伊斯兰文化的误读与误传十分相近。不同的是，我国媒体的问题主要是在跨文化沟通方面存在知识与意识不足，与西方的情形完全不同。

在本书中，杨志平教授及其同事有许多睿智的判断，譬如："在这场旷日持久的博弈中，发展中国家关于建立世界新闻新秩序的主张已在联合国得到广泛支持和理解。发展中国家增加合作的同时，各国新闻事业有了急遽发展的走势。但是在未来很长时间内西方发达国家的技术优势不会丧失，这场斗争的结果最终取决于经济实力和发展速度。"

"诚然，研究媒体对'9·11'事件新闻报道的问题，一不可绕开东西方传媒的实力与现状的对比；二不可脱离其霸权语境；三不可回避'本源与变异'的事实，这是辨析真伪、探索本源的学术过程。"

十分难得的是，课题的最后部分，提出了单边战不如"文明对话"的倡议，指出要消除畸形的传播，打通文明的壁垒，实现世界的和谐与安宁，必须从文明对话开始，而媒体应该是对话的媒介与平台。应该"探索恰当的关于异质文化的国际报道对策，以规避误读误导现象，尤其是在'一带一路'战略背景下，为塑造良好的中国形象、营造友善的外交环境和提升中国文化软实力服务。"

从这里，我们似乎才真正看到了媒体作为传播文明平台的未来。

白 贵

2016 年 8 月 29 日于河北大学紫园寓所

目　录

绪　　论

　　"9·11"事件为我们打开了又一扇了解以美国为主导的西方世界的大门，审视这个震惊世界的重大事件的新闻报道，可以透视出全球霸权主义下的政治博弈与利益争夺仍然是国际局势的实质内核，而西方媒体将矛头指向某一文明是其配合国家利益和全球战略而设置的议程，也是语言表述的策略和技巧。美国利用强大的新闻传播软实力通过这一突发事件轻易地占领了"正义"的舆论制高点，打赢了一场"漂亮"的媒体单边战。

　　长期以来，社会主义议题一直是西方媒体报道的重要议程，随着1991年世界上最大的社会主义国家苏联的解体，西方媒体的报道议题转向了伊斯兰世界和中国社会。十多年来，伊斯兰、穆斯林、中国人被推上了风口浪尖，"伊斯兰恐惧症""中国威胁论"不绝于耳，伊斯兰教、"原教旨主义"、圣战、恐怖主义、极端分子、中国人权等成为热门话题和研究重点。这种"声东击西"的语言策略掩盖了西方世界强权政治和经济掠夺的实质。法国哲学家阿兰·巴丢在巴黎恐怖袭击发生后发表的演讲中指出：帝国主义的实质就是强国之间在全球范围内的瓜分，19世纪末，帝国主义像分蛋糕一样切开了非洲，并在当地建立了宗主国统治，第二次世界大战后，帝国主义模式（殖民主义）瓦解了。但是，这些国家仍然拥有宗主国的权利。今天西方国家仍在不同的地方有活跃的军事活动：美国在阿富汗、伊拉克、叙利亚的战争，法国在其非洲原殖民地区长期的驻兵和军事行动……显然，帝国主义并没有随着殖民的终结而终结，只不过是换了一种干预的方式。① 俄罗斯总统普京说，"阿拉伯之春"所席卷的国家使俄罗斯失去了在当地的市场份额，丢掉了大宗的商业合同，而空出来的市场则被参与推翻当地政权国家的企业所侵占。阿兰·巴丢和普京的发言一语中的，媒体上呈现的各种新鲜名词和概念只不过是烟雾，需要透过现象看本质。

在研究以美国为主导的西方国家与中东国家的政治经济关系中，不难发现西方传媒在其中起到了牵引甚至是搅动的作用，也可以看出在特定的事件中媒体服从政治利益而成为博弈的工具。在梳理了西方媒体就"9·11"事件的新闻报道后发现，当今东西方传播实力以及西方媒体在报道第三世界和异质文化时存在以下特点。

第一，"西强东弱"是当今世界新闻传播与东西方新闻传播实力和现状的基本特征，而且西方传媒通过强大的媒体机构和丰富的媒介资源，以及垄断全球传媒市场的优势拥有绝对的话语权。美国不仅是经济、军事、高新技术、尖端科技的超级大国，而且在文化与新闻传播上具有强势。在世界媒体 500 强榜单中，入选数量最多的 10 个国家和地区分别为：美国（105）、日本（47）、英国（46）、中国大陆（42）、德国（28）、印度（22）、加拿大（19）、韩国（17）、法国（16）、中国香港（15）。② 从这个统计中，不难看出美国拥有绝对的传媒强势。目前美国共控制了世界 75％的电视节目和 60％以上广播节目的生产和制作，占据了世界电影总放映时间的一半以上，总票房的 2/3。③ 西方传媒经过几十年的新闻与文化传播，西方意识形态与文

---

① 参见［法］阿兰·巴丢《"文明"世界病入膏肓的真相》，刘燕婷译，《新京报书评周刊》2015 年 12 月 15 日。
② 参见李瞻《国际传播》，台湾三民书局 1986 年版，第 129 页。
③ 参见叶皓《公共外交与国际传播》，《现代传播》2012 年第 6 期。

化价值取向已经成为主流，并成功地把自己的文化塑造成"文明"的，相反，其他的文化是"野蛮"的，故有人称之为西方文化的"全球化"。

第二，就"9·11"事件，西方新闻媒体通过设置议程建构了"拟态环境"，在这种"拟态环境"下的新闻传播行为，未能客观公正地报道文明之间的冲突及深层原因，未能全面平衡地反映国际社会中的强权政治与霸权主义，以及阿拉伯—伊斯兰世界的全貌，有些报道刻意掩盖了西方发达国家与第三世界复杂的政治、经济矛盾及殖民历史。所谓"拟态环境"，就是由大众传媒从自我认知的基础上对新闻事件进行编码处理后形成的信息环境。通俗地讲，它并不是客观事实的准确再现，而是传媒通过对新闻事件的选择、加工，重新加以结构化以后向人们呈现的事件与环境。新闻媒体的报道大多具有特定的倾向性，或在一定的意识形态支配下进行"议程设置"，因而新闻媒体"拟态环境"下的报道并不是客观环境的再现，只是一种被建构后的媒体环境，或多或少与现实环境存在偏离。这样的新闻传播不仅制约受众的认知，而且影响受众对客观现实的判断。叙利亚政治分析师马希尔·伊赫桑指出，被西方媒体标榜为"民主和自由"的"阿拉伯之春"并未给任何一个爆发"革命"的阿拉伯国家带来真正的民主和自由，而是带来混乱、暴力、战争、恐怖主义和人道主义危机。"阿拉伯之春"事件中，美国媒体配合政府构建了一个"拟态环境"，主观臆断地认为可以改变这一地区的政治生态，结果激发事态向反方向发展。

第三，"9·11"事件报道中，西方媒体的报道虽然快速敏捷、内容丰富，其中不乏客观公正的内容，但一些新闻直观感性，渲染了现场的悲观情绪，使部分美国受众产生较强烈的复仇情感，还有一部分新闻报道主观性较强。这些新闻不仅反映了西方媒体的报道意图，也影响了他国新闻报道的议程和框架，比如中国媒体的部分报道就有偏斜之憾，首先，是在一定的时段内集中选择西方媒体的报道内容，步入其议程设置和报道框架之中；其次，是信源单一，大多选择西方媒体的报道，自采或选用第三世界媒体的报道少；再次，对西方媒体新闻报道的观点、态度照单全收，鲜作解读，缺失鲜明的中国立场与观点，使受众的认识趋同于西方的价值取向。

第四，一些报道只做到了现象真实与微观真实，缺乏本质真实与宏观真实，未能使受众了解复杂多变的国际形势与文明冲突背后深层次的利益纠纷。新闻报道的真实性有多种层次，有现象层次的真实，有初级本质层次的真实，有二级本质层次的真实，有核心本质层次的真实。对于一些复杂的国际问题的报道，媒体必须将现象真实与本质真实、微观真实与宏观真实有机地结合起来进行报道。"世上没有无缘无故的爱，也没有无缘无故的恨！"这个道理世人尽知。塔利班为什么要袭击美国？其背后的深层原因是什么？又是什么原因让全球恐怖袭击此起彼伏？是什么样的国际秩序滋生了披着宗教外衣的当代法西斯？遗憾的是，西方媒体对"9·11"事件的报道只做到了现象真实与微观真实，鲜见对其深层次原因的挖掘。

第五，部分报道有损新闻真实与客观、全面与平衡的原则，使受众对新闻媒体的权威性和公信力产生怀疑。真实、客观、理性、深入、全面、平衡是新闻传播的基本原则，如若国际新闻报道持主观、偏颇、感性的态度，或蓄意歪曲事实，或丑化某个文化，则可能使国家、民族、文化之间产生误解与矛盾，给本国政府与被诋毁国家的外交造成尴尬和障碍，甚至引起被诋毁国家的强烈反应。近十几年来阿拉伯世界此起彼伏的反美浪潮即是证明。

第六，一些报道"爱憎分明"，极力推广或褒扬西方"民主"，对其国内的弊端选择性失明；而给某个宗教、某些国家贴上负面标签进行攻击，对其中正、端庄的文化及和平崛起的事实视而不见；或对自己的行为冠以"文明"，而对对方的行为冠之以"野蛮"。比如，美军根据国家元首的秘密指令借助无人机击杀了成百上千的人，叫作定点消除，而阿拉伯人杀死几个或几十个西方人则被认为是自杀性杀戮。在叙利亚，持续五年的内战已导致 25 万人丧生、100 多万人受伤，650 多万人沦为境内流离失所者，约 450 万人逃往境外避难。这就是文明吗？只因为"文明"人用杀人不见血的战机轰炸，而不是恐怖分子用野蛮的方式在自杀前对着人群开枪？

西方媒体对"9·11"事件报道呈现的这些特点已被国内外许多学者所关注，我国宗教文化学者认为，国内外新闻媒体的国际报道选题过于狭窄，信源选择单一，部分报道还有误读某种文明的现象，这有损于中国与中东国家的外交关系与民间感情，以及新闻媒体的公信力与权威性；更有学者认为，集中传播关于恐怖事件的报道对恐怖主义扩大影响力起到了推动作用，甚至有被利用之嫌，这一点应当引起新闻媒体的高度警惕。百度文库编辑在编选法国哲学家阿兰·巴丢就巴黎恐怖袭击发表的演讲时评论道："真相总会被揭露。带着成见看待问题，只能得到简单偏颇的结果。远远无法触及的是这个世界（以西方为主导的）的利益争夺和政治博弈的实质内核。将矛头对准伊斯兰，只是成见与误导结合后的变异，是美以宣传公关的预想成果。宗教只是无辜的被绑架者。绑架宗教只是为了给侵略杀人一个入口。令人不解的是，这个世界从来看不见西方霸权主义对穆斯林的侵略，看不见千千万万在以色列轰炸中无辜死难的巴勒斯坦平民，但只要西方'贵族们'挑起事端，马上就有'正义'之士跳出来谴责，这种现象很滑稽。媒体的良知是站在人的普遍立场上做出报道，而不是有爱有恨，一手报道，一手遮蔽。健全的人格是用理智看待事件本身，而不是以点带面，不加深入和了解就去潦草地否定一个信仰和文明。"新华社在 2016 年 3 月 17 日发表的特稿《谁偷走了中东这五年》一文中报道：五年前，受西方所谓"民主""人权"等价值观鼓动，发源于突尼斯的所谓"阿拉伯之春"浪潮席卷西亚北非多国。五年过去，

"阿拉伯之春"不仅未能给这一地区送来一丝春意，反而将一些原本还算富足的国家推入漫长的动荡严冬。

西方一些学者对此也有深入的研究。美国爱荷华州立大学心理学系教授克莱格·安德森（Craig Anderson）和同事进行了一系列关于媒体与穆斯林形象的研究。研究发现，负面报道与对伊斯兰国家采取军事行动和管制的支持之间存在联系。研究者让受访者随机观看三个新闻片段，分别是负面、中立和正面报道。负面的报道是 6 名恐怖袭击嫌疑人计划潜入位于新泽西州的迪克斯堡陆军基地，"至少杀死 100 名美军士兵"；中立的报道是美国一所高中因斋月习俗而改变足球规则；正面的报道是某年圣诞节期间穆斯林志愿者的活动。实验结果显示，观看负面报道的受访者表达了对伊斯兰国家进行军事打击的支持，并表示应该限制穆斯林的自由，这符合媒体效应规律，但让安德森深感意外的是，参与者并未意识到限制美国穆斯林的自由是违反宪法的，而且这些反穆斯林的情绪来源于一种偏见，即穆斯林本质上都是"暴力"的；但是，在看到正面报道后，支持打击伊斯兰国家、限制美国穆斯林自由的受访者明显减少。安德森认为，媒体从业者应当认识到他们的报道在影响公众观念方面的作用，其内容不应太片面，同时应当如实反映穆斯林民众积极的一面。①

爱荷华州立大学新闻学副教授拉鲁卡·寇兹玛（Raluca Cozma）认为，记者需要推动民众的正确理解，杜绝因为少数人的行为而对整个群体进行妖魔化。美国学者约翰·L. 埃斯波西托（John L. Esposito）与达利亚·莫格海德（Dalia Mogahed）就这一现象做了深入的探究，他们认为美国及西方国家的新闻报道有失公允，不能反映当今世界的真实全貌，他们通过盖洛普调查对世界 60 多个国家的民众进行了电话访问、问卷调查与田野调查，用科学的数据反映了全

---

① 参见《全面报道：公正对待穆斯林形象》，《中国社会科学报》2016 年 3 月 31 日。

球伊斯兰世界的现状与穆斯林的心声。

甚至连美国媒体也在反思，2015 年 12 月《华尔街日报》在一篇报道中说："阿拉伯之春"到底给中东和世界带来了什么？为什么经历了"群众革命"的国家都变成"出产"极端分子最多的国家？

因此，本著述依据全面平衡、客观公正的原则，秉承不偏不倚的精神，从新闻学与传播学的视角对西方媒体以及国内部分媒体关于"9·11"事件的新闻报道进行梳理、对比、研究。第一，分析西方媒体如何针对东方文明（伊斯兰文明／中华文明）进行"议程设置"与"刻板形象"建构，曲解或丑化异质文明，从而达到配合其国家利益和全球战略的目的；第二，阐释了西方媒体话语霸权建构的基础、现状与表现，以及中国与中东等国传媒力量或国际传播实力的孱弱；第三，通过西方媒体就"9·11"事件的报道内容，透视了其对伊斯兰文化的主观性与偏差性；第四，深入分析了西方媒体误导误读异质文化背后存在的政治、经济、军事、资源、意识形态、民族、文化、殖民历史等深层原因，以及错综复杂、波诡云谲的国际传媒生态及深刻背景；第五，探索恰当的关于异质文化的国际报道对策，以规避误读误导现象，尤其是在"一带一路"战略背景下，为塑造良好的中国形象、营造友善的外交环境和提升中国文化软实力服务。

第一章　全球政治化背景下的媒体战

1963年至1967年，美国政府组织15名著名大学的顶尖学者在纽约的铁山进行了一项绝密课题研究，课题结果显示："战争是社会稳定的一种特殊方式。除非其他替代方式能够被发展出来，否则战争系统应该被保持和强化。"[①] 今天，我们应该清醒地意识到全球此起彼伏的动乱和战争，并不是国与国之间因为意识形态的差异或民主自由的缺失而进行的较量，而是某个超级大国要使用战争武器成就其全球"独立政治系统的存在"。"铁山"报告警示美国："如果全球进入永久的和平状态，那么美国社会的出路在哪里呢？"这份报告同样也警示全球爱好和平的人士：如果世界长期处于战争状态，那么，全球人民则会进入万劫不复的无间道[②]。

在全球政治经济一体化的今天，战争的方式已经发生了巨大变化，传统的战争已经过时，而且容易背负道德的谴责。21世纪以来，西方强国对弱小国家除了军事打击外，更为巧妙的战争——金融战争、文化战争、媒体战争等领域的战争已然在世界范围内上演，如希腊金融危机已经使该国资不抵债，濒临破产；在冷战刚刚结束两年后的1993年，美国哈佛国际和地区问题研究所所长塞缪尔·亨廷顿就

---

① 宋鸿兵：《货币战争》，中信出版社2007年版，第195页。
② 无间道是佛教用语，指佛经故事中八大地狱中最苦的一个，也是民间所谓十八层地狱中底部的最后一层。

发表了《文明冲突?》一文，引起了全球范围内的争议与讨论；从北非西亚燃起的"阿拉伯之春"新媒体信息战也使多国改变了颜色，阿拉伯人民不但没有进入期待的春天，反而直接堕入了地狱。因此，在后殖民主义时代，西方强国对第三世界展开的侵略是全方位的，既有军事战争、货币战争、文化战争，也有利用媒体发起的信息战争。

其实，利用媒体发起战争并不是什么新鲜事，第二次世界大战和越南战争就分别开启了"广播战争"和"电视战争"，"9·11"事件则开启了报纸、广播、电视、网络等媒介的全媒体攻击战，而当下的叙利亚危机正在上演着一场社交媒体之战。但21世纪以来的媒体战争都不是在势均力敌的状态下进行的，而是西方国家在全球媒体数量、机构实力、媒介资源、话语权，以及国家实力等方面占据绝对优势的态势下，与第三世界国家展开的实力极其悬殊的媒体单边战。而中东国家的传媒由于实力弱小，几乎没有什么声音发出，且没有国际传播议程设置能力。

今天，我们不能不承认，美国借"9·11"事件打了一场漂亮的媒体战争，从近期解密的美国国防部《信息作战路线图》文件显示，美军将网络战、电磁战、心理战界定为信息战的主要作战样式。在针对阿拉伯—伊斯兰世界的媒体战中就采取了各种非常手段，如以《华盛顿邮报》为代表的报纸，以美国之音为代表的电台，以CNN为代表的电视网一并开启最大功率的全媒体网络宣传攻势，成为国际新闻宣传主力军。美国在阿富汗塔利班政权倒台后，投资数亿美元用于控制和支持阿富汗各类媒体，增办多家电台、电视台和杂志，秘密资助阿富汗境内的30多家电视台播发有利于美国的新闻；在伊拉克和阿富汗境内免费派发装有袖珍收音机的食品包，美国媒体把这些带有人道主义色彩的食品包称之为"同价值200万元的巡航导弹一样重要"；美国之音加强了普什图语、乌尔都语和阿拉伯语广播，还曾试图收买伊拉克逊尼派宗教学者为驻伊美军宣传，甚至不惜花费重金收买伊拉克报纸刊登"好消息"；美国政府还暗中向许多秘密机构拨巨款训练专业人员，进行反伊斯兰宣传，极力丑化穆斯林形象。位于马萨诸塞州的政治研究协会（PRA）在政府资助下举办了一次长达9个月的反恐宣传技术训练营，对来自全国各地的反恐情报人员、安全警卫、新闻媒体工作者和司法官员进行密集培训，培训的主要目的是加强敌视伊斯兰教的思想教育，让培训对象确信伊斯兰教是滋生恐怖与暴力的根源，对待穆斯林恐怖分子绝不可同情和心软。而对于提出质疑的个人或胆敢叫板的机构则进行严厉的打击，美国之音因为播出了塔利班领导人奥马尔的访谈，台长惠特·沃恩及其主管、国际广播理事会主席被撤职；普利策新闻奖得主、美资深记者彼得·阿内特只因接受伊拉克国家电视台采访而被 NBC 开除；"半岛"电视台因为播放有关英美联军的负面画面而遭到压制。凡此种种，不一而足。①

据新华社的相关信息披露，自阿富汗战争爆发以来，美国境内有关军事的网站、网页出现了数十倍的增长，网上的信息呈几何数上升，只要输入"阿富汗"三个字就能获得大量的最新消息；阿富汗私人电视台 Tolo 因内容丰富而在当地拥有较高的收视率，但在节目播出的间隙，不是穿插反对塔利班和"基地"组织的各种资料性节目，就是对本·拉登等"基地"组织重要头目进行悬赏。该台曾数次强调，这些节目都是美军付费的，在约两年时间里，美国已对这家电视台投入数百万美元。

2003 年，美国媒体大量制造向伊拉克开战的舆论，白宫甚至专设了"战略影响办公室"（后改为"全球宣传办公室"），旨在引导国际舆论，向世界散布"萨达姆是暴君"的各种爆料，为对伊拉克开战做舆论准备。

---

① 参见吴冰冰《霸权、话语、认同与伊斯兰——评〈西方霸权语境中的阿拉伯—伊斯兰问题研究〉》，《回族研究》2007 年第 4 期。

前伊拉克电视台是萨达姆痛击美国、争取民心的舆论工具，也是美国的眼中钉、肉中刺，在对伊开战的第 6 天，联军轰炸了伊拉克电视台。

《你好》杂志是美国于 2003 年伊拉克战争后倾心打造的一本外宣刊物，美国国务院每年出资 420 万美元资助这本刊物，目的是让其从包装到内容力求"本土化"和"贴近读者"，针对的读者主要是埃及、沙特、摩洛哥、利比亚、叙利亚等 15 个阿拉伯国家和地区的 18—35 岁的年轻人，强调"非政治性"和阿拉伯化的"原汁原味"，目的在于改善美国在阿拉伯人心中的形象。埃及《金字塔周报》一针见血地指出，这是美国针对阿拉伯国家的"洗脑"之举。

此外，美国政府十分重视在国内外培育一个支持美国政策的媒体环境，当冲突或突发事件发生时，营造有利于自身利益的舆论。美国认为："一个政府要想在重大事件发生后，影响和赢得民意，需要利用和开发现代媒体带来的软资源，制造舆论、设置议程框架，从而形成自己的软力量优势。如果不能适时地调整到现代媒体舆论环境下，这个国家、政府或政党组织将在舆论和民意上处于劣势。"因此，在"9·11"这一重大突发事件发生后，美国通过强大的传媒影响力，设置新闻议程框架，制造舆论，把自己打造成了"受害者"和"解放者"，与此同时丑化和妖魔化对方，赢得了民意，成功地打赢了这场媒体战争。

媒体战争不见政府的影子，也不见战火的硝烟，但却能给民众洗脑，瓦解敌对国民的心理防线，继而颠覆政权，其效果甚至大于军事打击，且投入少，伤亡小，还能占领政治与道德制高点。

第一节 媒体战争：三个时间节点

一 "9·11"事件——媒体反恐的起始点

2001 年 9 月 11 日，美国世贸大厦遭遇恐怖袭击，世界为之震惊。"9·11"事件在世人眼中毫无疑问是一场浩劫，也是整个西方世界遭受到的最严重的恐怖袭击事件之一。也是在 2001 年 9 月 11 日这天，全世界的新闻媒体把目光都投向了美国纽约曼哈顿，将这场浩劫的凶手指向"基地"组织，指向了本·拉登，也指向了伊斯兰世界。

"9·11"事件发生后，美国立即启动媒体新闻报道议程设置框架。报刊、电视台和电台全方位出击，对这次特大新闻事件进行了详尽的报道。在舆论上，矛头直指"基地"组织为恐怖组织；在内容上，揭露阿拉伯社会的"保守落后"、"基地"组织的宗教极端、穆斯林的"暴力无知"；在电视画面上，渲染世贸大厦被毁与人员伤亡的惨状，以及美国国民的愤慨和爱国主义情感，随即复仇、反恐、军事打击的舆论逐渐生成。

此后，全球舆论导向发生了巨大变化，新闻媒体大篇幅长时段地对"9·11"事件进行报道，舆论也几乎一边倒地压向了阿拉伯—伊斯兰世界，穆斯林在西方社会迅速地被划为异类，在一些西方人眼里穆斯林甚至与恐怖分子画上了等号。"9·11"事件发生一个月后，美国 ABC 电视台进行的民调显示，47％的美国人对穆斯林抱有好感；到 2011 年，数字跌到 37％，2014 年，"阿拉伯裔美国人研究所"的调查显示中，只有 27％的美国人对穆斯林仍有好感。由此可见，媒体的新闻报道与舆论引导对受众的影响是显而易见的。

自"9·11"事件后的十多年来，西方世界与伊斯兰世界之间所谓的"文明冲突"不断深化和加剧，成为一个重要的国际话题。"9·11"事件之前，媒体很少涉及伊斯兰世界与恐怖主义方面的议题，但之后，伊斯兰世界与恐怖主义的议题明显增多，而且将二者等同，并在全球范围内传播。如《纽约时报》在"9·11"事件之前很少报道恐怖主义和伊斯兰世界的新闻，甚至没有对哈特·拉德曼的报告予以报道，这份报告向美国发出一个严重警告，说美国境内可能出现大规模的恐怖主义活动，但之后《纽约时报》的版面对恐怖主义和伊斯兰世界呈现出集中轰炸式报道。

　　今天，"9·11"事件带来的影响除了将"基地"组织与恐怖袭击对全球公共安全的威胁拉到历史舞台上外，也唤起了全球协力应对"穆斯林恐怖袭击"的共同意识。然而，随着2011年5月1日本·拉登被美国的"反恐行动""斩首"，恐怖袭击不但没有步入尽头，反而成为新一轮恐怖袭击的开始，这也意味着全球对穆斯林的成见愈加严重，"伊斯兰恐慌症"在西方社会不断发酵，尤其是ISIS的崛起和巴黎暴恐袭击等一系列事件的发生，全球公众对穆斯林的负面印象更是愈加深化。

　　就本质而言，"9·11"事件是西方政治霸权与第三世界阿拉伯民众之间的政治较量。在整个20世纪，西方列强展开了激烈的利益争夺战——两次世界大战、美苏两个超级大国的争霸战等，但吊诡的是战争的恶果却需要中东人民吞下，如德国人屠杀犹太人的罪恶需要中东人民付出代价，巴勒斯坦要无偿提供土地让以色列建国，巴勒斯坦人民被屠杀或流离失所；中东国家的一些政府被欧美或苏俄控制、左右，资源被觊觎、攫取，文化被侵蚀、污染，家园满目疮痍。几十年来，阿拉伯人民为了独立和自由进行了不断的探索和斗争，追寻过社会主义革命、民族主义革命、资本主义革命、伊斯兰革命等方式的独立解放运动，政治意识在不断觉醒。2001年9月

11日，"基地"组织在明确了西方强国的政治用心之后，在政治、军事力量极其悬殊的状况下，发动恐怖袭击，将战火引向了美国本土，致使世界贸易中心两座建筑被毁，五角大楼局部结构损坏坍塌，死亡2996人，这被认为是继珍珠港事件之后美国本土第二次遭受到的打击。但这种恐怖袭击招致了美国等西方强国对阿拉伯—伊斯兰世界更加惨重的打击。

"9·11"事件发生后，美国开辟军事、经济、文化、媒体等多个战场开始打击，而新闻媒体配合美国全球战略，发挥其在全球话语霸权的优势，相继抛出了宗教激进主义、逊尼派、什叶派、恐怖主义、极端主义、圣战、伊拉克核查危机、大规模杀伤性武器、推翻暴君萨达姆等概念和政治宣传语汇，以及声东击西式的新闻报道和舆论转移了全球受众的视线，成功地把自己塑造成了被"恐怖主义"攻击的"受害者"和"解放伊拉克人民"的"正义者"形象，当媒界、文化界、学术界还在研究这些概念时，美国却在其他战场攫取资源捞取政治资本，建构其以石油为依托的美元货币体系。

对于中外新闻媒体而言，"9·11"事件无疑是一道分水岭。之前对阿拉伯—伊斯兰世界的报道频率较低，态度基本中立，预设新闻的框架不明显，但"9·11"事件后，媒体对伊斯兰世界的报道频繁，反伊斯兰、反恐怖主义立场鲜明，并将二者等同化。"9·11"事件后，我们从西方媒体对全球报道的新闻框架、舆论营造、矛头指向、传播效果分析，其前期的策划痕迹较为明显，并具有主导性。

二 "阿拉伯之春"——改造中东社会的社交媒体战争

如果把"9·11"事件看作一个起始点，"阿拉伯之春"为第二个时间节点，那么法国暴恐袭击事件就应该是第三个时间节点。把"9·11"事件看作一个起始点，是因为该事件的发生对美国和世界政治格局均产生了巨大影响，美国与中东、西方与伊斯兰世界的关系急剧恶化，并严重危及了和平发展的国际环境。

2010年年底，在突尼斯开始了一场政治革命，这场革命由一群谙熟互联网、希望自己的国家如西方一般"自由""民主"的年轻人主导，许多"单纯"的民众应用自己的手机媒介被裹挟进入这场革命，最终这次革命席卷了几乎整个北非和西亚地区，导致一系列的政治强人倒台，同时也改变了中东地区的政治格局。这场被称之为"阿拉伯之春"的革命基于社交媒体所引发的政治运动成为媒体与西方世界勾连的第二个时间节点。

这场革命的导火索貌似由一个叫穆罕默德·布瓦吉吉的年轻"小贩"引发。2010年12月17日，布瓦吉吉在"经商"时遭受当地警察的粗暴对待后自焚。这个突发事件通过一批年轻人在社交媒体上迅速传播开来，一时间激起了当地民众长期以来对高失业率、高膨胀率和政府腐败的怒火，致使民众与突尼斯国民卫队发生冲突，事态发展信息继续通过社交媒体在突国范围内传播，随后冲突也蔓延到突国多处，形成全国范围内的大规模社会骚乱，并造成多人伤亡。在"小贩"布瓦吉吉自焚后的一个月内，突国内骚乱愈演愈烈，在这种情况下，总统本·阿里被迫离开统治了23年的国家飞往沙特。

之后，突尼斯动乱的态势随着社交媒体迅速蔓延至其他中东国家，阿尔及利亚、埃及、利比亚、也门、巴林、叙利亚等国也相继发生了类似的抗议运动，各国社会骚乱不断，政局摇摇欲坠。经过多年的沉淀和研究发现，这个事件是由一个叫作"美国国家民主基金会"的民间组织（由美国政府支持的组织）策划的阴谋，该组织投入大量资金在当地组织人员进行培训，并在幕后进行操作，致使事态一浪接一浪，有规律地在北非、西亚一个国家一个国家地推进，而引发事件的穆罕默德·布瓦吉吉也并非是什么小贩，只是当地的一个无业游民。

从媒体的角度讲，没有互联网、没有社交媒体那就没有"阿拉伯之春"，再一次证明了传播学家施拉姆的认识：在社会变革的时代，大众传播媒介不仅是这一变革的代言者，而且是这一变革的促成者。西方社会在这场通过互联网进行的"和平演变"中着力推广西方民主，但却没有料到在5年之后一个比"基地"组织还强大的恐怖组织会通过同样的手段，成为美国在中东的最大敌人。而即使在"突尼斯全国对话委员会"刚获得了诺贝尔和平奖的今天，对于这场政治革命的评价也是褒贬不一，由于缺乏西式民主的宏观社会背景，各国的政权在不同的政治派别手中不断更迭，政治的不稳固换来的是高失业率、高通胀率和经济的萎靡，这些因素累积起来，在一些国家进而演化为大规模的动荡骚乱。在西方媒体的报道中，革命的流血又成为塑造"暴力"穆斯林形象的又一种素材。

三 巴黎暴恐事件——世界政治文化格局巨变

2015年11月13日，法国巴黎的暴恐事件再次刺激了全世界的神经，有人把这次的暴恐事件与"9·11"事件相提并论，并称之为法国版的"9·11"事件。"9·11"事件之后的这十多年来发生了相当多的事情，"反恐"战争、伦敦地铁爆炸案、"阿拉伯之春"、利比亚战争、埃及政变、叙利亚危机、《查理周刊》遇袭案、ISIS的崛起……随之而发生的则是伊斯兰文化和穆斯林群体的形象再度被妖魔化，时至今日，很多非穆斯林甚至直指穆斯林"野蛮""落后"，甚至将伊斯兰教与邪教挂起钩来，在很多网络上伊斯兰教被称为"人类之癌"。

法国的暴恐事件把"伊斯兰恐怖主义"推到了极点，全球受众对伊斯兰文化的误解更深，让穆斯林处境更加艰难。自"9·11"事件以来，如此大规模的恐怖袭击几乎是头一次。2015年1月，法国《查理周刊》杂志社遭到恐怖袭击，造成12人死亡。这两次事件一同造成了全球范围内对穆斯林的新一轮质疑与责难。

这一剧变无疑构成了一次历史性的事件，必将对法国乃至世界的政治文化格局产生巨大的影响。当整个西方世界都完全沉浸于悲痛之中，西方社会长久以来所遵循的普世价值被情绪高涨的右翼势力抛到一边，反穆斯林的声音此起彼伏，种族主义甚嚣尘上，甚至很多无辜的穆斯林在其中付出了生命，也在西方社会中埋下了种族主义和纳粹主义的种子。与此同时，那些受到不公平对待的欧洲穆斯林心中也被激发出来对抗的情绪，进一步加剧了双方之间的矛盾。

"9·11"事件发生时，互联网还尚未普及，而传统媒体通过其几乎垄断的话语权，塑造了"暴力"的穆斯林形象，大规模的负面报道势必会在短时间塑造一个相当负面的形象。而在"9·11"事件后，由美国主导的一系列"反恐"战争在中东地区不但没有达到其所标榜的建构民主政治体制的预想结果，反而造成了中东地区的持续动荡，甚至激发了阿拉伯—伊斯兰世界的反美浪潮。

西方受众将伊斯兰和暴力联系起来，除了暴恐事件造成的强烈冲击之外，新闻媒体在某种程度上的推波助澜也是另一个重要因素。从1979年开始，随着伊朗"伊斯兰革命"及之后发生的伊朗人质事件，西方媒体开始对伊斯兰世界有了一些初步的形象建构，之后的海湾战争俨然成了媒体宣传战，各国的媒体在聚焦海湾战争的同时，也对伊斯兰文化有了西方意识形态视域下的判断和评价，"9·11"事件则把过去更多停留在想象层面的伊斯兰世界放大。

纵观西方媒体对中东国家的报道，大多以政治议题和宗教议题为主，科技、文化、教育等方面的议题较少，对反恐反伊斯兰极端主义的报道所占比例较大，同时也涉及穆斯林移民问题，特别是叙利亚内战以来，由于难民问题的凸显，更多话题偏向叙利亚难民对欧洲造成的影响，这进一步助长了欧洲右翼力量的排外情绪，由此而来的关于宗教纠纷的报道也大幅上涨。在报道词汇的使用中，也大量使用恐怖主义、伊斯兰极端主义、圣战等词汇；在新闻源的选取中，很少出现非西方媒体的信源；在新闻内容方面，大多以冲突性新闻为主。尽管大多数西方媒体都在标榜恪守新闻专业原则，在报道的手法上也尽量以客观描述为主，但其根深蒂固的西方意识形态在很大程度上支配和影响着其报道的观点和立场。新近崛起的ISIS利用社交媒体传播其"建国"理念，招募人员，扩大影响，以达到某种政治目的，其中就包括对人质斩首的血腥场面的传播。而这样的宣传也加深了世界范围内的反穆斯林情绪，从而使得伊斯兰世界和非伊斯兰世界之间的仇视和敌对越来越厉害，形成了恶性循环。

我们通过这三个节点梳理这些事件后可以看出，新闻媒体在呈现突发事件、"文明冲突"、民族情绪方面没有起到积极作用，反而起到了激化矛盾的作用。"9·11"事件之后的媒体报道使得西方的反伊倾向抬头，导致西方社会对穆斯林群体产生敌对情绪，而穆斯林群体也感到十分的委屈，认为个别穆斯林的行为，为什么要迁怒于整个群体和阿拉伯—伊斯兰世界？而且"基地"组织袭击美国也是有深刻的政治和历史原因的，对此媒体却不做深度报道。10年后，西方世界通过社交媒体的普及，"邀请"阿拉伯世界的民众使用自己手中的媒介掀起了"阿拉伯之春"运动，使中东一些国家像多米诺骨牌一样一个接一个倒下，同时也引发了叙利亚危机，而叙利亚危机又为ISIS的崛起提供了条件，这一切的罪恶又激起了阿拉伯世界对西方世界的反感和憎恶；ISIS同样利用社交媒体招募没法生活的难民和在西方社会受歧视的青少年制造惨案和事端，吸引媒体的报道，扩大其恐怖影响，这又进一步加大了西方的敌对情绪，也使得中东地区的动乱持续加强，造成了恶性循环的怪圈。所以有学者说，国际霸权主义和国家恐怖主义不除，恐怖主义和暴恐袭击将会不断发生。因此，法国暴恐事件绝不是结束，而只是开始。

从"9·11"事件以来的十多年间，某些国家也许获取了一定的政治、经济甚至是"道义"上的利益，但没有任何的利益能比得过人的生命和世界和平的秩序重要，毕竟西方世界和阿拉伯—伊斯兰世界都付出了惨重的代价，这是一场没有胜负的战争。就伊斯兰文化本身而言，它是和平中正、引人向善的，而若有人以伊斯兰的名义作恶，那不是伊斯兰。将原教旨主义和伊斯兰作为一种政治工具进行恐怖袭击，这样的行为不仅仅是伊斯兰的敌人也是全世界的敌人；对于某些西方强国而言，动用强大的国家力量去对付一些弱小的国家，在道义上就已经输了。

"9·11"事件后，不论国际社会的何种手段介入其中，还是有识之士的不懈努力，似乎都没有改变反恐越反越恐的局势，那么，作为新闻媒体是否应该深刻反省？能否剔除背后的政治势力的操纵，不被利用，不当工具，不扰乱视听，不搅局，真正回归新闻信息传播的本位中？我们希望全球不论是西方还是东方的新闻媒体，能够真正恪守客观公正、全面平衡的新闻报道原则，理解文化的差异性，尊重文明的多样性，真正认识到文明之间的交流互鉴是文化传播的前提与世界和平的基石，这或许是未来不同文明协调共存的希望。

第二节　越反越恐致使欧洲政治向右转

"9·11"事件后，随着国际反恐形势的严峻，恐怖主义在全球持续蔓延，如"幽灵"一般在世界各地徘徊，2015年的法国巴黎暴恐事件和美国加州枪击案，显示这一"幽灵"正在向欧洲和美国本土扩展，更值得注意的是"文明冲突"在深化，近年来，欧美迅速上升为"文明冲突"的"第二战场"，成为冲突升级的重要部分。

一 美欧军事反恐与全球暴恐事件

让我们大致梳理一下"9·11"事件后美国的部分反恐军事行动和发生在全球的部分恐怖袭击事件。

2001年美军在阿富汗的部分反恐军事行动：

10月1日，美军轰炸卡拉姆村庄，160人被炸死炸伤。

10月13日凌晨，美军F-18朝喀布尔机场南部两公里的贫民区投下2000磅炸弹，4人被炸死。

10月15日，美军轰炸喀布尔电站，12名平民被炸死。

10月19日傍晚：美军飞机F-18向一个军方医院和一个清真寺投下1000磅集束炸弹。同日，美军飞机在一个村庄上空盘旋后轰炸，首轮轰炸致20人丧生，当村民们从废墟里抢救亲人时，第二轮轰炸又有10人被炸死。

10月21日，美军飞机袭击喀布尔一个居民区，一家8口人全被炸死。

10月25日，美军炸弹在坎大哈市击中了一辆满载乘客的公共汽车，当场有10—20人被烧死。

10月29日，黎明前，美军飞机8—9枚集束炸弹击中了一个清真寺，20人被炸死。

10月31日，美军飞机F-18朝坎大哈内的一个红新月诊所投下一枚2000磅的炸弹，15—25人被炸死，诊所被炸成废墟。

11月29日，一个叫Noor Mohamed的小麦小贩在坎大哈北部看到15辆运送燃料的卡车的残骸。他看到被烧焦了的司机和几十名搭便车的人的尸体。

美军解释说，上面那些伤亡都是由于导弹和炸弹投偏了造成的。

……

截至2002年2月26日，美国在阿富汗投下至少1.8万枚炸弹，造成成千上万的阿富汗军民死伤。但美国媒体拒绝报道这些信息，美军联席参谋长鲍威尔说，他们对究竟有多少伊拉克士兵和平民被打死不感兴趣。

2003 年 3 月 20 日，美国对伊拉克发动军事行动，以伊拉克藏有大规模杀伤性武器并暗中支持恐怖分子为由，绕开联合国安理会，单方面对伊拉克实施军事打击。到 2010 年 8 月美军撤出伊拉克为止，历时 7 年多，美方始终没有找到所谓的大规模杀伤性武器。实质上，这是美国趁机清除反美政权的一次战争。这次战争美国投入 19 万军人，英国投入 4.5 万军人，消灭伊拉克萨达姆政府及军队 7600—10800 人，打死各派武装人员 26544 人，打死伊拉克（新政府）安全部队 17690 人，而美国和英国分别有 4491 名与 179 名军人死亡。

在对伊打击中，美军多次枪杀手无寸铁的平民百姓。2005 年 11 月 19 日晨，美军由 4 辆车组成的巡逻队在伊拉克哈迪塞镇遭遇炸弹袭击，一名 20 岁的美军士兵当场死亡，为了报复，美军打死一辆出租车上的 5 人，之后又打死 19 名平民。在整个伊拉克战争中，美军打死打伤伊拉克平民的案例举不胜举。据维基解密网公布的多段视频显示，美军士兵曾经多次在直升机、掩体内向平民开火，导致大批平民伤亡。

全球 2001 年后发生的部分恐怖事件如下。

2002 年 6 月 14 日，美国驻巴基斯坦南部港口城市卡拉奇的领事馆附近发生汽车炸弹爆炸事件，造成 12 人丧生，40 多人受伤。另外，自"9·11"事件以来，美国驻世界各地的一些大使馆经常发生暴恐袭击。

2002 年 10 月 12 日，印尼巴厘岛上的两家夜间俱乐部遭到汽车炸弹袭击，造成 202 人死亡，其中包括 88 名澳大利亚人和 38 名印尼人。2005 年 10 月 1 日，巴厘岛又发生一连串爆炸案，造成 22 人死亡。

　　2004年3月11日，西班牙首都马德里阿托查等3个火车站及附近地区连续发生恐怖袭击爆炸，造成192人死亡、1500多人受伤，这是马德里历史上死伤人数最多的一起惨案。

　　2005年7月7日，伦敦三辆地铁和一辆巴士发生自杀式暴恐袭击，造成52名乘客遇难，700多人受伤。

　　2008年11月26日晚间到27日凌晨，孟买至少有8处地点发生了恐怖袭击事件，造成177人死亡，250多人受伤。2011年7月14日，孟买再遭连环袭击。

　　2010年10月31日，土耳其伊斯坦布尔市中心塔克西姆广场发生自杀式爆炸袭击事件，造成32人受伤。

　　2013年4月15日，北美波士顿马拉松现场发生爆炸案，造成180人死伤。

　　2013年9月21日，肯尼亚首都一购物中心遭一伙不明身份武装人员的袭击，并与警方发生交火，该事件造成240人伤亡（其中72人死亡）。

　　2014年12月15日，澳大利亚悉尼发生恐怖袭击。

　　2015年1月8日，法国讽刺杂志《查理周刊》遭到3名枪手袭击，造成12人死亡，10人左右受伤。

　　2015年10月10日，土耳其首都安卡拉一座火车站外发生连环爆炸，致使95人死亡，245人受伤。

　　2015年11月13日晚，法国巴黎发生一系列恐怖袭击事件，造成至少132人死亡。

　　2015年12月2日，美国南加州圣贝纳迪诺发生枪击事件，法鲁克与妻子马利克使用自动步枪共打死14人，打伤21人。

　　2016年1月12日，土耳其伊斯坦布尔苏丹艾哈迈德广场发生爆炸事件，造成至少10人死亡、15人受伤，遇难者多数是德国人。

……

从上述大致梳理的美国反恐军事行动和暴恐事件可以看出，近些年，美国的军事行动越是频繁，恐怖袭击就越猖獗，从塔利班到ISIS，恐怖袭击与美军的轰炸成比例上升。

二 欧洲政治集体向右转

为什么自"9·11"事件后，美、英等国在阿富汗、伊拉克展开了大规模的反恐战争，但为什么十多年后越反越恐？甚至暴恐事件更加深化并强化了欧洲社会的"伊斯兰恐惧症"，由于民众恐慌，欧洲许多国家立法，禁止建清真寺、穿长袍、包头巾，违者将被拘捕、罚款。同时，欧洲各国开始控制穆斯林难民进入本国。

应该说，欧洲的穆斯林问题由来已久，但之前基本属于公共议题，而"9·11"事件改变了这一议题的属性。"9·11"事件前，欧洲的穆斯林问题主要集中在教育、就业、犯罪等方面，而在"9·11"事件和"3·11"马德里爆炸案发生后，穆斯林问题在欧盟内部的关注程度开始直线升温，再加上西方强势媒体的搅动，使问题更加聚焦化。如大力炒作伊核问题，无端判定"邪恶轴心国"，刻意传播"美国与西方是受害国"与"全球伊斯兰恐惧症""伊斯兰正行进在本·拉登开辟的道路上"等话语成为西方各大媒体共同炒作的潜在议题，其基本逻辑思路大体是："9·11"是恐怖分子所为——本·拉登是恐怖分子——恐怖分子本·拉登是阿拉伯人和伊斯兰教徒——阿拉伯国家是恐怖土壤的滋生地——伊斯兰是一种"暴力文化"——"9·11"事件是伊斯兰文明与其他文明对立冲突的极端表现——"9·11"事件的元凶是美国的敌人也是世界的敌人。在信息时代，公众多用媒体创造和使用的概念、形象和语言来思考和接受问题，西方普通受众恐怖心理的形成很大程度上就在于受到媒体这一潜在议题的长期影响。①

由于媒体的不公正报道和暴恐事件的频发，让一些欧洲人患上了"伊斯兰恐慌症"，这是对穆斯林的非理性的恐惧和种族偏见。其中许多人甚至将伊斯兰教与恐怖主义画上等号，加深了欧洲主流社会对穆斯林群体的猜疑和不满，一些有着特定政治主张的组织煽风点火使得隔阂加深，增强欧洲穆斯林与主流社会间的不信任感，双方关系日趋恶化，这种情绪反映在政治上就是欧洲政治的右转倾向。

近年来，丹麦、荷兰、芬兰、法国、德国、奥地利等一些欧洲国家的政局呈现"向右转"的趋势，使得一些国家不断收紧文化包容政策。

2005 年秋，丹麦报纸刊登了亵渎伊斯兰教先知穆罕默德的政治漫画，引起伊斯兰世界的抗议和包括德国默克尔在内的欧洲政治领袖的批评。但在 2015 年 9 月初，该作家却获得默克尔参与主持的一项欧洲重要传媒奖项，显示了几年来欧洲政情和民意的显著变化。

2009 年，瑞士推动"反穆斯林公投"更是引起世界哗然。

2010 年 1 月，意大利宣布立法禁止该国穆斯林女性戴面纱和包裹头巾，按照议会订立的法律：当穿戴这种宗教服饰导致难以或不能辨认身份时，当事人可以被处以最高两年的拘禁，以及 2000 欧元的罚款。

2010 年法国前总统萨科齐也推动了禁止遮盖全身、仅露双眼的"面纱禁令"，禁令受到了欧洲人权法院的支持。该禁令规定，任何公共场合的触法行为将被处以 150 欧元的罚款及训诫辅导。

2010 年 3 月 27 日，来自欧洲多国的右翼政党代表在德国开

---

① 参见马丽蓉《西方霸权语境中的阿拉伯—伊斯兰问题研究》，时事出版社 2007 年版，第 174 页。

会。会议的主旨是要在全欧洲掀起一场反对穆斯林建造清真寺、宣礼塔的运动。欧洲有好几个国家都在国会中讨论如何制止伊斯兰教在欧洲的快速蔓延，并讨论是否宣布穆斯林女子的面纱是非法装饰。

2011 年 4 月，波兰首都出现了对伊斯兰文化发展的抗议，反对华沙穆斯林建造清真寺。

2014 年 8 月，美国记者福莱被 ISIS 武装分子斩首后，反穆斯林的情绪在英国骤然上升。专门关注穆斯林受攻击事件的 Tell Mama UK 组织统计说，2014 年 1 月，该组织只记录了 112 起辱骂穆斯林的事件，但到 8 月时激增到 219 起。

2015 年 11 月，法国右翼政党国民阵线领导人马琳·勒庞表示，国民阵线将会禁止该党所辖的 11 个城镇的学校向穆斯林学生提供"清真餐"。勒庞说，为穆斯林学生提供没有猪肉的食品，违反了法国的世俗价值。

2015 年 1 月 7 日，发生在法国《查理周刊》的恐怖袭击也给来自中东和其他地区的穆斯林移民带来巨大压力。从德国德累斯顿市发起的"爱国欧洲人反对西方伊斯兰化"运动，加剧了欧洲"闻穆斯林色变"的恐惧情绪。

与此同时，在欧洲普遍兴起了官方和民间的反伊思潮。2010 年在莫斯科出现一本畅销小说《巴黎圣母院成为清真寺》（*The Mosque of Notre Dame de Paris*），预言到 21 世纪中期，伊斯兰教将成为整个欧洲的普遍国教，少数老基督教教徒都集中到城市边缘的贫民窟居住，反映出欧洲人内心对穆斯林极大的恐惧。无独有偶，法国知名作家米歇尔·维勒贝克发表的小说《臣服》也有类似的预测和担忧，该书出版后迅速登上法国亚马逊畅销榜首位，出版后头五天便售出 12 万册。该书讲述了这样一个故事：中年男人弗朗索瓦是巴黎第三大学的文学教授，在 2022 年的总统选举中落败，而穆斯林政党"穆斯林兄弟会"

总统候选人穆罕默德·本·阿贝斯当选法国总统，从此法国引入了伊斯兰教法，而弗朗索瓦也改信伊斯兰教。《臣服》的出版在法国引起了轩然大波，更是引发了法国民众对穆斯林的恐惧。

近十几年来，西方对伊斯兰世界的刻意敌对是其历史一贯的传统，一方面，少数极端主义者的行为被刻板化，而伊斯兰的传统敌对形象被放大加深了这样的成见。主流文化中的这种歧视，伴随长期存在的民族主义优越感，导致了移民在欧洲国家生活中的种种不利地位。一旦主流社会无法给这些移民后代提供身份认同的可能，甚至忽略身份认同的必要，极端主义者就立刻找到可乘之机。

从另一方面考虑，西方国家前几个世纪的主导地位，帝国主义殖民时期的外交政策确实给很多伊斯兰国家造成了巨大的伤害，极端化思想在某种程度上也结合了这种基于历史的仇恨。在欧洲的穆斯林移民中，第二代移民相比第一代更强调自己作为穆斯林的身份认同，作为在发达国家成长起来的第二代，他们比父辈对社会歧视与不平等更加敏感，对社会地位、经济地位的期待也更高。因此，在欧洲爆发的一些骚乱中，年轻人往往扮演着更积极、更主要的角色。简而言之，目前的矛盾至少在一定程度上是基于历史积怨的恶性循环。

伊斯兰世界和西方世界两者互相敌对与歧视，而歧视和敌对则持续强化了历史积怨的作用。"9·11"事件发生前一年，美国政治学者阿尔弗雷德·斯泰潘曾将宗教和政治关系的理想形式描述为"双生容忍"，亦即政治体制容忍宗教发展，同时宗教教义尊重政治体制。不幸的是，这15年来，世界绝大部分地区依然落在政治和宗教互不容忍的窠臼之中，甚至不乏恶化之势，欧洲在伊斯兰教问题上向右转的政治趋势即是这种恶化的反映。

第三节 雪上加霜：ISIS 的崛起与暴力宣传

一 ISIS 的崛起

2014 年，一个极端恐怖组织 ISIS 横空出世，让世界为之震惊。

ISIS 是伊拉克和大叙利亚伊斯兰国的简称，英语全称为 Islamic State of Iraq and al Shams，"al-Sham"，可以释为黎凡特或叙利亚，黎凡特的意思是地中海东部沿岸一带，包括今天叙利亚、以色列、黎巴嫩和约旦，所以，地理概念上比叙利亚大得多，缩写为 ISIS。现在 ISIS 实际上已经控制了叙利亚东部和伊拉克西部接壤的大片土地。

ISIS 前身是 2006 年在伊拉克成立的"伊拉克伊斯兰国"，该组织的政治目标是消除第二次世界大战结束后由温斯顿·丘吉尔所创建的现代中东的国家边界，即《赛克斯—皮科特协定》划定的边境和国家，并在这一地区创立一个由"基地"组织运作的酋长国，其终极诉求是政治目的而非其他。ISIS 曾发布一段视频解释其立国愿景，声言要终结英、法两国第一次世界大战中为瓜分土耳其奥斯曼帝国中东地盘而达成的《赛克斯—皮科特协定》，不仅要消除伊拉克与叙利亚的边界，还要消除约旦、黎巴嫩的边境，并且要"从犹太人手里解放巴勒斯坦"。

ISIS 是在伊拉克战后、叙利亚危机后发展壮大起来的。"9·11"事件后，随着萨达姆政权被推翻，伊拉克北方许多地方出现政治真空，具有职业军人素质的"伊拉克伊斯兰国"在伊拉克逐渐坐大。叙利亚危机爆发后，这个组织趁着叙利亚内战，与叙利亚反对派的一部分武装组织合并，吸纳了具有西方强国和老派逊尼派国家支持的叙利亚反对派的新鲜血液。一开始他们并不被人重视，但随着在叙利亚内战中获取了大量的资金、油田和文物后而大发战争财，羽翼日渐丰满，因此，其作战能力"震惊世界"。

ISIS发展迅速，指挥人员与战斗人员大部分来自沙特、利比亚和伊拉克，目前武装人员大约有2万人，一半是外籍士兵，约上千人来自车臣，另有500多人来自美、欧。美国外交关系委员会成员、宾夕法尼亚大学中东问题研究中心伊恩·鲁斯迪克教授接受《法制晚报》记者采访时分析指出，ISIS的队伍中有来自西方国家的力量。美国早期在阿富汗支持穆斯林来反抗苏联，导致很多人前往被战争践踏的地区，并获得了战斗训练和经验。经过几年的攻城略地，ISIS已占据了伊拉克西部和叙利亚东北部的大片土地，其实际控制的地区近二十万平方公里。2014年6月29日，该组织的领袖阿布·贝克尔·巴格达迪自称哈里发，将政权更名为"伊斯兰国"，并宣称对于整个伊斯兰世界拥有权威。

ISIS与一般的恐怖组织不同之处在于如下几点。第一，谋求独立建国，并已宣布"建国"，它不同于"打一枪，换一个地方"的"基地"组织。在占领区内，该组织提供水电、发行货币、控制交通，管理银行、学校、法院和清真寺等，俨然一副国家管理者模样。第二，有明确的意识形态系统，主张实施严格的伊斯兰法，严禁酒吧、音乐等娱乐活动。第三，具有较完备的战略思想，战斗力强。ISIS并非乌合之众，有一支人数在两万左右的职业军事力量。经过叙利亚内战的"磨炼"，该组织成员能够比较明确地完成战略意图，实施攻打，能够娴熟地运用各种武器实施地面协同作战。美国"战争研究所"2014年6月的研究报告称，这一武装力量具有高度机动性和严格纪律。第四，宣传能力强。ISIS能够适时地、娴熟地运用媒介的力量扩大其恐怖威慑力。恐怖主义为了达到其恐怖威慑目的，很重要的方法就是借助媒体的传播能力，震慑敌方，也使平民更加恐惧而不敢反抗。如

2015 年 11 月 13 日，法国巴黎市中心发生多起枪击爆炸事件，ISIS 宣传机构"生活媒体中心"随即宣称对袭击事件负责，并称其为一个"奇迹"。

关于 ISIS 的幕后黑手和其极强的神秘军事能力，曾引起过多方猜测和研究。美国麻省理工学院安全研究项目反恐问题专家吉姆·沃尔什接受《法制晚报》记者采访时介绍说，ISIS 之所以能够成为"全球最恐怖的恐怖组织"，与其头目大有关系。该组织头目被人们称为阿布·巴克尔·巴格达迪，生于 1971 年，但他的真名目前还无从考证，很少有人见过其真面目，他即便与身边助手谈话也会用头巾遮面，巴格达迪主要通过互联网向支持者发号施令，从不公开演讲。沃尔什称，从现在 ISIS 的组织规模看，巴格达迪受过高等教育，有着极强的政治和军事能力，ISIS 看起来更像是一个小型的军事"国家"。这是以往任何一个恐怖组织的头目都没有做到的。

ISIS 的崛起十分值得质疑，第一，在全球伊斯兰被妖魔化的背景下，横空出世的 ISIS 为什么要故意打出"伊斯兰"的标签；第二，没有联合国认可和任何一个主权国家承认的邪恶组织竟敢明目张胆地标榜"国家"，而西方主流媒体在新闻报道中也称其为"国"；第三，ISIS 的斩首行动是在完全导演下的摆拍操作，而且还故意炫耀其极端残暴的行径，这种行为严重违背了常理；第四，ISIS 为何敢与世界为敌，突然发动对世界各主要国家的恐怖行动，背后的动机是什么？到底是谁在真正操纵这个恐怖组织？第五，以美国军事外科手术式的精确打击技术能力，却在几年的时间里没有打击成效。而在俄罗斯真正开始打击时，却遭遇了北约成员——土耳其的黑手；第六，ISIS 制造了法国恐怖袭击、击落俄罗斯客机、杀害各国人质等暴恐事件，还宣称要在世界各地制造恐怖袭击，把法国、英国、德国等欧洲国家卷入战争，并把自己送上绝境，其目的是什么？

对于 ISIS 的存在和战略目的，国际问题专家有比较透彻的分析。

人民网 2015 年 3 月 19 日邀请对外经济贸易大学外语学院教授丁隆、中国现代国际关系研究院副研究员田文林、上海国际问题研究院研究员李伟建进行了分析。分析认为，ISIS 的存在与恐怖行为对美国的威胁有限，相反，ISIS 适度存在对美国利大于弊。首先，ISIS 搅局导致中东地缘碎片化加剧。美国作为游离于欧亚大陆之外的海权国家，其基本战略目标之一就是使欧亚大陆持续内讧分裂，从而"分而治之"，继续维持世界霸主地位。小布什总统就赞同"创造性混乱"战略，认为可以利用阿拉伯世界的族群、部落、教派的断层带重塑阿拉伯—伊斯兰世界，以此保护美国的安全和利益。布什的"创造性混乱"战略与"铁山"报告一脉相承。ISIS 兴起后，曾宣称要摧毁《赛克斯—皮科特协定》划定的边境和国家，由此客观上加剧了中东地缘碎片化趋势。其次，ISIS 兴起为美国在中东推行"离岸平衡"政策提供筹码。美国中东政策的重点内容，就是挑唆矛盾、分而治之。小布什政府接连发动阿富汗、伊拉克战争，极大地破坏了中东政治生态，使伊朗地缘环境明显改善，美国则失去实行地区制衡政策的筹码。随着美国在中东战略收缩加快，美国亟须寻找足以遏制伊朗的逊尼派武装力量。ISIS 为逊尼派，战斗力强大，以伊朗为天敌，客观上抑制了以伊朗为代表的"什叶派新月地带"扩张势头，使美国有可能重新推行"离岸平衡"政策。[①]

最后，国际问题专家公允地指出：ISIS 的兴起是美国错误的中东政策所致，本身就是美国有意无意制造出来的麻烦，既然麻烦是美国惹出来的，美国就有义务承担更多收拾残局的责任，而不应该在伊拉克安全局势动荡、安全部队战斗力孱弱的情况下匆忙撤军，让 ISIS 坐大，让叙利亚难民流离失所，让中东乱局任其发展。

---

① 参见《中东：美国如何帮忙不添乱》，人民网，2015 年 3 月 19 日。

二　ISIS 的媒体宣传与西方世界的反宣传

或许，ISIS 的横空出世有着深刻的历史背景和复杂的国际政治原因。这里，我们暂时不讨论 ISIS 是如何诞生的，只讨论其利用媒介的能力。ISIS 非常懂得宣传和借用媒体的力量，通过社交媒体发布各种信息，扩大影响和恐怖威慑力，与此同时，美国针对 ISIS 的宣传展开了反宣传，从二者之间的宣传与反宣传，我们也可以窥视到国际政治局势的波诡云谲。

自"9·11"事件以来，新信息通信技术与恐怖主义的联系越来越紧密。在新的传播环境下，恐怖组织也积极利用社交媒体和其他网络论坛为平台，宣传恐怖思想。

首先，借助社交媒体无国界与成本低廉的传播优势为自己造势。2014 年 7 月 29 日，ISIS 在社交网站上公布了一段长达 36 分钟的视频（屠杀画面）。画面中有围捕、押送、处决被俘人员的内容，也有制造爆炸的部分，数百人惨遭杀害。这段视频引起了各方关注，国际社会对这种惨无人道的行为表示愤怒和谴责。

其次，利用社交媒体的便携性和普及性在全球招募人员，世界各地的无知穆斯林青少年通过 ISIS 的宣传加入其中成为雇佣兵，乃至许多从小接受西方教育的穆斯林女性也自愿参加，嫁给其战士成为生育机器，这不得不归功于恐怖组织的宣传意识和强大的宣传能力。

最后，利用网络技术适时推送最新信息，并能攻击敌方网站。2015 年 1 月 12 日，ISIS 的黑客入侵美国中央司令部"推特"官方页面，一些敏感文件被曝光，包括五角大楼与朝鲜、中国发生军事冲突时的作战计划。2015 年 1 月 20 日，ISIS 在互联网发布一段给日本首相的视频，要求日本在 72 小时内支付 2 亿美元赎金，否则将杀害两名日本人质。

ISIS 的官方宣传刊物《大比丘》（Dabiq）配合其战略主张积极对

外宣传其意识形态,这本创办于 2014 年 7 月的电子杂志由其"新闻发言人"阿布·穆罕默德·阿尔·阿德纳尼负责宣传,每月一期,有阿拉伯语、英语等语言。该刊报道内容主要有:ISIS 的军事行动、"建国"理念,以及控制范围内的日常生活等。该刊物还长期号召全球各地的穆斯林反抗西方对阿拉伯—伊斯兰世界的巧取豪夺、欺骗和压迫,为建立理想的国家而从其居住地"出走"(hijrah),迁移至 I-SIS 所在地。2014 年出版的第二期《大比丘》杂志为其读者提供了详细的行动指南,如果无法成功出走,则应在本地向 ISIS 领袖"宣誓效忠"。公开宣誓效忠可以彰显 ISIS 成员之间对彼此的忠诚,加强身份认同。事实证明,ISIS 的这一宣传策略直击要害,极为有效,也为世界带来了惨痛的代价,在这种"被西方殖民、掠夺、欺骗、压迫"的叙事框架下,残忍和暴力有时反而会成为一种致命的吸引。而娴熟运用社交媒体发动宣传攻势,也是 ISIS 得以成功渗透外国青年的主要手段。对于很多发达国家的虚无主义和受挫青年来说,参与反对西方霸权的战争而"实现理想""反抗压迫""自我牺牲"这套宏大叙事理论,对他们有着异乎寻常的吸引力。

ISIS 还有一支视频制作团队,他们制作的视频不仅数量多而且很"细致",非常精良,内容会针对不同的人群采用不同的语言和不同的宣传策略。为了蛊惑青少年,他们在视频中刻意植入了一些有针对性的、时尚的元素,比如有身着迷彩服和 ISIS 头巾的儿童正在学习搏击技术的画面,还将这些儿童称为"哈里发的小熊",甚至连迪士尼取材于中国民间故事制作的动画片《花木兰》,也被用于对外宣传。

ISIS 在社交媒体上大量传播高清视频信息的策略,与"基地"组织领导人本·拉登不定期向电视台发布模糊不清视频的策略形成鲜明对比,不仅传播了它的极端残忍性,让受众产生恐怖心理,而且让人对其刻意公布恐怖行为的做法产生怀疑。ISIS 曾通过社交网站发布美国记者詹姆斯·福莱被处决的残忍视频,这是 ISIS 最为高调的一次社

交媒体攻势，帮助其进一步散播了恐慌情绪，包括 YouTube、推特
（Twitter）在内的各家社交媒体服务商推出了这一视频和图片，这些
信息在全球受众心中产生了极大的恐惧。

ISIS 的媒体宣传策略比较灵活，如推特上有数千个与 ISIS 有关的
账号，一些用户自称是 ISIS 的武装人员，一些自称是 ISIS 的支持者，
还有一些表示与该组织无关，这些账号转发彼此的推特消息，并向各类
政府账号、媒体，甚至名人发送消息，附带斩首图片和对美国的威胁。

ISIS 有时也会发布一些比较轻松的内容，表现武装人员的温情。
如 2014 年 7 月份，ISIS 麾下的媒体宣传分支 Al Hayat Media Center 在
社交媒体上发布了一段视频，视频中一群孩子与武装人员开斋的情形，
气氛比较轻松温馨。在罗宾·威廉姆斯去世时，ISIS 的推特用户发布了
一条消息，称自己小时候很喜欢电影《勇敢者游戏》和《狮子王》。

ISIS 还有一套精准的针对新一代的网络宣传手段，从推特到
Facebook等社交媒体，都能看到一些混杂着卡通图像、枪炮和超现实
主义，以及 ISIS 反西方思想的图片，很多照片上都有萌宠小猫咪，他
们总是把自己的生活描述得"充满温情、充满意义"，这些信息在社
交网络上比较活跃，吸引了许多新人，一些从欧美国家来到 ISIS 的青
少年就是受到了此类信息的影响。

针对 ISIS 的宣传，西方国家展开了反宣传。美国国务院每天都通
过反恐战略联络中心进行反宣传，最初利用网上论坛对抗 ISIS 的宣
传，之后转战推特和 Facebook。美国普通的社交媒体用户也在回应着
ISIS 的宣传，当 ISIS 支持者在推特上发布在白宫前展示ISIS旗帜的图
片时，许多美国人用同样的方法夸耀美国的军事实力；当美国记者福
莱被斩首的视频在互联网上流传时，美国社交媒体用户告诉人们停止
关注 ISIS，并且转而分享福莱的生活照片。Facebook、Twitter、
YouTube 还努力删除与 ISIS 相关的信息内容。

ISIS 与美国的宣传与反宣传斗争并非这么简单，它反映出国际政

治局势的波诡云谲。自 ISIS 占领摩苏尔地区以来，西方媒体报道了其种种恐怖主义行为，但有调查证明，西方媒体的一些报道并不属实。联合国官员杰奎琳·柏德考克（Jacqueline Badcock）在媒体上指出，ISIS 下令伊拉克北部女性接受割礼，导致 400 万女性面临割礼危险。对此，美国国家公共电台（NPR）总编辑称，摩苏尔地区居民表示没有此事，割礼事件纯属子虚乌有。而依据《古兰经》分析，伊斯兰教坚决反对违反造物主原造的行为，割礼、束腰、裹脚等陋习属于严重违背真主原造的行为，被伊斯兰教定为非法，是严禁的，因此，这一消息的发布应该受到质疑。

有新闻报道称，ISIS 焚毁了圣厄弗冷天主教大教堂，但是至今为止，没有任何人能够证实教堂被焚。

还有报道称，"伊斯兰国"洗劫了摩苏尔中央银行，抢走 4 亿美元和大量金块，但一名摩苏尔地方官员表示并没有此事。伊拉克私人银行协会首席执行官也表示，摩苏尔地区没有一家银行遭到过抢劫。

这些报道让我们看到西方媒体报道 ISIS 的两面性和政治性，其报道思路和主题是渲染 ISIS 的残暴与反人类，增强全球民众对 ISIS 的反感和憎恶，进而给以美国为首的西方国家介入中东事务制造口实，此宣传手法和当年对阿富汗、伊拉克的战争如出一辙。

第四节　"文明冲突"？

一　"文明冲突论"与背后的经济利益

冷战结束两年后的 1993 年夏天，美国哈佛国际和地区问题研究所所长塞缪尔·亨廷顿在美国《外交》杂志上发表了题为《文明冲突?》的文章，引起国际学术界轰动，从而引发了全球范围内的广泛讨论和争议。

亨廷顿认为，冷战后的世界，战争与冲突的基本根源不再是政治体制和意识形态，而是文化、种族方面的差异，主宰全球的将是"文明、种族差异导致的冲突与战争"。冲突的形式是人口主体竞争、文明主体争夺和种族冲突。2001 年的"9·11"事件和以后发生的暴恐事件似乎在证实亨廷顿的预见。2010 年"9·11"事件十周年纪念日前夕，美国大多数民意反对在纽约世贸遗址附近建造伊斯兰文化中心，与此同时，佛罗里达州某基督教会领袖准备焚烧《古兰经》；当下，发生在欧美的"伊斯兰恐惧症"和欧洲集体向右转的倾向似乎也是这一"文明冲突"的最新象征。

然而，如果以美国"铁山"绝密报告为背景进行推理，"文明冲突"论为什么会在冷战刚刚结束两年后被抛出？事实是否真如亨廷顿所预见的那样，仅仅是文明的冲突？极端主义兴起的背后，仅仅是不同文明形态的根本性差异吗？对这一矛盾的最后解决是否只能通过文明之间持久的战争，直至某一文明对另一文明的彻底征服？如果不是的话，那么这一冲突的本质又是什么？只有对这些问题做出清晰的梳理，我们才能够真正找到正确的解决道路。

事实上，伊斯兰教教义和其他主要宗教的教义一样，其内容都具有多种诠释的可能和空间。伊斯兰文化之所以在历史上能够取得辉煌灿烂的成就，也与教义的宽泛性、多样性阐释有关。正如极端分子可以找到循其所愿的解释，温和人士同样也可以构建宗教宽容框架。因此，当下对于"恐怖主义"问题，简单归咎于伊斯兰教造成的"文明冲突"，可能会掩盖国际事务中真正的、本质的矛盾和问题，需要对产生这种思想的源头和社会背景做深入的阐释。

德国著名文化学者迪特·森格哈斯对当今国际秩序提出了全新

的见解，他认为，民族间或国家间的冲突诚然具有文化和宗教的内容，但是，文化和宗教因素在冲突的起始阶段并不是独立发挥作用的因素，它们充其量只是一种介入性和附属性的、对冲突升级可能起促进作用的因素，而真正起决定性作用的却是无望解决的社会经济问题。[①]

美国著名学者爱德华·萨义德针对伊斯兰文明被西方媒体塑造出的刻板化形象检视了其渊源和影响，认为西方文化对东方文化（伊斯兰文化与中华文化）有着根深蒂固的二元对立观点。他指出，即便是本着所谓"客观"的报道，因为已经有预设的立场和既定的假设，因此，很难对特定的事实做出超出具体背景下的中立报道，更多的时候，报道中潜藏着隐而不显的假设和对事实的扭曲却是常态。他在批评亨廷顿的"文明冲突论"时写道：不可否认，民族政治冲突中具有文化内容，但导致冲突的动力不是由特定的文化内容决定的，而是大体上都产生于类同的社会经济问题。

我们不难看出，两位西方学者都敏锐地将"文明冲突论"的本质归结为社会经济问题。

有一个典型的例子可以清晰地说明所谓的"文明冲突"的本质。1994 年 4 月至 6 月，卢旺达发生大规模的种族大屠杀事件，导致 80 万—100 万人被杀。但是令人遗憾的是，面对这样一场惨绝人寰的种族仇杀，联合国对此表现消极，以美国为首的西方世界也没有介入此次事件。事后有媒体记者采访当地的一位酋长时问道："为什么国际社会不干预这次严重的人道主义危机事件？"这位酋长发出了振聋发聩的声音："因为我们没有石油！"

---

① 参见［德］迪特·森格哈斯《文明内部的冲突与世界秩序》，张文武等译，新华出版社 2004 年版，第 6 页。

二　从伊朗"伊斯兰革命"透视国际政治利益博弈

西方媒体有关1979年伊朗"伊斯兰革命"、人质事件的片面性报道，也能对其新闻框架、舆论生成的预制一探究竟。

关于伊朗"伊斯兰革命"，要追溯其石油工业被英、美等列强所控制和掠夺的殖民历史，才能透视美国新闻媒体配合国家战略、掩盖殖民历史、文化输出的报道真相，其所谓的"独裁者"、宗教激进主义等都是其声东击西报道策略的预定词汇。

20世纪40年代以前，伊朗石油工业一直由英国英伊石油公司完全掌控，而英伊石油公司背后则由英国政府操控，伊朗的石油完全由英伊石油公司开发并出口到英国。第二次世界大战后，伊朗人意识到他们从英伊石油公司所得的石油实在是微不足道，再加上不满协约国侵占伊朗，使石油国有化和驱逐西方势力成了伊朗人民共同的政治、经济诉求。

穆罕默德·礼萨·巴列维国王（1941—1979年在位）在1951年任命民选的穆罕默德·摩萨台为伊朗首相，摩萨台上台伊始实施渐进式的社会改革，其中最令人瞩目的举动就是把伊朗石油工业国有化，英伊石油公司到1993年到期的特许经营权被撤销，并没收资产，摩萨台的决定令英国政府相当不满。此时，随着苏联的影响力扩大，英国政府担心摩萨台会受到苏共的影响，英、美两国遂开始抨击摩萨台的政策会危害伊朗。在英国军情六处要求下，美国中央情报局在罗斯福的指挥下策动了一场政变，1953年8月19日一直潜伏的国王支持者和伊朗军方采取行动，坦克军团冲入首都并炮轰首相官邸，摩萨台在暴徒洗劫官邸之前逃离，至此，维护伊朗国家主权的摩萨台政权被英、美两国成功地铲除。

政变后，新政府很快与外国石油公司达成协议组成财团，"大量恢复伊朗石油输出到全球市场"，美国和英国分享了伊朗石油最大的份额。美国则资助穆罕默德·礼萨·巴列维国王组建军队及秘密警察萨瓦克实行专制统治，直至 1979 年被伊朗"伊斯兰革命"推翻。

从摩萨台倒台到伊朗"伊斯兰革命"之间的 26 年间，国王礼萨·巴列维在经济上利用石油收入和美国的援助推行"白色革命"，结果造成经济与社会发展的严重脱节，致使经济生产和人民生活水平下降，通货膨胀，失业严重，而以国王为首的特权阶层巧取豪夺，奢侈腐化，贪污贿赂风行，社会贫富悬殊加剧，各种社会矛盾被激化。在政治方面，由于专制独裁统治和美国支持，军备开支庞大，特务横行，镇压政治反对派，监狱人满为患，一些宗教领袖包括霍梅尼，因反对独裁专权和世俗化政策被监禁或驱逐，各阶层人民积怨日深。在文化方面，巴列维王朝推行西方开放型政策，使西方腐朽文化和生活方式大量涌入，色情、淫秽、凶杀书刊和影视泛滥，赌场、妓院公开活动，社会风尚败坏，严重冲击了伊朗的伊斯兰文化传统和生活方式，引起穆斯林的普遍不满，尤其是宗教人士的不满。

于是，流亡法国的什叶派宗教人士霍梅尼把握住了时机，组织教士集团和占人口绝大多数的中下层群众结成联盟，引发了推翻专制王朝统治的革命——"黑色革命"。从 1978 年 1 月开始，伊朗国内发生了反对伊朗君主体制的大规模示威活动，同年 8 月至 12 月，罢工及示威活动使整个国家瘫痪。1979 年 1 月中旬，巴列维国王被迫流亡海外，伊朗专制统治政权崩坍。两星期后，在外流亡了 15 年的霍梅尼回到德黑兰，受到数百万伊朗人的欢迎。经过全国公投，1979 年 4 月 1 日成立了伊朗伊斯兰共和国，并通过了新的宪法，以霍梅尼为领袖的教会领导阶层理所当然地成为伊朗人民的选择，霍梅尼也在 1979 年 12 月顺理成章地成为国家最高领袖。

这次革命被西方媒体称为"伊斯兰革命"，它彻底改变了伊朗的历史，耗费大量资金建立的军队及保安部门保护下的巴列维政权被推翻，取而代之的是以法基赫的监护，即伊斯兰法理学家管治之下的现代化神权性君主政体。霍梅尼上台伊始表现出对真主和伊斯兰教教义的无上尊崇，提出"伊朗的贫富悬殊，贪污腐败，社会不公与道德失序，都是受西化毒害的结果；唯有回归真正的伊斯兰教教义，才能建成一个更美好、更高尚、更和谐的伟大社会""不要西方，也不要东方，只要伊斯兰""用伊斯兰的思想和知识教育人民"等口号，这在危机四伏、百业凋敝、人民希望恢复自身文化传统、憧憬理想社会的伊朗具有很大的感召力。伊朗人笃信伊斯兰教，《古兰经》云："真主不改变一个民族，除非他们自己改变。"因此，伊朗人民拥戴自己的民族领袖，反对殖民侵略和西方势力扶植的傀儡政府，这也许是今天伊朗人民坚决反美的原因之一吧。

霍梅尼高举伊斯兰教的旗帜发动了一场推翻专制王朝的政治运动，夺回了伊朗人民属于自己的国家权利，驱逐了西方的势力，受到伊朗人民的爱戴和拥护。但在西方媒体的报道中，他是"近代最恶名昭彰的独裁者"，并且让伊朗"倒退了几个世纪"，同时也承认霍梅尼是一位学识渊博、极其睿智的人，同时是一位极其俭朴、体恤民心的人。

"黑色革命"后，美国势力被驱逐出伊朗，西方媒体把深层的政治经济因素和纷繁复杂的文化背景，以及西方对伊朗的殖民历史全部抽取殆尽，对于美国政府欲继续控制巴列维政府的政治背景只字不提，却对伊朗热血青年在拼接美国驻伊大使没有完全销毁的文件时发现美国对伊朗的巨大阴谋后发出的爱国情绪进行了歪曲性报道，所有的报道都被简化为正义与非正义、改革与保守、世俗和宗教之间的较量，复杂的历史逻辑与经济谋求被割断。"9·11"事件的新闻报道继承了这一传统，西方媒体很少追问本·拉登及"基地"组织的动因。

西方媒体在对"黑色革命"的报道中被赋予了国家使命，充分体现了媒体为国家利益服务的职能。新闻媒体避重就轻地将国际受众的关注点引向霍梅尼的宗教身份，以及伊斯兰文化的方方面面，其逻辑思路大体是："霍梅尼是独裁者——霍梅尼是什叶派'原教旨主义'宗教人士——'原教旨主义'是落后的——伊斯兰是一种落后文化——'伊斯兰革命'是美国的敌人也是世界的敌人。"这其中也包括以西方媒体自身的立场去检视任何能造就强大新闻传播效应的事件。

之后，西方媒体凭借强大的实力在全球新闻传播中进行了单向的、不对称的传播，这种传播带有强烈的诱导性，在某种程度上加剧了西方民众乃至全球受众对伊斯兰世界的偏见。但伊朗和阿拉伯—伊斯兰世界由于传媒力量的羸弱发不出声来，无法为自己辩白，致使偏见蔓延。爱德华·萨义德在《报道伊斯兰》一书中曾经写道："伊朗继续在美国民众中间引起了歇斯底里般的关切，不仅是因为在1979年11月4日，伊朗学生对美国驻德黑兰大使馆极端非法和污辱性的侵占，也因为美国媒体对此事件及随后几年对伊朗的妖魔化式的、极端细节性的、高度聚焦的关注。"

现在，让我们再回过头来审视所谓的"文明冲突"，其冲突的根源不在于文明，而在于赤裸裸的经济掠夺和政治控制！因此，我们不得不佩服德国著名文化学者迪特·森格哈斯和美国学者爱德华·萨义德对当今国际问题的深邃见解——"国家间的冲突诚然具有文化和宗教的内容，但是文化和宗教因素在冲突的起始阶段并不是独立发挥作用的因素，它们充其量只是一种介入性和附属性的、对冲突升级可能起促进作用的因素，而真正起决定性作用的却是无望解决的社会经济问题""不可否认，民族政治冲突中具有文化内容，但导致冲突的动力不是由特定的文化内容决定的，而是大体上都产生于类似的社会经济问题"。

第五节 出路何在

传播学认为，媒体信息都是经过新闻从业人员精心"议程设置"之下进行的过滤、选择、加工后的传播作品，它不完全是现实社会真实、全面、平衡、客观的反映，或明或暗地都具有一定的片面性、失衡性、主观性，甚至是失真性。如果一个人要了解一个未知世界或一个突发事件，其信息源只来自媒体或某一个媒体，那么他的认识可能是偏颇的，甚至是错误的。

一 加强交流互鉴，摒弃"文明冲突论"，正视殖民历史

宗教社会学家洛恩·道森曾经认为："媒体是信息传递的渠道，它不是中立、客观的。媒体通过塑造信息，左右我们的世界观，影响我们的自我概念，改变我们对他者的认识，进而决定我们对事实的认知。"因而，当媒体在伊斯兰和穆斯林前冠以"原教旨主义""恐怖主义"等这样的词语时，两者间的关系不言而喻。面对世界的巨变，面对中东乱象，面对欧亚的穆斯林危机，面对恐怖主义在全球的兴起，甚至面对整个伊斯兰世界，我们中的大多数人，除了新闻提供的表象，其实知之甚少。

因此，文明之间应该加强对话、互鉴，因为包容源于更多的了解与理解，否则可能产生偏见和误解。对此，习近平主席于 2014 年 3 月 27 日在联合国教科文组织总部发表的讲话非常精辟，他说："文明是平等的，人类文明因平等才有交流互鉴的前提。各种人类文明在价值上是平等的，都各有千秋，也各有不足。世界上不存在十全十美的文明，也不存在一无是处的文明，文明没有高低、优劣之分。""文明

因交流而多彩，文明因互鉴而丰富。文明交流互鉴，是推动人类文明进步和世界和平发展的重要动力。"此见解中正大气，而亨廷顿之"文明冲突论"与之相比则显得狭隘。

"9·11"事件是一个现象而不是一个起因，真正的原因是西方世界对国际秩序的干预，对巴勒斯坦以及伊斯兰世界的侵犯和掠夺。对此，美国作家阿克巴·艾哈迈德认识十分深刻，他认为阿拉伯—伊斯兰世界十分委屈，他们受到西方的两度殖民——19世纪的政治殖民和20世纪的文化殖民，政治上被歧视，经济上被掠夺，文化上被污蔑。所以，"要想领会伊斯兰的真谛，西方首先要和自己的历史达成和解。此举极其重要，不仅是为了搭建和异己他者之间的桥梁，同时也是为了驱散困扰自己内心的历史阴魂"[①]。而与此同时，伊斯兰世界必须走向现代化，强大起来，重构自己的形象，而非使用极端的方法解决历史与现实问题。

从历史的角度审视，伊斯兰世界长期被西方殖民的"受害者"角色定位很难在短时间内完成向"参与者"角色的转变，其中固然有他们自身改革滞后的原因，但西方国家对待他们的态度则更是矛盾的主要方面，到底是出于利益驱动视他们为打击、改造对象，是从主观意识中正确认识历史侵略的后果而后进行救赎，还是积极帮助他们融入现存国际体系，则是未来关乎不同文明和谐对话的重要前提。

就目前而言，西方社会对阿拉伯—伊斯兰世界的常见反应大致有两种：一种是以右派为代表的排斥和反击，典型的如法国的国民阵线主张禁止移民、禁止穆斯林服饰、禁止向穆斯林学生提供清真餐等；另一种则是左派继续强调宗教自由、族群平等的政治政策，呼吁伊斯

---

① ［美］阿克巴·艾哈迈德：《今日伊斯兰》，冶福东译，甘肃民族出版社2013年版，第10页。

兰内部的世俗化改革。然而，无论是左派还是右派的道路都很难从根本上解决问题。事实上，这两种解决思路都在根子上将问题简化为了文明形态的冲突，只不过左派认为这一文明冲突能够在西方文明多元化的政治框架下得到化解。这两种观点都没有抓住问题的实质，问题的关键不在于文明形态的冲突，而在于资本主义世界体系自身所无法克服的内在矛盾，譬如世界霸权的确立、美元货币体系的建构、军事力量的强势、对战争武器的控制、全球资源分布的不均衡、民主主义与西方文化优越感、国家之间贫富差距、失业问题等，只有在这些问题解决后才能进而探讨意识形态的共存问题，如果忽视这一点，越是试图在文明形态或宗教信仰上做文章，则越会导致宗教或文明认同裂痕的加剧，结果只能是适得其反。而无论是推动构建和谐世界，还是实现国际关系民主化，抑或当前国际体系的转型和重建，都无法回避把阿拉伯－伊斯兰世界包容进来的任务，都必须面对伊斯兰世界适应、跟上全球化进程，以及国际社会如何对待、融合伊斯兰文明体系这个问题。

美国哈佛大学教授约瑟夫·奈在英国《金融时报》上发表的题为《2020年的世界》一文，将"政治伊斯兰"列为决定2020年世界大势的三因素之一，他认为中东已落后于世界其他地区，并提出了解决办法：一是改变内因，即"随着时间的推移，更多地开放贸易、经济增长、教育、公民社会制度的发展，以及政治参与程度的逐渐提高，可能会有助于增强穆斯林主流的实力"；二是改变外因，即"欧美对待穆斯林族群的方式""西方国家的中东政策是令主流穆斯林满意，还是会强化激进分子针对伊斯兰的战争议论"。①

------

① ［美］约瑟夫·奈：《三因素决定2020年世界大势》，《参考消息》2007年3月12日。

二　伊斯兰世界的温和派正在努力调适与世界对话

而在伊斯兰世界内部则出现了温和的"中间主义"派，他们认为在历史与现实问题难以协调的状况下应强调对话交流，而非对抗。"9·11"事件后，当美国政府和舆论大力渲染"文明冲突论""新十字军战争"时，以伊朗前总统哈塔米为代表的不少伊斯兰人士则积极主张"文明对话""文明接近"，用对话取代对抗，强调世界各文明之间追求和平、正义、宽容等价值观的共性。约旦皇家伊斯兰思想研究院于 2002 年首先倡导伊斯兰"中间主义"，此后又建立了"中间文化论坛"。目前，伊斯兰世界正在逐步形成一股弘扬伊斯兰"中间主义"的社会思潮。2005 年 4 月下旬，阿曼宗教部举办了"全球化与伊斯兰教"学术研讨会，会议纪要明确呼吁要实现九大平衡，即天启（真主的启示）与理性、物质与精神、权利与义务、个人与集体、求主启示与责任、经典文本与创制、现实与理想、恒定因素与变数、联系教义与联系时代之间的平衡。埃及新任总统塞西也提到"宗教革命"，并提出这不是要反对伊斯兰教，而是要维护伊斯兰教，要把给外界不真实、错误的思想和印象纠正过来。这些努力关系全球化形势下，伊斯兰文明体系核心价值观的构建和未来发展方向的确定，意义十分重大。

总之，阿拉伯—伊斯兰世界已经在十分困难的外部环境和内部条件下进行改革，在全球化背景下做出了努力调适。有鉴于此，西方国家应多一些了解和宽容，珍视他们的诚意和努力，在救赎和反哺的心态下多一些理解、支持、包容，尽可能地采取帮助，而不是漠视、曲解，更不应是肆意歪曲、丑化，甚至用阴谋搅动和战争打击来实施后殖民主义的策略。

三 中国智慧为"文明冲突论"提供化解之策

也许，中国领导人的智慧值得借鉴。2016年伊始，习近平主席出访沙特、埃及、伊朗三个阿拉伯—伊斯兰国家，不仅拉开了中华文明与伊斯兰文明交流互鉴的帷幕，而且增进了政治、经济等方面的友好合作。外媒认为，习主席的中东之行，贡献了中国智慧，提供了中国方案。卡塔尔国营传媒公司总裁哈里发·萨达认为："中东问题的解决需要智慧，需要公正的声音。中国一直奉行的不干涉别国内政的政策深入人心，正在越来越广泛地赢得中东地区人民的赞同和好评。习主席此次访问将推动中东问题尽快解决，并增进该地区人民的福祉。"埃及金字塔政治和战略研究中心研究员苏卜希·埃萨拉也认为，习主席之访"加强了文化交流，有助于帮助阿拉伯国家解决实际问题"。

当前，中东各国处于政治、经济、文化复杂的历史阶段，而中国一贯采取不干涉他国内政的原则，重视化解中东地区争端，因此，该地区国家越来越重视解决这些争端的中国方案，加强与中国的合作。一方面，沙特受国际油价持续下滑的影响，财政赤字不断攀升，经济结构调整迫在眉睫；埃及新政府完成政治"三部曲"后，经济社会改革任重道远；伊朗在国际社会解除对其制裁后面临推动国家全面发展，特别是加快经济发展的任务。同时，叙利亚、也门和伊拉克等国仍处于战乱或动荡之中。另一方面，中国也面临调整经济结构，优化增长方式，适应经济"新常态"等多重挑战。因此，中国经济在领先中东国家的情况下开启了与中东国家合作、实现共赢的历程，而非乘人之危的掠夺，因而受到阿拉伯—伊斯兰国家的普遍欢迎。

关于中东和平问题，习近平主席提出"中东动荡，根源出在发展，出路最终也要靠发展"，合作共赢是发展之路。中国人民真心诚意与阿拉伯人民合作交流，最终达到共同发展、共同赢利、共同造福人民的目的。因此，习近平中东访问受到阿拉伯—伊斯兰国家的普遍认可，在政治、经济、文化等方面收获颇丰。

中国智慧和中国政府的真诚务实，也许给西方世界一定的启示。我们欣喜地看到美国对待伊斯兰文化的态度发生了微妙的变化，2016年2月3日美国总统奥巴马走访清真寺，这给全世界一个信号，即美国在重视伊斯兰文化，试图与伊斯兰世界加强对话，而不是继续坚持以往对抗的方式。美国《今日美国报》形容这是"美国人当日必须知道的一件大事"——美国总统奥巴马终于走进位于巴尔的摩的一座清真寺，完成他两届总统任期内对美国国内清真寺的首次"涉足"。而白宫的说法是，"让他的清真寺之行有了'以正视听'的味道"，此举不仅意味着奥巴马对美国穆斯林群体，以及美国穆斯林对美国社会做出巨大贡献的认可，而且对一些共和党总统竞选人，尤其是特朗普近期针对穆斯林群体的言论做出有力回击，以矫正美国社会向右转的势头。

对于中国人而言，不能置身于"9·11"事件之外，应该对此有更广泛而深入的讨论和思考。令人欣慰的是，中国主流媒体对伊斯兰文明基本上给予了公正的待遇和充分的肯定。如《人民日报》、CCTV—新闻、《中国民族报》等媒体对伊斯兰文明对人类历史做出的贡献和伊斯兰教中的优秀文化进行了报道。此外，越来越多的有识之士开始运用自己的理解在新媒体上阐释伊斯兰文化，重构穆斯林形象。

更加令人欣喜的是，中国政府对伊斯兰文化和复杂国际问题的正确认识，中国政府已将恐怖主义与宗教、民族，以及国际问题进行了准确界定，2016年1月13日发布了《中国对阿拉伯国家政策文件》，文件明确指出：中国"坚决反对和谴责一切形式的恐怖主义，反对将恐怖主义同特定的民族、宗教挂钩，反对双重标准。支持阿拉伯国家的反恐努力，支持阿拉伯国家加强反恐能力建设"。而且对阿拉伯人民的独立解放斗争给予高度肯定："中国坚定支持阿拉伯民族解放运动，坚定支持阿拉伯国家捍卫国家主权和领土完整、争取和维护民族权益、反对外来干涉和侵略的斗争，坚定支持阿拉伯国家发展民族经济、建设国家的事业。"

第二章　西方媒体话语霸权的建构与东方媒体的较量

　　从全球新闻传播事业发展的角度来看，目前世界新闻传播格局存在严重不平衡的发展态势。西方国家在强大的国家硬实力支撑下拥有强势传媒，并引导着全球主导性议题，设置着特定的传播框架，营造着有利于自己的舆论环境，掌控着国际传媒的话语霸权，而第三世界国家由于国力较弱，传媒机构与话语声弱小，在国际传播中分量不足。从某种程度上说，美国主流媒体如《新闻周刊》《纽约时报》《华尔街日报》就是世界媒体，美国媒体对美国政府的报道就是国际新闻报道。因此，我们所了解和接受的国际重大事件，大多是西方意识形态支配下的信息传播，掺杂了许多西方政治与意识形态的立场与观点，不免带有西方霸权主义的特质。

　　长期以来，社会主义意识形态与伊斯兰文化议题一直是西方主流媒体报道的主要对象。西方传媒对苏联社会主义意识形态的攻击是从1949年开始的，他们使用新闻报道、图书出版、影视艺术等形式对社会主义意识形态进行了全方位的围剿；苏联解体十年，恰逢"9·11"事件发生，西方媒体又开始了对伊斯兰文化的攻击；而对我国实行双重标准的传播策略亦是西方传媒的"杰作"。因此，在当下复杂的国际环境下，研究中西方关于在重大突发事件中的国际传播方法、地位、影响，以及如何设置客观公正的议程发声，引导或左右国际话语，继而营造有利的国际舆论十分有意义。

诚然，研究媒体对"9·11"事件新闻报道的问题，一不可绕开东西方传媒的实力与现状的对比，二不可脱离其霸权语境，三不可回避"本源与变异"的事实，这是辨析真伪、探索本源的学术过程。

第一节　西方传媒发展现状与话语霸权建构

西方国家由于国力的强盛拥有众多而且强势的新闻传播机构和话语霸权，致使东西方新闻传播发展存在极为悬殊的机构失衡、实力落差、话语倾斜现象，这已是不争的事实，而这种不对称的新闻传播现状与严重倾斜的国际舆论话语权的比拼，既是严酷的现实，也是认识东西方国家硬实力与软实力的一个窗口，更是进行理性思考的逻辑途径。

一　西方媒体话语霸权构建的基础

自 15 世纪末哥伦布"发现"新大陆以来，西方国家就一直在向世界各地进行大规模的扩张。英国一度号称"日不落帝国"，在控制全球政治、经济和文化格局的同时，也控制着全球的信息交流，其间，路透社几乎独霸全球新闻信息的传播。美联社社长库珀（Kent Cooper）当年曾愤愤地说："美国人民要以自己的双眼了解世界，不需要由英国人帮我们观察。"① 1934 年欧洲通讯社接受了美联社提出的任何通讯社都可以自由地在世界各地发布新闻的主张，欧洲老牌帝国的新闻传播垄断地位被打破。

第二次世界大战结束以来，国际传播或国际交流的一个明显特点，

---

① 李瞻：《国际传播》，台湾三民书局 1986 年版，第 129 页。

就是超级大国依靠经济和科技优势在"信息自由流通"的口号下，利用大众传播媒介对发展中国家进行极不平等的传播。当时，由于发展中国家长期处在受压抑的战争状态下，在信息流通领域，欺骗的宣传和严格的书报检查制度造成严重的信息不对称。

1946 年，"信息自由流通"的原则被联合国教科文组织正式接受。1948 年联合国发表的《人权宣言》《联合国宪章》中也采纳了这个原则。可是，经过半个世纪的新闻传播实践，人们发现世界范围的"信息自由流通"从未真正实现过。

冷战后，第三世界各国的经济和科技都有了长足发展，但与美国等西方发达国家相比仍存在巨大的差距，特别是在传媒基础——新闻媒体数量、机构实力、媒介资源开发利用和媒介垄断方面存在严重的不平衡。

（一）媒介数量占绝对优势

美国世界媒体实验室在 2013 年发布了一份世界媒体 500 强的榜单，评判的依据是媒体公司 2012 年的销售收入，涉及电视、广播、电影、报刊、图书、卫星通信及媒体服务等所有传统媒体行业，研究对象覆盖美洲、欧洲和亚洲 50 多个国家和地区的 3000 家媒体公司，最后按照营业收入的大小确定前 500 名最终榜单[①]。其中前 10 名的公司，全部来自欧美国家（见表 2-1）。

表 2-1 　　　　　　　　　　2013 年世界媒体 500 强前 10 名 　　　　单位：百万美元

排　名	国　家	公司名称	营业额	利　润
1	美国	康卡斯特公司	62570.00	6203.00
2	美国	沃尔特·迪士尼公司	42278.00	5682.00

---

① 世界经纪人集团：《2013 年世界媒体 500 强排行榜揭晓》，http://media.icxo.com/summit/2013media500/。

续表

排　名	国　家	公司名称	营业额	利　润
3	法国	维旺迪股份公司	38272.00	1252.68
4	美国	DirecTV 有限公司	29740.00	2949.00
5	美国	时代华纳公司	28729.00	3019.00
6	美国	二十一世纪福克斯公司	27675.00	7097.00
7	美国	时代华纳有限公司	21386.00	2144.00
8	德国	贝塔斯曼公司	21205.80	817.08
9	美国	NBC 环球媒体有限责任公司	19200.00	—
10	美国	DISH 网络公司	14266.49	636.69

在世界媒体 500 强榜单中，入选数量最多的 10 个国家和地区分别为：美国（105）、日本（47）、英国（46）、中国大陆（42）、德国（28）、印度（22）、加拿大（19）、韩国（17）、法国（16）、中国香港（15）。①

从这组数据我们可以再次清晰地看出，在全球信息传播领域的竞争中，美国目前处于绝对领先地位，从全局来看，服务于伊斯兰世界的传媒机构明显处于弱势。全球伊斯兰国家中，只有印度尼西亚（印度尼西亚的穆斯林人口占全球穆斯林总数的 15%）、马来西亚、土耳其和沙特阿拉伯的新闻媒体实力相对雄厚，但仍然和处于领先地位的美国媒体的营业收入额不在一个级别上，甚至还有亏损（见表 2-2）。

---

①　世界经纪人集团：《2013 年世界媒体 500 强排行榜揭晓》，http://media.icxo.com/summit/2013media500/。

表 2-2 　　　　2013 年世界媒体 500 强中伊斯兰国家所属媒体①

单位：百万美元

排　名	国　家	公司名称	营业额	利　润
124	土耳其	土耳其多甘雅音控股股份公司	1414.34	110.43
127	马来西亚	天文马来西亚控股公司	1393.79	136.60
163	印度尼西亚	印度尼西亚 MNC 投资股份有限公司	999.41	70.97
173	马来西亚	全球媒体网股份有限公司	911.41	132.65
223	印度尼西亚	努沙塔纳斯特纳媒体股份有限公司	639.77	169.21
248	马来西亚	普里马媒体有限公司	554.84	68.40
272	印度尼西亚	易郎麦克塔科技股份有限公司	478.00	330.35
278	土耳其	自由报股份公司	477.74	84.39
314	沙特阿拉伯	沙特营销研究集团	373.65	31.52
322	马来西亚	星出版马来西亚有限公司	352.91	68.01
363	印度尼西亚	MNC 天空视野股份有限公司	244.42	8.36
372	印度尼西亚	苏里亚斯特拉媒体股份有限公司	228.74	93.23
420	印度尼西亚	第一媒体股份有限公司	135.04	−10.74
428	印度尼西亚	维斯媒体亚洲股份有限公司	126.77	7.45
441	马来西亚	马来前锋报集团	115.88	−5.16
446	土耳其	多甘新闻股份公司	113.12	10.75
467	土耳其	伊尔拉斯雅音控股股份公司	85.68	−3.70
491	印度尼西亚	迪研德拉媒体国家股份有限公司	63.74	5.03

① 《世界媒体 500 强榜单》，http：//www.cnbeta.com/articles/266131.htm。

伊斯兰国家所拥有的媒体机构实力偏弱的原因，除了国家实力、市场规模、语言限制等因素的影响之外，其中的重要因素就是价值观和严格的审查制度。一些中东国家存在严格的审查制度，如沙特阿拉伯，电视节目中不能有歌厅、舞厅等娱乐场所狂欢和抽烟酗酒的镜头，妇女必须戴头巾、不能有裸露肢体等有违于宗教风俗的内容。另外，沙特阿拉伯鲜有电影院、音乐厅等大众娱乐设施。这些因素使得本土媒体集团在当地享有得天独厚的竞争优势的同时，却限制了其走出国门在国际市场上获得发展的机会，当然也就谈不上和欧美国家的竞争与较量了。

众所周知，全球四大通讯社——路透社、美联社、合众国际社和法新社均出自西方大国，美国独占两家。根据 20 世纪 80 年代初联合国的统计数据，发达国家印刷品的外销量占世界总量的 90％以上。据1990 年联合国教科文组织的统计，1988 年在全世界每天出版的 8500余种、总发行量为 5.7 亿份的报纸中，发达国家占发行量的 70％，而发展中国家仅占 30％；同年，发达国家拥有全世界电视机的 77％和电视发射系统的 84％，发展中国家只占 23％和 16％。[1] 北美人口仅占世界总人口的 7.5％，但却拥有世界 50％的收音机和电视机。欧洲的人口不及北美，却拥有世界上 1/3 的报纸和约 1/10 的电视机和收音机。在亚洲，日本一国报纸销售量和电视机拥有量差不多等于亚洲其他国家的总和。发展中国家虽然有所进步，但与西方国家相比仍不可相提并论。发达国家 20 世纪 80 年代以来的电影输出量始终维持在产量的 70％以上，至于短波广播领域，更是发达国家一统天下。据统计，目前美国、英国对外广播的时数分别居世界前一、二位。[2]

---

① Unesco，*Statistical Year Book*（paris），1990.

② 郭庆光：《传播学教程》，中国人民大学出版社 1999 年版，第 266 页。

（二）媒体机构实力强大

从理论上说，每个国家都可以派出自己的驻外记者，独立地采集世界各地发生的新闻。但事实上，由于经济原因（通常驻外记者的费用比国内记者高出 5—10 倍），一般新闻媒体无法维持这样的开支，结果只有依赖国际通讯社提供国际新闻，特别是西方的四大通讯社，致使四大通讯社垄断了全球 90% 的国际新闻报道。

英国的路透社成立于 1851 年，发展到今天在全球已有 137 个记者站，形成了一个覆盖 75 个国家、拥有逾千新闻工作人员的传播网络。每天给 14 多万个客户提供新闻、特写、摄影图片，以及经济和金融信息，使用英、法、德、西班牙、阿拉伯、日本、丹麦、挪威、荷兰、葡萄牙、瑞典、意大利等多国文字。路透社还在 1992 年兼并了一家专门提供电视新闻的通讯社——维士新闻社（VISNEWS），并于 1993 年 1 月将其改名为"路透社电视"[①]。

美联社的组织机构及名称是 1900 年才固定下来，其起源在新闻史上有不同意见，说法不一。美联社目前的国内用户占全国报纸总数的 84% 以上，这就是说，几乎所有的美国读者每天都能看到美联社发布的新闻。除了发布新闻之外，还与美国的道琼斯公司合作提供财经信息。据 1989 年联合国教科文组织的报告统计，美联社约 3000 名员工中半数是新闻工作人员，遍布全球。它的用户在美国有 1500 家报纸，6000 个电台及电视台，在海外的用户高达 8500 个之多。[②]

合众国际社也是以美国为基地的国际通讯社，有超过 2000 名的新闻工作人员遍布世界各地。每天向 100 多个国家的 7000 多个用户以英文、西班牙文和葡萄牙文发布消息。[③]

---

① 李少南：《国际传播》，黎明文化事业股份有限公司 1983 年版，第 93 页。
② Unesco，*World Communication Report*，1989，p. 137.
③ Ibid..

法新社（法国新闻社）目前拥有 2000 多名雇员，其中有 900 名左右的记者在世界各地，信息覆盖全球 165 个国家和地区，拥有 1 万个新闻用户和 2000 个非新闻用户，如政府机构、银行、商务机构等。① 法新社在全球五个大区设有派出机构，分别为：北美区（9 个），总部华盛顿哥伦比亚特区；拉美区（21 个），总部蒙德维的亚（乌拉圭首都）；亚太区（25 个），总部中国香港；非欧区（52 个），其中欧洲 36 个，非洲 16 个，总部巴黎；中东区（9 个）。

（三）媒介资源丰富

当前世界新闻传播格局严重不平衡，美国占据了信息传播的制高点。

现代电子信息传播的主要资源是无线电频率和卫星轨道驻留点，美国等西方国家利用其经济和技术上的优势抢先瓜分了这些国际公共资源，结果仅占世界 10％的发达国家却控制了 90％的无线电频率。② 至于在卫星空间轨道的利用上，由于联合国缺乏统一、合理的分配制度，许多发达国家如同抢座一样，依靠其实力大量抢占空间卫星轨道驻留点。目前占据空间轨道最佳驻留点的是美、英、法、日等国的通信卫星。

20 世纪 90 年代，欧美的卫星电视已发展到相当的程度。据有关资料显示，到 1992 年 2 月，美国已有 72 个频道、欧洲有 67 个频道的电视节目利用卫星向国外进行传播。③ 美国建立了全球电话通讯网，仅"国际电信卫星联盟"即拥有 16 枚以上同步轨道卫星进行国际传播，在 20 世纪 80 年代，它担负国际电信通讯中 66％的往返任务和 98％的国际越洋电视节目的传输。④ 由于发达国家抢占了大多数的卫星轨道驻留点和最佳无线电频率，广大发展中国家在发展卫星传播方面遇到了很大的困难。

---

① Unesco, *World Communication Report*, 1989, p. 137.

② M. Phail, *Electronic Colonialism*, Sage, California, 1981, p. 152.

③ 参见吴信训《大众传播新闻》，四川人民出版社 1994 年版，第 86 页。

④ 参见张桂珍《国际关系中的传媒透视》，北京广播学院出版社 2000 年版。

20 世纪 90 年代后期，"电视—全球卫星网络—电脑"形成一种相互交织的蔓延网络。全球互联网通信量的 90％在美国发起、终结或通过，互联网上访量最大的 100 个网站中，有 94 个设在美国境内，互联网的全部网页中有 90％使用英语。互联网主机和用户的 60％以上集中于美国，互联网的代码与域名政策均由美国主导，负责全球域名管理的 13 个服务器中有 10 个在美国。之后，随着信息数字技术的发展和使用，这种差距继续扩大。以网络为例，北美地区有超过 1 亿的网络使用者，占全球使用人口总数的 54.8％；其次为欧洲地区，有将近 4500 万使用者，占 23.5％；亚太地区有 3400 万使用者，占 18％；非洲、中东及南美洲地区上网人数总计 700 万，仅占 3.7％。总之，工业化国家人口占世界人口的 15％，却占整个互联网用户的 88％。[①]

在信息产业的硬件方面，美国占有绝对优势，仅戴尔公司（DELL）、国际商业机器公司（IBM）和康柏公司（COMPAQ）在世界电脑市场的份额就超过 70％。美国学者弗里德里克说："美国通过赢得技术上的优势，今天已成为地球上最发达的信息社会。"[②]

对于传播资源使用上的强权行为，美国传播学者罗伯特·福特纳在《国际传播》一书中指出："西方人认为……在对有限资源进行分配时，应该优先考虑那些立即使用的国家，而不应留给未来的使用者。"[③]

（四）媒体垄断独占全球传媒市场

西方媒体近年来不断加快整合速度，实力不断增强。比如，加拿大汤姆森集团与路透集团进行整合，默多克的新闻集团成功收购道琼斯集团等。整合后的大型跨国媒体公司发布新闻的成本大幅降低，而

---

① 参见彭兰《网络传播概论》，中国人民大学出版社 2001 年版。
② Frederick, Howard H., *Global Communication and International Relations*, p. 13.
③ ［美］罗伯特·福特纳：《国际传播："地球都市"的历史、冲突与控制》，刘利群译，华夏出版社 2000 年版，第 195 页。

发布的信息量大幅增加，对国际舆论形成重要影响。

目前，十大巨无霸媒体集团支配着全球大众传媒市场，它们是：美国在线－时代华纳、美国迪士尼、法国维旺迪环球、美国维亚康姆、美国新闻集团、美国电报电话宽带公司、日本索尼、美国康姆卡斯特公司、美国全国广播公司、美国甘乃特集团。在这些传媒产业巨头的引导下，全球 50 家媒体娱乐公司占据了当今世界上 95％的传媒产业市场。目前传播于世界各地的新闻信息，90％以上由美国和西方国家垄断，其中又有 70％是由跨国的大公司垄断，美国控制了全球 75％的电视节目的生产和制作。许多第三世界国家的电视节目有 60％—80％的栏目内容来自美国，几乎成为美国电视节目的转播站；而在美国自己的电视中，外国节目的占有率只有 1.2％。

早在 20 世纪 80 年代末，美国电视节目的输出量就比居于世界第二位的英国要高 7 倍。90 年代，全球传输和数据处理量的 80％以上都起源于美国。1998 年，美国影视业及相关产业总收入高达 600 亿美元，取代了原来的航空器和航天器的出口，占了美国各行业出口总额的第一位。[①]

美国大众传媒的这种迅速扩张和垄断，不仅威胁着广大发展中国家，同时也给其他西方国家带来压力。

在加拿大，60％—95％的电影、电视、音乐和出版市场由美国产品牢牢占据着。美国对加拿大的文化渗透十分严重，电影市场的 95％、电视剧的 93％、英语节目的 75％、书刊市场的 80％被美国占领。为此，加拿大有识之士忧心忡忡，呼吁采取保护本国文化的措施。[②]

----

① 参见花建军《软权力之争：全球化视野中的文化潮流》，上海社会科学院出版社 2001 年版，第 253 页。
② 参见庞红卫、方凌雁《略论全球化教育的陷阱》，《教育发展研究》2001 年第 3 期，http：//www.edu.cn/20010823/208277_1.shtml。

在谈到美国 CNN（有线电视新闻网）对世界的影响时，英国《简氏外事报道》周刊这样描述："法国和俄罗斯的政治家们惊恐地看到，世界媒体的议题已经被 CNN 这个开创了在全球范围内全面报道新闻的电视台所主宰。更为可怕的是，媒体为美国政策所做的宣传。美国国务卿一次演讲可以在几秒钟内迅速转播到世界各地，法国和俄罗斯的外交部部长的演讲只有在走运的时候才会被转播。"①

《参考消息》2005 年 3 月 22 日第 3 版题为《法国向美国发起"文化反击"》的报道称，法国总统希拉克已发誓对美国的文化统治发起一场新的"反攻"。他正在争取英国、德国和西班牙政府的支持，拟耗资数百万欧元，将整个欧洲文学作品搬上网络。希拉克总统发誓这么做，主要是针对如下消息：美国因特网搜索引擎提供商 Google 公司计划将目前收藏在英语世界五大图书馆中的大约 1500 万册图书和文献搬上网。巴黎的文化部门认识到，"盎格鲁—撒克逊人"的世界图书馆梦想即将取得重大突破。这使他们惴惴不安，从而再次引发了这样的担心：法国的语言和思想有朝一日将被削弱。

二 西方传播霸权在全球的扩散

基于媒体数量、机构实力、丰富资源、垄断地位等传媒优势，西方的价值观在全球范围内开始渗透和传播。

（一）文化渗透

如果说西方的传播技术和传播资源本身没有政治性，那么传播内容却浸透着意识形态、价值观和生活方式等方面。

冷战结束后，信息革命使世界进入了电子媒介传播的高科技时代。美国等西方发达国家利用电视、广播、新闻出版媒介、影视音像

---

① 丁刚：《谁的声音——全球传媒的话语权之争》，《新闻记者》2007 年第 12 期。

产品等传播方式及文化信息产业对发展中国家实施文化渗透、文化支配和意识形态的潜移默化。早在1938年，美国国务院美洲司的查里德·帕蒂针对美国充当世界领袖的梦想明确地指出："政治渗透带有强制接受的烙印，经济渗透被谴责为自私和强制，只有文化合作才意味着思想交流和无拘无束。"①

总之，"别的国家依靠军队的征服，而我们则依靠思想的征服"②。托马斯·L.麦克菲尔曾在一本名为《电子殖民主义》的书中写道："重商殖民主义寻求廉价劳工，劳工的双手、双脚和身体被用以开发原料和制造商品。而电子殖民主义寻求的是心灵，它的目的是通过眼睛、耳朵来影响那些消费进口媒介节目受众的态度、欲望和信念，影响他们的生活形态、消费意愿或购买形式。受众在无意中学会了西方的社会价值观和生活方式。"美国文化渗透终极目的是谋求文化领域中的霸权，控制精神这个战略目标。美国文化渗透问题在众多领域均有表现，如经济援助、教育事业，但在大众传播领域的表现尤其明显。

大众传播媒介是国家用以维护统治阶级意识形态，传递统治阶级意志的工具，甚至它本身即是意识形态，直接履行意识形态的社会职能，维护国家统治的合法化。媒介充当维护政治统治合法化的工具，主要作用体现在促进和维护社会思想的统一上。正如霍克海默所说："通过大众传播媒介或其他影响方式来形成人们的思想和感情，通过表达思想的客体以及对客体思想方式上进行有效控制，来缩小个人思维差别。"③在1964年出版的美国外交事务委员会报告——《赢得冷

---

① Frank A. Ninkovich, *The Diplomacy of Ideas*: *U. S. Foreign Policy and Cultural Relations*, New York, 1981, p. 27.

② Weiberg, Albert K., *Manifest Destiny*: *A Study of Nationalist Expansionism in American History*, Chicago, 1935, p. 240.

③ ［德］霍克海默：《批判理论》，李小兵译，重庆出版社1993年版，第329页。

战：美国的意识形态攻势》曾提到："在外交事务中，有些目标通过直接和外国人民接触比同他们的政府接触能更好地达到。今天，通过通信工具，有可能接触到其他国家中重要而最富影响力的那部分人。"

目前，美国政府建立了以经济与传播为基础的所谓的"美国世纪"规划，方法是借助各种媒介将美国思想观念和商业文化大量灌输给全世界人民，这已成为美国文化战略的一个重要部分，由此可见，媒介已成为美国实现霸权主义的工具之一。美国为了实现"美国世纪"全球战略，需要强大又驯服的媒介来对全世界进行有效的思想控制，进而实现在经济、政治、价值观念上的"全球美国化"梦想。在国际事务上，美国媒介与政府保持着高度一致，通过一切方法控制着国际社会的信息，从而制造了一个有利于美国的国际舆论环境。在全球事务与文化报道中，美国媒介一直致力于将不同文化、不同民族的人连接在传媒系统中，将不同人的思想、价值都整合为同一观念模式和同一价值认同，形成所谓的"世界一体化"。其最终结果势必是让长期生活在不同文化中的人们用同样的方式去看、去听、去思考，将他们的意愿、思想、情绪、欲望统统纳入同样的模式，而这同一的观念形态、生活方式和话语系统主要以美国的文化为标准，以牺牲发展中国家文化的丰富性和差异性为代价。

20世纪40年代，美国最有影响力的传媒集团巨头之一亨利·卢斯在《美国世纪》中赤裸裸地说："作为世界上最强大、最有活力的国家，我们必须全心全意地接受自己的义务和机遇，为了我们恰当的目的，以我们恰当的方式，向全世界施加我们的全部影响……现在轮到我们成为向世界散布思想的源泉了。"① 他认为，美国拥有第二次世界大战结束后发达的通信系统，这是独一无二的权力工具，是过去意

---

① ［英］戴维·莫利、凯文·罗宾斯：《认同空间：全球媒介、电子世界景观与文化边界》，司艳译，南京大学出版社2001年版，第301页。

欲扩张的国家所不具备的。

（二）内容控制

大众传媒具有影响公众舆论的功能，媒体上的报道和评论左右着公众对某一事件的认识和态度。冷战后，西方媒体极力传播西方文化的优越性，尽量回避发展中国家的变化和发展，甚至视而不见，对意识形态相左的国家说三道四，指手画脚，侧重传播其消极落后的一面，传播的内容大多与政治动乱、经济贫困、自然灾难、暴力事件、交通事故有关，给人以毫无希望的印象。可以说，西方媒体充分地运用了传播学的"议程设置"理论。

新闻媒体通过设置议程，可以影响受众在一定的时期内关注某一事实，并对这一事实形成与媒体立场相同的看法。1980年一项调查发现，只有18％的美国人认为中国是一个严重威胁；1999年，美国所有大报的头版在最显著的位置刊登了美国驻华大使尚慕杰被中国学生围困的照片，同时，大肆炒作李文和事件，结果有60％的美国人认为中国是一个严重的威胁。而对于美国轰炸中国驻南联盟大使馆这样严重违反国际公约法的野蛮行为，美国媒体不是保持沉默就是附和美国政府的口径说什么是"误炸"；对于阿富汗战争和伊拉克战争，美国媒体的议题为"基地"组织是"恐怖组织"、伊拉克拥有大规模杀伤性武器、萨达姆是暴君，而对于美国政府对中东地区的政治干涉、经济控制，以及对于两次战争及叙利亚战乱中阿拉伯人民的死难鲜作报道。所以，受众的舆论倒向了有利于美国政府的一面，认为打击"基地"组织和萨达姆政权是正义的。因此，可以说"议程设置"是新闻媒体内容控制的方法之一。

新闻学理论认为，媒体具有还受众以知情权的职责，而非传播某种观点或立场，这一点是西方媒体一贯自诩的客观公正原则。然而，信息化时代的传播媒介在走向集团化、垄断化后，严重破坏了这一原则。一些传播学者指出，在媒介全球化时代，集团媒体在很大程度上是在为公众预设议程。在对"9·11"事件的报道中，这种预设议程的例子不胜枚举。在美国联邦调查局公布"9·11"事件的调查结果前，本·拉登早已被媒体描述为"凶手"和"杀人狂"。与此同时，邀请以色列总理沙龙发表煽动战争的言论，从而将"9·11"事件与"文明冲突"联系起来。

在西方社会，新闻自由被看成一项近乎神圣的权利。它意味着记者可以自由地接近采访对象及事件现场，自由地写作，自由地发表评论。在美国国内，这项权利在某种程度上是一个实际的存在，但在国际事务报道中，情况就变化了。前者如水门事件，记者可以使用新闻自由的权利将总统拉下马，但对于涉及美国国家利益的国际事件，新闻自由则大打折扣，媒体不再是监测社会的瞭望者和客观独立的监督者，而成为配合政府展开宣传的工具。

三　西方媒体在全球新闻传播中的话语霸权及其表现

"9·11"事件是美国和伊斯兰世界矛盾发展的拐点，这之后，美国国内的"反伊斯兰"情绪和怒火亟须找个渠道发泄，在军事渠道上，美国选择了军事打击阿富汗、颠覆"邪恶轴心"国伊拉克；在媒介渠道上，通过新闻传播、舆论生成塑造了"伊斯兰恐怖主义"等形象。美国学者爱德华·萨义德在其《遮蔽的伊斯兰——西方媒体眼中的穆斯林世界》中指出，美国的两三家国际通讯社、三大电视网、CNN、六家日报、两三家新闻性周刊通过新闻的选择和编辑，以及撰写带有倾向性的评论来"遮蔽"伊斯兰，如所写评论的标题：《这是一场宗教战争》《这确实与伊斯兰教有关》《伊斯兰教的狂怒》《伊斯兰教的愤怒》《穆斯林的愤怒》《伊斯兰狂怒的核心》《圣战101》《伊斯兰教恐怖活动的深刻思想根源》《宗教与世俗国家》《伊斯兰教的力量》《吉卜林知道美国现在可以学会什么》《穆斯林世界在看半岛台》

《真正的文化战》《伊斯兰教的反抗》《唯一真正的信仰》《第一次圣战》等①，举不胜举。

最引人注目的还是本·拉登作为"魔鬼的化身"不断出现在美国家庭的电视屏幕上，他的形象和服饰传达着富有象征意义的信息：伊斯兰世界、阿拉伯人、恐怖主义。电视上没有别的内容，只有没完没了的恐怖袭击、人肉炸弹。在美国国务院2002年年度全球恐怖主义报告中，把伊朗、伊拉克、苏丹、利比亚、叙利亚和古巴、朝鲜7个国家列在支持恐怖主义的国家名单上，伊斯兰国家就有5个。美国政府还把当代"恐怖主义"定义为"伊斯兰法西斯主义"，把一些伊斯兰国家定义为"恐怖国家"。美国前任总统布什在发表官方言论的时候，也毫不掩饰对伊斯兰的排斥，在2001年9月16日的新闻发布会上说，这次十字军东征"crusade"（十字军东征是11世纪欧洲基督教对伊斯兰圣地发动的侵略战争），是对恐怖主义的一场长期的战争。在2006年8月31日，布什还正式将美国的反恐战争定义为"反对伊斯兰法西斯战争"。美国学者也连篇累牍地发表关于伊斯兰的研究论文与著述，当然是站在美国的立场上。

媒体、官方和学界在短短的时间中塑造了"伊斯兰威胁论"，并使世界上大部分国家患上了"伊斯兰恐惧症"。据最近的盖洛普民意测验表明，当问及伊斯兰社会让他们最佩服的是什么的时候，有57½的美国人回答"没有"或"不知道"。这对于伊斯兰文明来说，的确不公平。

2004年12月，联合国秘书长安南呼吁，要在确保言论自由的基础上，防止媒体传播"伊斯兰恐惧症"，但是效果并不好。伊斯兰的形象是"恐怖的、嗜血的、独裁的、压抑的、充满暴力与冲突的"，

①　［美］兹比格涅夫·布热津斯基：《大抉择：美国站在十字路口》，王振西译，新华出版社2005年版，第53页。

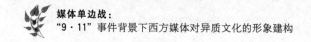

这些刻板印象已经传遍了整个世界，并且还在蔓延。

后现代主义认为，人们的主观理性不能认识世界的本来面目，即便是对世界的认识和知识，也只不过是在不同情境下的人们用语言建构起来的意义之网。这种观点虽然带有悲观的不可知论色彩，但它确实提出了一个问题，即话语体系在理解社会制度和人类行为方面具有重要的意义，根据这种理解，不同国度的人们处于不同的话语体系，他们又用不同的语意来阐释这个世界，用自己的语言来建构这个世界。

在用语言建构世界的过程中，社会精英无疑起了关键性作用。精英主义理论认为，基于知识、经验、技能和效率的不对称性，在社会、政治、经济、文化各领域处于统治地位的总是社会精英。意大利政治学家加塔诺·莫斯卡认为，不管是在一个权力自上而下授予的专制社会，还是在自下而上授予的民主社会，总是精英在统治着。意大利政治社会学家罗伯特·米歇尔斯更将这种权力统治的精英化趋势称为"寡头统治铁律"，他认为，相互协调、专业技能与效率的要求迫使任何组织都需要领导者，而对这些领导者的控制却并非易事。

就西方媒体而言，舆论阵地也为某些社会精英所控制，这些精英基于自身的利益诉求、话语空间和意识形态对国内外事件做出阐释。由于信息的不对称，作为受众的普通民众在很大程度上受制于这些媒体精英，为其舆论所引导，甚至会受到他们不负责任的误导。比如在对中国拉萨发生的"3·14"事件的报道中，西方主流媒体利用他们的话语体系建构着"中国印象"，同时也在很大程度上误导了受众。

美国及西方媒体为何具有如此威力，在世界话语体系中霸道地塑造他国、他国文化在世人心目中的形象？很显然，与其强大的传播实力密不可分。

四　犹太利益集团与美国媒体

从 20 世纪 80 年代开始，美国媒体行业出现了迅速集中化的趋势。到 1983 年，50 家大公司便控制了全美大部分的日报、杂志、电视、书籍和动画图片的所有权，此后，这一数目还在不断缩小。如今，6 家大公司已经控制了超过 90％的美国媒体。① 美国全国有近 1600 种日报，8800 多家电台和 8900 多家电视台，这 6 家媒体巨头分别是：通用电气公司、新闻集团、迪士尼公司、维亚康姆、时代华纳和 CBS。这其中，维亚康姆曾在 2000 年收购了 CBS，但在 2005 年又对公司进行了拆分，也即 CBS 集团和维亚康姆国际。

就电视网而言，六大公司控制了 70％的电视业务：迪士尼公司拥有 ABC 和 ESPN 电视台，通用电气收购了 NBC，新闻集团拥有 FOX，时代华纳控制着 CNN 和 HBO 电视台。六大公司控制的远不止这些，仅以时代华纳公司为例，其还拥有全球六大电影公司之一的华纳兄弟电影公司、全球最大的电影院连锁公司（总量超 1000 家，且全部在美国境外）、美国最大的杂志出版集团（拥有《时代》和《财富》等）、全球五大唱片公司之一的华纳唱片公司、全球主要图书出版公司（在美国本土之外的销售额占全球图书销量的 42％），此外还拥有法国、德国、日本、南亚一些媒体的股权。近年来，随着网络媒体的崛起，这些巨头也纷纷转向对网络媒体的收购或参股，如时代华纳曾和美国在线合并，新闻集团收购 Myspace，巨头还相继参股 Facebook 等热门网站。

传媒日趋垄断的直接后果是，美国的大公司与媒体之间形成了密切的链条关系，更重要的是，由于许多跨国公司都与媒体集团有了相互参股的关系，使得美国主要媒体具有了更多全球化色彩，影响力

---

① Jason, Media Consolidation：The Illusion of Choice, *Frugal Dad*, 2011-11-22.

和国际话语权也随之放大。各大媒体所具有的意识形态倾向也在无形之中渗透到了公众的头脑中，从而在一定程度上影响公众舆论的导向。

对利益集团来说，通过新闻媒体来制造舆论影响政府的外交决策，是一个重要的实现政治利益的途径。从某种意义上说，"美国的政治就是一场社会上和政府中不同的个人和集团竞相通过大众传播过程来对其思想、形象和信条施加影响的激烈竞争"①。这其中，利益集团是试图影响外交政策的最重要角色之一。据统计，目前有大约 160 个国家雇佣美国的公关公司和游说组织，代表其致力于加强与媒体、政府和公众的联系，以期影响美国的对外政策。犹太利益集团就是一个很典型的例子，美国现有全国性和地方性的犹太组织约 500 个，它们大多与以色列有关，犹太利益集团经常组织美国外交政策的大规模游说活动，其中美国以色列公共事务委员会（American Israel Public Affairs Committee，AIPAC）是最为著名的组织之一，仅为其工作的人员就有 10 余万人，许多国会议员都受到它的影响。而针对媒体的工作，主要有两个方面：一方面是对有关以色列的重点问题进行策划，另一方面是维护以色列的正面形象。

由于犹太利益集团的大力游说，加上一些美国媒体在讨论有关议案期间为之推波助澜，美国每年对以色列的 30 亿美元的援助总能够在国会顺利通过。这笔援助额相当于美国对外援助总量的 1/3，尽管以色列并不比其他国家更有理由获得这些援助，但在以色列与黎巴嫩的军事冲突中，美国国会更是表现出了强烈的偏向性，对以色列几乎没有任何非议。在冲突开始后，有 22 名议员前往以色列，只有 1 人前往黎巴嫩。美国媒体在以色列与巴勒斯坦、其他中东国家冲突的报

---

① ［美］杰里尔·A. 罗塞蒂：《美国对外政策的政治学》，周启明等译，世界知识出版社 1997 年版，第 479 页。

道中，也普遍倾向于以色列，这既与许多媒体受到犹太利益集团的赞助和支持有关，也与诸多国会议员发表有利于以色列的言论有关。

图 2-1　美国以色列公共事务委员会网站

对以色列正面形象的维护则是经年累月的工作，在游说集团的持续推动下，像《华尔街日报》《华盛顿邮报》《芝加哥太阳报》这些主流媒体都会时不时发表强烈支持以色列的社论，一些保守主义杂志如《新共和》和《旗帜周刊》更是一如既往地袒护以色列。由于这些媒体的影响力较大，且这些报道具有持续性，久而久之，不可避免地会对国会议员的立场和判断产生微妙影响。

美国主流媒体掌握在犹太人手里，是反以色列和支持伊斯兰国家的舆论没有话语阵地的关键所在。控制美国传媒的六大公司中，时代华纳、迪士尼、维亚康姆 3 家都掌握在犹太老板手里，他们下属公司的重要领导人也大都是犹太人；美国三大报《纽约时报》《华盛顿邮报》与《华尔街日报》，美国两大周刊《新闻周刊》和《时代》周刊，美国主要电视网 ABC、CBS、CNN 都为犹太人所有；好莱坞的六大制片公司华纳兄弟、环球、米高梅、哥伦比亚、福克斯和派拉蒙的创始人几乎都是来自东欧和俄罗斯的犹太移民。①

芝加哥大学的约翰·米尔斯海默和哈佛大学的斯蒂芬·沃尔特两位教授合写的《以色列游说集团和美国外交政策》（*The Israel Lobby and U. S. Foreign Policy*），最初是《大西洋月刊》的特约稿，但文章写完后，《大西洋月刊》却出尔反尔，先是要求做修改，然后又拒绝发表，而其他美国杂志也都表示婉拒。后来，这篇文章在英国的《伦敦书评》杂志上发表。② 究其原因，《大西洋月刊》是犹太人掌控的媒体，不愿意发表不利于以色列的文章。

第二节　中国及中东国家新闻传播发展现状

信息传播的不平衡是当今世界新闻传播的基本特征之一。在新闻信息流中，2/3 的内容来源于占全球人口仅 1/7 的发达国家，国际新闻的内容则高达 90%。早在 CNN 创办伊始，其创始人特德·特纳就主张"让全世界能在同一时间看到同样的新闻"，CNN 无所不在的传播网络和强大的社会影响力，在西方世界拥有很大的传播主导性和影响力，甚至一度出现了"CNN 现象"，而占全球 6/7 国家的声音却成了非主流。

一　制约中国媒体发展壮大的因素

改革开放 30 多年来，我国传媒业取得了长足进步：一是传媒业的实力不断增强。《人民日报》、中央电视台、中央人民广播电台、

---

① 参见维基百科相应内容。

② John J. Mearsheimer, Stephen M. Walt, The Israel Lobby and U. S. Foreign Policy, *London Review of Books*, 2006—3—10.

《光明日报》等主流媒体随着我国国力的不断增强而壮大，影响力、公信力、权威性日益显著；二是集团化发展迅速，目前已经成立了40多家报业集团、20多家广电集团、40多家出版集团和10多家发行集团，如南方报业传媒集团、广州日报报业集团、人民日报报业集团、上海文广集团等大型的传媒集团，新闻传播质量和经济效益不断提高；三是经济效益增强，广告业收入总额由1981年的1.18亿元增加到2005年的1416.35亿元，增加了1190多倍，年均增长速度在40%以上，远远高出同期GDP的增长水平。

尽管我国是传媒大国，但却不是强国，与西方国家比还存在巨大差距。

（一）我国主流新闻媒体数量多、规模小、效益低

针对国内媒体的纷纷集团化，中国人民大学新闻学院喻国明表示："把一千艘小舢板绑在一起，也不会变成航空母舰。"集团不是对几个实体的简单相加，集团化运作强调的是整合资源形成的集中管理效益和规模效益，有序、规范、科学的管理是集团化高效运营的有力保障。

虽然，我国陆续成立了40多家报业集团、20多家广电集团、40多家出版集团和10多家发行集团，但是，这些传媒集团的产生大多是行政力量的推动而不是市场竞争的结果，内部管理、运行仍然保留着计划经济时代的印迹，资源优化配置目标并未实现。传媒业仍然存在森严的行政壁垒和地域市场壁垒，跨行业、跨地区经营存在诸多限制。在传媒业区域市场分割的条件下，很多传媒业只能在一个既定的省份或市区内发展。优势的传媒和品牌囿于市场范围的限制，没有足够的成长空间，而劣势的传媒由于地方保护，虽然经济效益很低甚至亏损，但是依然可以依靠当地政府的扶持而存活下来，在这种情况下，优势的传媒得不到进一步的发展，而劣势的传媒也不能依靠市场机制被淘汰掉，最终会形成"优不胜劣不汰"的情况。而竞争力强的

传媒集团由于囿于这种限制，也很难获得很大发展，不能形成真正的传媒集团，更不能和国际大传媒集团相抗衡。

而西方发达国家自 20 世纪 80 年代以来，纷纷放松对传媒企业的管制，大型传媒集团将经营范围由传统图书、报刊扩展至电视电影节目制作、网络通信业、有线业务、唱片业、娱乐业等。据统计，以时代华纳、迪士尼、维亚康姆、康卡斯特、索尼、维旺迪环球、新闻集团等为主的全球 50 家最大的传媒集团占据了世界 95％的媒体市场份额。在广告经营上，一般发达国家传媒广告收入基本占国民生产总值 2％左右，而我国还不到 1％。1999 年我国新闻媒体的广告额 290 亿元人民币，而美国仅《纽约时报》每年的广告额就近 500 亿元人民币。这些全球传媒巨无霸在横扫欧美市场之后，正凭借强大的资金和科技优势，进一步向全球扩张，直逼中国这个最大市场，输送西方视角的报道评述、以西方利益为依据的丰富信息内容，以及充满西方流行价值的精彩娱乐节目。

从经济学角度分析，经济组织达到一定规模后，可使"边际成本"下降而"边际成本收益"递增，形成规模经济。因此，传媒产业的发展必须强强联合，走规模经济递增的道路。

（二）我国新闻媒体收入结构不合理，赢利模式单一

据中国传媒大学广告学院广告研究所一项调查显示，在中国传媒集团总收入中，广告占 70％，发行或节目收入占 20％，多元经营占 8％，其他占 2％。在报纸、杂志、电视、广播中，有 41.5％的媒体广告收入占总收入的 90％以上，其余媒体的广告收入占总收入的 50％—90％。

按照我国目前媒介经营的现状，过分依赖广告的前景是不被看好的。以电视媒介为例，单一的广告赢利模式会制约电视媒介特别是频道专业化的进程，迫使各个电视台和电视频道都在追寻大众化的路线，最终结果是"千台一面"，电视节目缺乏创意，不少节目看过之

后，有一种食之无味、味同嚼蜡的感觉，在电视台内部则是大众化节目资源的浪费和恶性竞争，用大众化的广告赢利模式经营电视媒介，特别是专业频道是错位的。

多元化经营使媒介组织同时经营几个相关或不相关的产品，可以在比较大的范围内重新进行资源配置，将一项优势与另一项优势结合，通过交叉宣传不但降低促销费用，还有助于实现规模经济。更重要的是，媒介进入其他领域后，一旦市场变化或其他因素导致一业下降或亏损，也不至于全线溃败。

20世纪90年代后期，中国媒体兴起多元化经营浪潮，许多媒体从相关行业入手——经营纸张公司、发行公司、广告公司、印刷公司、咨询公司，甚至房地产、汽车租赁、酒店管理等，但教训多于成功。南方日报社曾在短短三四年内大量投资与报业毫不相干的产业，亏损1.4亿多元。如投资近5000万元建设一家制药公司，投资4000万元与几百公里外的偏僻地区联办两家水泥厂，投资近2000万元到三水与当地镇办企业联办瓷片厂，投资上千万元到海南搞房地产，投资300万元到东莞联办食品厂……不但赚不到钱，作为股东还背上了沉重的债务。中国媒介的多元化经营，无论在政策上还是在现实操作层面（人才、管理经验等），都存在不少障碍和困难。

而西方大型传媒集团通过多种业务和渠道赢利，收入结构合理，避免了单纯依靠广告所带来的风险。例如，新闻集团2008年各项业务收入为329.96亿美元，其中电影娱乐业务占总收入的21%、电视占18%、有线网络电视占15%、卫星电视直播占11%、杂志和插页占3%、报纸和信息服务占19%、图书出版占4%、其他为9%。

（三）新闻媒体资本运作艰难、融资渠道单一

尽管传媒业被称为经济效益显著的"朝阳行业"，但也面临一些亟待解决的问题：激烈的市场竞争，使新闻媒体不得不扩张规模、更

新设备、引进人才、进入新的资金投入期；省级以上新闻媒体大多已停止财政拨款，实行自负盈亏、自我发展，媒体经营收入的75％—95％来源于广告经营收入，又受制于经济环境而显得脆弱；作为特殊产业的新闻媒体，不但要像其他企业那样缴纳各种税收，而且从2001年起，新闻媒体实行税收的先征后退政策，使传媒产业的资金压力加大。另外，面对国外规模大且资金实力雄厚的传媒企业的竞争，我国的传媒业迫切需要注入资金来与之抗衡。这些情况使得新闻媒体普遍面临发展资金不足的困难，对新的资金需求强烈。

纵观世界著名的大企业集团，几乎没有哪家是完全通过内部积累发展起来的。资本多元化运作已经成为西方媒体实现扩张和垄断的主要手段，许多传媒集团以兼并、收购为基调，以多元化为主旋律，采取跨地区、跨国家的全方位发展战略，在宽松的政策环境和成熟的市场机制哺育下实现了快速、健康、稳定发展。

目前，我国传媒业资本运营主要有三种方式：一是由国内商业银行授信一定的额度直接获得金融资本的支持；二是通过上市公司从证券市场募集资金；三是吸纳海外资金及信息资源。

从理论上来说，国内金融资本授信传媒业是双赢的好事，双方都有内在驱动力。我国传媒业发展急需资金扶持，商业银行也要寻找新的投资领域以使其资金流动良性循环与结构优化。大众传媒业是朝阳产业，发展势头看好，与国内其他领域的国有大中型企业面临重重困境、业绩不佳、还贷能力差的总体情况相比，传媒业无疑是难得的金凤凰。同时，由于媒介的特殊性质，海外金融资本直接涉足国内传媒业必然会受到政策的限制，相比之下，国内银行投资会有政策保护。再就是以银行信贷方式融资对媒体态度影响小，可以保证媒体在宣传工作上的独立性。目前，我国也已有多家媒体获得了银行授信不同额度的资金，如《成都商报》曾获得5亿元，《哈尔滨日报》获得5亿元，《贵阳日报》获得3亿元等。但是，实际操作上困难很大。媒体的产业化程度不高，投资的政策风险不小，尤其是一些暂时运作不是很好或者知名度不够高的媒体，很难从商业银行那里获取发展所需的足够资金。对于媒体资本结构而言，资产负债率过高，也不利于事业的发展。

虽然传媒业是一个高盈利和高成长的行业，但由于该行业的特殊性，我国还不允许传媒类公司企业直接上市，目前上市的传媒类企业都是采取间接迂回的方式，如通过子公司上市、借壳上市或者与上市公司合作进入资本市场。这些方式，要么完成复杂的上市审批程序要花费很长的时间，要么对传媒企业实力要求很高，要么由于进入市场有限，传媒企业想从中获得持续性融资也比较困难。

至于吸纳海外资金，鉴于政策限制，也是困难重重，并不能成为传媒业的一种有效融资渠道。

长期以来，我国传媒业受意识形态、行业管理制度等因素限制，传媒市场化运作的程度较低。目前，在传媒领域民间资本、国外资本和上市融资的门槛较高，金融市场存在缺陷，使得大部分传媒业仍然是通过自筹方式获得资金，而融资渠道的单一也制约了其发展壮大。据《传媒》杂志与复旦大学传媒企业创新能力调查显示：我国传媒业特别是传统媒体创新融资非常困难。40 家传统媒体的创新资金92.5％依靠企业自身筹集，15％靠银行贷款。而 35 家新媒体资金来源较为丰富，68％靠自有资金，45％靠国外风险投资，22％靠国内风险投资，14％靠股市筹资。

而在传媒的市场竞争中，经济实力是竞争能力最重要和核心的要素，其中资本是最为重要的先导性和基础性力量。实践证明，依靠传媒业自身的内部力量，不可能产生现代传媒业经营所需要的资本规模，只有推进体制机制改革，吸引社会资本的参与，才能适应新形势下市场竞争的要求。但是，在事业单位性质的情况下，传媒难以进行较为彻底的体制机制创新，进行有限创新就成为管理层的当然选择。

二　中国新闻媒体的国际传播

近年来我国新闻媒体国际传播能力迅速提升，但总体上仍处于西强我弱的态势。中央级新闻媒体正不断加强国际传播能力建设，新华社海外分社已达 171 个，驻外机构数量居世界首位，中国国际广播电台使用 64 种语言对外播出，是全球语种最多的媒体机构，中央电视台开播 9 个国际频道，成为全球唯一用中、英、法、西班牙、俄、阿拉伯 6 种联合国工作语言播出的电视机构。但是总体上看，我国新闻媒体的综合实力还不够强，在国际热点问题和突发事件报道中的原创率、首发率还不高，国际接受度和影响力还有限。

具体分析，影响中国新闻媒体跨国传播的因素主要有以下四点。

（一）东、西方意识形态差异的阻碍

由于东、西方在意识形态上的显著差异，在一定程度上阻碍了中国传媒机构的跨国传播能力建设，也使得中国传媒机构的"走出去"存在很多不确定的因素。由于意识形态的差异，造成一些西方国家对中国传媒缺乏信任、抱有戒心，并且长期采取排斥的政策。

首先，是缺乏信任。由于意识形态的影响，西方人对中国媒体的官方身份不认同，也缺乏起码的信任感，影响了中国媒体海外传播的效果。BBC 中文网引用《人民日报》驻美国记者张旸的分析称，中国媒体的报道常常受到国际受众的质疑。国际受众的理解是，中国媒体尤其是官方媒体意识形态味道过重，"报喜不报忧"，缺乏客观性。

其次，是抱有明显的戒心。2010 年 6 月 18 日，南方报业传媒集团联合实业基金意图收购美国《新闻周刊》，首轮竞拍即失利出局。其实，南方报业竞购出局的消息并不出人意料，美国驻广州总领事馆新闻文化领事早就预测南方报业的竞投注定要出局，而且是首轮出局，其最主要原因并不是资产报价。从经济因素来看，中国南方报业

联合其他基金高调亮相，雄厚财力令人印象深刻，但经济因素并不是这场竞购赛的唯一主角。

事实上，美国对于来自意识形态迥异的中国企业投资的担心始终没有停止过。当美国信贷危机最为严重时，中资企业购入了贝尔斯登和摩根士丹利的大量股权。当时，美国投资者和立法者纷纷质疑中国人的意图，有些人甚至试图禁止中国进行更多投资。中国企业购买美国银行股权就遇到了如此强烈的政治屏障，更别提收购涉及美国意识形态安全的新闻媒体了。美国不仅担心《新闻周刊》成为中国的宣传阵地，而且担心中国会利用《新闻周刊》操纵美国政局，影响美国民意，混淆美国价值观。

新华社北美总分社在纽约时报广场租用办公楼并获得时报广场一块户外大屏幕的经营权后，西方观察家对此心理复杂。随后，人民网在帝国大厦租用 256 平方米办公用房，再次刺激了美国人的意识形态神经，为此，有参议员向美国国会提交了阻止中国国有传媒机构在该国扩张的议案。这种意识形态壁垒给中国媒体海外拓展带来不少阻力。

（二）习惯用宣传的思维和方式进行对外新闻传播

我国对新闻事业属性的认识长期定位在政治思想、上层建筑的范畴之内，新闻事业是党和人民的喉舌，是党的宣传工具。长期以来，我国习惯于把新闻信息的传播和思想宣传工作融合在一起，使得新闻信息的传播带有浓重的政治思想宣传意味。

我国的新闻工作者习惯于用政治宣传的思维、模式和腔调传播新闻信息。而西方新闻信息传播业普遍尊崇新闻信息的客观性、公正性和独立性，也就是说，西方人习惯把新闻信息本身当作中性的信息产品来看待，不习惯于传播者在客观中性的信息中添加主观意识或者带有明显倾向性的解读，尤其不接受说教意味或者政治意味较浓的宣传。如果我国媒体在对外传播的实践当中，仍然习惯性地用内宣的思维和方式进行对外传播，那么生产的传媒产品难以与海外受众的消费习惯、偏好和模式相契合。

在国际传播领域，目前的游戏规则基本由西方主流媒体制定。以半岛电视台的发展为例，从某种意义上来说，半岛电视台的成功一方面是由于"反恐"形势凸显阿拉伯世界的重要性，另一方面，一群受过BBC严格培训的传媒人对于西方主流传播规则的利用是其制胜的关键因素。而我国许多新闻产品，习惯用内宣的思维和方式传播信息，用对中国受众的语境对待国外受众就很难被接受，传播能力势必大打折扣。

（三）对国际市场和国际经营管理规则缺乏了解

这方面主要表现在，没有深入细致地进行国际市场调查，对于海外受众的价值观念、视听习惯及跨国传播的运作环境、基本规律缺乏研究，传媒机构在"走出去"过程中缺乏本土化的编辑、准确的定位和有针对性的市场开拓，难以进入海外主流媒体圈。目前已有的一些在海外商业运营的常年性项目，由于对目标市场的把握不准、播出内容缺乏特色等，传播效力不高、竞争乏力，在西方主流社会处于边缘地位。

（四）经营意识和能力较弱

中国共产党1921年出版的第一份报刊《劳动周刊》在发刊词中就宣布："我们的周刊不是营业的性质，是专门本着中国劳动组合部的宗旨，为劳动者说话。"新中国成立以后，新闻单位作为党和政府的宣传部门，一律采取财政包干，专心思想宣传，不事经营。国内绝大多数传媒机构长期都是事业单位，即便是企业化运作，也未能成为真正的市场主体，没有建立科学合理的现代企业制度，不具备"走出去"的经济实力。

中国传媒集团总收入中，广告经营仍然是经营支柱，而仅仅依靠单一的广告赢利模式，难以积攒对外扩张资本。同时，大多数传媒企业目前把发展的市场空间定位在作为存量的国内市场，对于海外增量市场，缺乏有竞争力的产品，开发力度明显不够。

三　中东国家新闻媒体发展概况

中东国家的新闻事业大都实力弱、历史短，发展也不均衡。在中东，既有人均年收入高达数万美元的世界最富有的国家（沙特阿拉伯、科威特、阿拉伯联合酋长国等），也有人均年收入只有数百美元的世界最贫穷国家（阿曼、约旦）；既有教育较为普及、国民文化素质较高的国家（如科威特），也有教育不够普及、国民识字率只有10％甚至更低的国家（如阿曼），在新闻传播方面，媒体机构和传播实力也是参差不齐，同西方国家差距巨大。

（一）主要的报刊

中东国家的报业普遍起步于20世纪60年代到70年代，除科威特外，其他国家的报刊业仍不够发达。1976年，沙特阿拉伯有9种日报，但发行量最大的《利雅得报》也只有2.5万份，巴林、卡塔尔和阿联酋则只有一两份日报，发行量多则上万少则两千。到1990年，每1000人占有的报纸在50份以上。目前主要的报刊有两大期刊和一大报纸。两大期刊主要指埃及的《十月》和黎巴嫩的《事件周刊》，一大报纸是《金字塔报》。

《十月》杂志由埃及知识出版社出版发行，该社成立于1890年，是埃及、中东乃至阿拉伯世界最大的出版社，每年出书品种约为100—200种，广泛涉及政治、经济和社会生活的各个领域。《十月》杂志不仅在埃及而且在整个阿拉伯世界都极具影响力，该杂志创刊于1973年10月，是一本集政治、宗教、科普、妇女、家庭等为一体的国际性综合刊物，关注重心为中东和国际重大政治、经济、文化等热点问题，质量好、价格低，为文化层次较高的读者提供服务。埃及政府一般不干预该杂志的出版内容，基本上没有政府的新闻监督。《十月》杂志一贯高度重视出版内容的健康和有益，严把稿件质量关，既不为扩大发行量而一味迎合读者，也不因物欲所惑而刊登格调低俗的东西。

《事件周刊》是黎巴嫩全国 600 余种各类报刊中的佼佼者，是一份涉及政治冲突、经济要闻、体育赛事、医药保健、妇女问题、艺术讯息等的综合性刊物，以广泛关注中东重大政治事件、跟踪报道中东热点问题而赢得阿拉伯世界众多读者的喜爱，对巴以冲突、黎以战争、伊朗核问题的独特解读又使该刊影响力日趋增大。黎巴嫩以中东新闻中心而著称，除《事件周刊》外，还有《白天报》《使节报》《旗帜报》及《阿拉伯周刊》等。

《金字塔报》是埃及发行量最大的阿拉伯文对开日报，被誉为"阿拉伯世界的第一大报"，1875 年创办于亚历山大，当时为周刊，1900 年迁至开罗出版。该报主要反映官方观点、阐述政府内外政策，因而被誉为"半官方喉舌"。通常每日分 3 次印刷出版，第一次在前一天 19 时，主要向边远地区和中东其他国家发行，第二次和第三次印刷的报纸的头版内容有变动。如遇重大事件可分 5 次印刷，每天出24 版，发行量为 30 万—50 万份。

（二）主要的通讯社

现代阿拉伯各国的通讯社都是在地区基础上建立起来的，而且是官方性质的通讯社，主要有沙通社、伊通社和中东社。

沙通社是沙特通讯社的简称，成立于 1971 年 1 月 23 日，直接受沙特阿拉伯国家新闻部领导。用阿、英、法文发稿，在华盛顿、伦敦、突尼斯、贝鲁特、开罗等地设有分社。

伊通社是伊朗伊斯兰共和国通讯社的简称，是伊朗的官方通讯社，前身为1934年成立的波斯通讯社，1979年伊朗伊斯兰革命后改现名，总社设在德黑兰。

中东社为埃及官方通讯社，是中东和阿拉伯地区成立最早的通讯社，1956年由埃及两大日报和两大出版社筹资成立，原为商办，1962年收归国有，用阿语和英语发稿，其出版社除每天用英文、法文出版《开罗报刊综述》外，还用这两种文字出版《中东社经济周刊》，总社在开罗。中东社在国内有26个分社，在国外有15个分社和记者站，且多集中于中东和北非各国，每天用阿拉伯、英、法等多种文字发稿，着重报道埃及、中东、非洲和不结盟国家的重大事务。多年来，中东社也负责为中东和非洲国家的通讯社培训专业技术人员。

目前，阿拉伯国家通讯社最突出的问题是缺乏合格的新闻和技术人才。同时，这些通讯社与世界其他地区的通讯社相比还缺乏现代通讯必需的设备及现代技术。

（三）主要的电视台

中东地区有大大小小近500家电视台，竞争非常激烈，而影响力最大、最受欢迎的有"四大金刚"：卡塔尔"半岛"电视台、阿联酋阿布扎比电视台、沙特人投资的阿拉伯人电视台和黎巴嫩LBC电视台。这些电视台信号覆盖整个中东地区和欧非部分地区，阿拉伯媒体评论家纳赛尔称赞这些电视台"是阿拉伯世界反美和反以潮流的领头羊"。

"半岛"电视台：卡塔尔是一个仅有80万人口的国家，由于境内储藏有丰富的天然气资源（仅次于俄罗斯的储量），成了中东最富有的国家之一。1996年，卡塔尔外交部部长贾巴·阿尔－塔尼提议建立一家电视台，这一提议获得新上台的卡塔尔亲王谢赫·哈马德·塔尼的赞同，于是卡投资上亿美元创立了"半岛"电视台。目前，"半岛"电视台因以阿拉伯视角报道中东乃至世界重大新闻而引人注目。

从 1999 年 2 月 1 日开始，"半岛"电视台卫星频道 24 小时不间断地向世界各地滚动播出阿拉伯语新闻节目，是目前阿拉伯世界收视率较高的卫星频道。之前，整个阿拉伯世界没有一个 24 小时连续播报新闻资讯的电视台。

"半岛"电视台在海湾战争中一举成名，其在美军对伊拉克"沙漠之狐"空袭行动中的独家画面赢得了国际认可，后又在 2000 年爆发的第二次巴勒斯坦大起义、阿富汗战争、伊拉克战争、2008 年的加沙冲突和多次播出本·拉登的视频等重大新闻事件中的独家报道成为全球难以忽视的媒体。在阿富汗和伊拉克战争中，美国 CNN 和英国 BBC 曾向"半岛"电视台购买新闻，CNN 甚至与"半岛"签订了合约，以每分钟 2 万美元的天价每日购买数小时的节目报道，因此，有"中东的 CNN"之称。目前，"半岛"已正式进军欧美传播市场，用英语和阿拉伯语同时向世界传达"自己的声音"，希望挑战 CNN 和 BBC 在英语全新闻频道领域所拥有的优势地位。

除在重大新闻事件中的良好表现外，"半岛"电视台成功的秘诀在于电视节目的开放性安排：向阿拉伯世界的所有政治派系提供脱口秀平台，如面向自由主义者的《不止一种观点》，面向民族主义者的《逆流》，面向保守主义者的《伊斯兰教法与人生》等，尽管阿拉伯世界是一个较为分裂的社会，但这些不同的节目总是或多或少地在寻求平衡，而观众们也乐于收看。同时，"半岛"电视台让观众走进演播室，并通过了解街头公众的反应，积极吸引观众的参与，这种在政治观点上的开放性和对观众参与的重视，逐渐成为"半岛"电视台独特的竞争优势。

"半岛"电视台的发展既有意识形态方面的考虑，又有商业领域的追求。为了保证运作的成功，试图迎合"阿拉伯街头"的期待。随着美国政府反伊斯兰倾向的日益明显，出于各种因素的考虑，"半岛"电视台放弃了创办之初"客观中立"的新闻专业主义编辑方针，逐渐采取了亲伊斯兰的态度。[①]

2006年11月，"半岛"电视台开始用英语播放节目，转型为一个全球化的媒体集团。同时"半岛"电视台还开通了体育频道和儿童频道。开办英语频道的策略既有提高"半岛"电视台收视率的考虑，还有向西方世界播送新闻节目，改变信息流向不对称的考量。为此，"半岛"电视台不惜重金，招聘了一批美国有线电视新闻网、广播公司和英国广播公司的记者、节目主持人和播音员。

2009年11月，"半岛"电视台收购了几家体育卫星频道，获得了体育领域的相应权利。继新闻之后，体育也成了"半岛"电视台的轴心。2013年1月，"半岛"电视台宣布收购美国潮流有线电视台（Current TV），为"半岛"电视台进驻美国铺路奠基，这也是阿拉伯国家首次收购美国电视新闻媒体。"半岛"电视台在其网站上介绍，被收购的这家美国电视台将改名为"半岛美国"，台址设在纽约，并以此为基点在美国全境开设记者站，形成一个覆盖美国全境的集新闻采写与发布为一体的电视新闻平台。

2013年12月，"半岛"电视台与时代华纳有线、Bright House网络有限公司达成合作协议，在纽约、洛杉矶、达拉斯和其他主要城市通过有线网络进行节目放送，这也使得"半岛"电视台有能力直接和美国5500万用户接触。如今在美国，"半岛"电视台已拥有3个广播中心，12家分支机构和近800人的采编队伍。

毫无疑问，"半岛"电视台如今是一家全球性的媒体集团。其在阿拉伯国家也是最为重要的媒体之一，拥有两个英语频道，分别用阿拉伯语和英语持续播报。另外还有12个体育频道，一个免费纪录片频道，一档波斯语节目和一家独立的儿童频道。卡塔尔"半岛"电视

---

① ［法］弗雷德里克·马特尔：《主流：谁将打赢全球文化战争》，刘成富等译，商务印书馆2012年版，第276页。

台由于其在时政类节目中的开放性，已经成为阿拉伯世界电视媒介的典范，并开始拥有在阿拉伯世界之外的影响力。

需要说明的是，不能把"半岛"电视台视为阿拉伯国家统一对外的发声机构，其在突尼斯、摩洛哥、阿尔及利亚、伊拉克、沙特阿拉伯、巴勒斯坦和印度遭受到禁播的命运。①究其主要原因，是和阿拉伯国家之间的利益纠葛、宗教派系争斗密不可分，尽管如此，"半岛"电视台仍然是伊斯兰世界中最有影响力的媒体之一。

阿布扎比电视台、阿拉伯人电视台、黎巴嫩广播电视公司都是近年来凭借伊拉克战争而崛起的电视媒体。在战场上记者们冒着枪林弹雨采访，向世界展示了伊战的真实战况，发出了阿拉伯人的声音。为了报道伊拉克战争，阿布扎比电视台投入了数百万美元，电视台记者也赢得了"不怕死"的美誉，令同行钦佩不已。另外，该台还聘请了许多接受过西方教育且熟悉阿拉伯国家情况的专业人士作为评论员，只要有重大事件发生，特聘评论员便被请上台对形势发展评点。

阿拉伯人电视台由沙特人投资在阿联酋成立，以"公平、公正"为准则，不到半年时间就在阿拉伯各国声名鹊起，报道内容以反对美军占领伊拉克和捍卫阿拉伯民族权益为主，而且以专业精神和平民化的报道特色赢得好评。目前，该台在阿拉伯国家普通民众和政府官员中都有较高收视率，甚至超出了"半岛"电视台。

LBC电视台是黎巴嫩广播电视公司下辖的一家以娱乐节目为主的电视台，其主持人大多来自"半岛"、阿拉伯人等电视媒体，主持人的主持风格十分犀利，嘲讽美国和以色列的霸权主义和强权政治，深受中东底层穆斯林民众的欢迎。

此外，埃及开办的阿拉伯世界第一家女性频道——Nefertiti

---

① ［法］弗雷德里克·马特尔：《主流：谁将打赢全球文化战争》，刘成富等译，商务印书馆2012年版，第283页。

Channel 收视率很高。该频道通过尼罗河卫星每天播出 16 个小时，主办者是埃及卫生部，节目以烹调、美容、健康、儿童护理为主。

阿拉伯世界地处欧亚之间，历来为文化交流的要道。这里可以清晰地收听收看到欧洲、印度、巴基斯坦等地的电台或电视。便利的地理位置，发达的外贸往来和与西方国家的传统联系，使阿拉伯各国的新闻媒介非常注重国际交流。尽管近年来不少国家把自制电视节目作为自己的奋斗目标，但大多数阿拉伯国家要进口 30％～60％的电视节目。如 1990 年阿尔及利亚和突尼斯进口的电视节目均为 55％，埃及为 35％。在这些节目中，约 70％来自西方国家，其中美国占 32％，法国占 13％，英国占 7％，日本占 6％。在报道国外新闻时，阿拉伯国家的新闻媒介主要采用路透社、法新社、美联社和合众国际社这四大通讯社的报道。

20 世纪 80 年代以来，法国、德国、英国、意大利、西班牙等西方国家通过十几颗定位在阿拉伯上空的通信卫星，极力扩大它们的覆盖面，全天候地播放西方国家的新闻、娱乐、体育等卫视节目。西方世界的这种传媒介入，从表面上看来起了弥补空缺的作用，为阿拉伯国家受众提供了大量的信息，丰富了他们的文化生活，但实际上对中东国家的传统文化、价值观念、生活方式产生了很大冲击。例如阿尔及利亚只有一个国家电视台（ENTV），只开播了一个频道，电视台设备落后，自办节目数量少，而且质量也不高，无法满足全国观众对电视节目的需要，收视率呈不断下降的趋势。如此一来，阿尔及利亚人只好把目光转移到西方的卫视节目上，据《圣战者报》的一个调查报告，阿尔及利亚全国有 52％的家庭（首都则高达 88％）安装了卫星电视接收器来收看西方的电视节目。

1999 年 2 月 27 日沙特阿拉伯、科威特、卡塔尔、利比亚等国发射了"阿拉伯 A－3 号"卫星，设有 54 个频道，可同时播放 300 多套电视节目。卫星覆盖面广阔，除阿拉伯国家外，还将西欧发达国家囊括其中。阿拉伯卫视的出现，吸引了部分追捧西方电视节目的国内观众，而且还让分布在欧洲各国的 700 万阿拉伯人结束了与阿拉伯传媒几近隔绝的状态。对有着共同宗教信仰、相同语言的阿拉伯民族来说，阿拉伯卫视拥有西方电视不可比拟的民族亲切感，使它在与西方电视的竞争中占据了情感优势。

阿拉伯卫星通信署的成立，向世界宣告阿拉伯国家也加入国际话语权的争夺之中。但如同在其他领域一样，全球的信息传播存在严重不平衡的现象。中东国家的新闻传媒机构在世界的舞台上并未取得和其人口规模对等的地位，这个舞台上的主要角色还是传统的欧美强国。

总体来说，阿拉伯国家卫星电视还处在起步阶段，面临各种问题和困难，最主要的问题是没有一个整体的发展战略，对卫视的现实作用、近期和长期目标缺乏深入的研究探讨。上星的节目内容比较单调，新闻、宗教节目占的分量多，而娱乐节目偏少，质量也不尽如人意。各国能够提供上星的节目数量不足，有些国家只能提供一套节目，卫星电视的技术优势没有充分得到利用。对观众的影响面还不够广，影响力还不够大。在卫星技术、规模、数量等方面，中东还远远无法与西方抗衡。

（四）互联网发展状况

自 20 世纪 90 年代起，中东国家为应对信息技术挑战纷纷制定和实施了一系列发展信息通信技术的策略，并取得一些成效，互联网联网率显著上升。但就整体水平而言，联网率只有 17.4%，远远落后于发达国家，如美国联网率为 72.5%，加拿大为 84.3%，荷兰为 90.1%，德国为 63.8%，日本为 73.8%，韩国为 70.7%。中东地区互联网用户仅占全球互联网用户的 2.9%。2008 年，中东地区只有 328.48 万人使用互联网，甚至低于非洲国家。[①]

---

① 参见《中国信息年鉴（2001）》2001 年 3 月 31 日统计数据。世界互联网用户的最新统计数字采用 2007 年 12 月 31 日统计数据，由尼尔森互联网研究（Nielsen /NetRatings）提供。

第三节　东西方国际传播策略

纵观当今世界，政治与经济多极化、全球化、一体化的趋势和以移动互联网为平台的各种新媒介的迅猛发展，麦克卢汉预言的"地球村"时代早已来临，从个人到国家以至于全球都处于媒介化生存的状态，作为国际传播的大众传播媒介越来越受到关注和重视，国际传播的作用日益凸显。无论新闻传播的具体方式借助于口头、纸媒还是网络数字化传播，人们都将继续深切关注新闻媒体和国际传播在社会政治、经济、文化等方面所扮演的角色，影响受众的态度和舆论引导的方式以及在多大程度上影响政治和受众消费行为的路径。正如英国经济学家与社会学者安东尼·吉登斯在《失控的世界——全球化如何影响我们的生活》一书中强调的一样，我们仅仅从经济的角度看待全球化是远远不够的，因为它是政治的、技术的、文化的及经济的综合现象，其间信息传播系统的发展又有着首屈一指的影响。

一　关于国际传播

国际传播，即通过大众传播媒介进行的跨越民族国家界限的国际信息传播及过程。国际传播包括两个部分，即由外向内的传播和由内向外的传播。由外向内的传播是将国际社会的重要事件和变化传达给本国民众；而由内向外的传播是把有关本国政治、经济、文化等方面的信息传达给国际社会。

狭义的国际传播仅指跨越国界的大众传播，也就是以国家、社会为基本单位，以大众传播为支柱的国与国之间的传播。我国对于国际传播的认识比较一致，即狭义的国际传播，把国际传播理解为一种通过各国大众媒体而展开的国际信息交流和传播形式，民族国家和一些有影响力的国际组织，它所关注的焦点是国际信息传播对民族国家和国际组织在国际政治、外交、经济、文化等事关重大的领域所产生的影响和相互影响。

此外，从传播主体的视角来看，国内外研究者有关国际传播主体的界定或描述大致可以分为三类：第一，国家主体说。国外学者认为国际传播是以国家社会为基本单位，以大众传播为支柱的国与国之间的传播，而国内部分学者认为国际传播在通过大众媒介的国际传播活动中，国家政府组织是主要的信息发出者之一。国家借助传播媒介，利用信息维护和谋求本国利益，国家借助传播媒介实施其国际战略。第二，多元主体说。国外学者认为："国际传播是一个调查和研究个人、群体、政府利用技术如何传递价值观、观念、意见和信息的领域，是一个关于在不同国家和文化间促进或阻止信息交流的机构组织的研究领域。"国内学者认为："国际传播主要是指通过大众传播媒体（即国际媒体）并以民族国家和国际组织为主体的跨越民族国家界限的国际信息传播及过程。""国际传播是指跨越两个或两个以上国家，或不同文化体系间的信息交流。信息交流是指个人、团体、政府通过各种手段转移信息及数据。"第三，国际传播无主体，这类界定侧重于对国际传播现象的描述。国外学者认为："国际传播的简单定义是超越各国国界的传播，即在各民族、各国家之间进行的传播。"国内学者对国际传播的界定主要是根据《宣传舆论学大辞典》："指国家与国家之间的信息交流活动，尤指以其他国家为对象的传播活动。可通过人际传播或大众传播形式进行，但以大众传播为主。"

二 国际传播策略的历史嬗变

国际传播最早是作为宣传的重要手段，一开始就与政治紧密联系在一起。早在第二次世界大战之前作为国际传播的媒介经常散布威胁言论，如 1923 年德、法两国在鲁尔事件中进行的广播宣传战，以在战后赔款问题上争取利益最大化。1927 年英、法、比、葡开始进一步加强自己的对外宣传，一方面针对敌对国家，另一方面巩固其在殖民地的地位。

第二次世界大战中，各国在新闻传播领域开展新闻战，轴心国和同盟国都重视对外传播，把媒介作为战争的武器，如广播事业得到了前所未有的迅猛发展，走向繁荣，造就了 20 世纪三四十年代广播发展的黄金时期。各国在新闻传播领域都开展了一场媒介对外宣传的世界大战，作为争取国际舆论的有效手段，如德国法西斯曾制定一个"十三人黑名单"，准备在攻下莫斯科后作为重点逮捕对象。名单上排在第一的是斯大林，排在第二的是苏联著名的播音员尤·列维坦。纳粹德国在这一时期更是采用典型的宣传式的播报内容和风格，纳粹党在 1936 年召开党代会时大厅悬挂的条幅为"宣传帮助我们夺取政权，宣传帮助我们巩固政权，宣传还将帮助我们取得整个世界"。希特勒的宣传部部长戈培尔更是语出惊人："新闻是战争的武器。新闻的目的是帮助战争而不是提供信息。"① 而英国 BBC 播出的丘吉尔的广播演说更是激昂慷慨："我们要坚持到底……我们要在海洋上作战，我们要在天空中作战，我们不惜一切保卫本土，我们要在滩头作战，我们要在田野和街头作战，我们绝不投降！"使军心斗志倍增，决心与纳粹浴血奋战到底。太平洋战争爆发后，日、美双方也利用多种方式开展"电波战"，日本创办一座专门瓦解美军士气的电台。美国则开办 VOA 成为战时新闻局领导下的国际官方电台，用来对付法西斯的电波战、心理战。

冷战时期，以美国为代表的西方国际传播更是体现宣传、渗透、

① ［美］罗伯特·福特纳：《国际传播："地球都市"的历史、冲突及控制》，刘利群译，华夏出版社 2000 年版，第 131 页。

瓦解甚至颠覆的意图，是企图用来对付共产主义的"破城槌"。战后在美国确立其超级大国与世界霸权的进程中，对外传播的新闻媒介无疑起到了主力军的作用。正如艾森豪威尔所说："一美元的外宣费用等于五美元的国防费用。"他命令"美国之音"要越过国境、越过海洋，穿过铁幕和石墙，同共产主义进行你死我活的斗争。事实上，从第二次世界大战以后形成的以美联社、路透社、合众国际社及法新社为代表的四大国际通讯社，形成了垄断国际新闻传播的新格局，全球范围内80％的新闻稿是由这四家通讯社发出的，至20世纪70年代国际新闻传播的东、西方差距愈发明显。

三 "国际传播新秩序"的提出与《塔卢瓦尔宣言》的对质和争论

从20世纪70年代到80年代中期，国际传播的差距进一步加剧，首先，是传播媒介的分布不均衡。由于西方发达国家拥有数量和实力强大的报纸、广播、电视、网络、电影等信息传播媒介，致使传播效果出现明显的西强东弱格局，尤其是发达国家凭借其强大的政治、经济实力继续在传播媒介方面构筑霸权。其次，是信息传播流向呈现由西方发达国家流向不发达国家。西方发达国家几乎垄断世界新闻传播的采集与发布渠道，世界新闻信息从发达国家流向发展中国家，呈现出强势的单向信息传播。最后，是在传播内容方面，主要表现为西方国家根据自身的意识和利益需要，按照西方的一套价值观来运作新闻，具有强烈的主观倾向性。

鉴于此，从1970年起，在联合国教科文组织历届大会和一些国际组织召开的国际会议上，以上问题成了引起争论的重要议题。许多第三世界国家指责西方四大通讯社的国际报道忽视第三世界国家，对这些国家抱有偏见和不负责任。美国等少数西方国家则强调新闻媒介有在任何地方自由搜集、传递和发表新闻的权利。在1970年教科文组织第16届大会上，几个发展中国家第一次明确提出了传播媒介分布不平等的问题，要求组织更加合适和更加均衡的国际新闻交换系统。1972年教科文组织第17届大会通过的一般性辩论决议草案指出："新闻工具如被滥用，也可成为控制世界舆论的工具或成为道德、文化污染的根源。此外，如果通讯的传播被少数国家垄断，通讯的国际流通常常是单方向的，这就可能导致对其他国家的文化价值的严重损害。"

1976年3月在不结盟国家交流问题讨论会上，第一次明确提出建立"国际新闻传播新秩序"的口号。同年，教科文组织第19届大会设立了世界传播问题研究委员会，由麦克布赖德任主席。该委员会于1979年提出题为《多种声音，一个世界》的报告，其核心内容指出，"个别传播大国对世界信息流通系统的支配是推行文化扩张主义的过程，而发展中国家的牵制和反抗是抵制文化侵略的过程"。同时对建立国际信息新秩序提出了82点建议。报告认为：第一，在传播问题上各国根据不同的传统、社会经济和文化生活的格局以及需要和可能，采取不同的解决办法十分重要；第二，把预先设想好的模式拿到所有地方普遍应用是行不通的；第三，应当高度重视消除传播及其他各种机构中特别在消息情报流通中存在的不均衡和悬殊状态，各国应根据自己的情况、需要和传统来发展自己的传播格局，从而加强统一、独立和自力更生的能力。该报告是对世界信息基础组织结构和传播资源进行三年调查研究而得出的成果，它在许多方面反映了广大发展中国家对平等、公平的传播结构的立场、观点与合理要求。

1981年5月，以发达国家为主的20多个国家的代表在法国塔卢瓦尔举行会议，通过《塔卢瓦尔宣言》。重申"新闻自由"的重要性，严厉抨击麦克布赖德报告有默认甚至鼓动政府从事新闻检查的倾向。会后美国众议院通过决议，要求教科文组织停止为世界新闻新秩序起草标准，否则美国将停止承担为教科文组织提供经费的义务。1984年

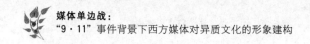

美国宣布退出教科文组织。

此后，这场耐人寻味的争论又有了一些新进展，如联合国教科文组织决定暂停有关世界新闻传播新秩序的讨论，而不结盟国家强调为建立自由而平衡的世界新闻传播新秩序而继续斗争。与此同时，更多的国家认识到保持文化多样性的重要，部分发达国家的本国文化保护也继续进行。冷战结束后，国际传播出现了明显的变化，即从意识形态的对抗转化为对国际市场信息的争夺，即国际传播的市场化倾向凸显，从政府行为转变成商业行为。

在这场旷日持久的博弈中，发展中国家关于建立世界新闻新秩序的主张已在联合国得到广泛支持和理解。发展中国家合作增加的同时，各国新闻事业有了迅速的发展。但是在未来很长时间，西方发达国家的技术优势不会丧失，这场斗争的结果最终取决于经济实力和发展速度。

第四节　美国媒体在全球实行的双重标准

一些西方国家凭借其在国际社会中政治、经济等优势地位，在国际交往活动中往往推行双重标准。如美国为了维护自身的国家利益和全球战略，在政治、经济、军事等各个领域实行双重标准，经常以"人权卫士"自居，无视他国的特殊国情和历史传统，采用十分苛刻的标准衡量一国的人权状况，特别是发展中国家和社会主义国家的人权状况。但对本国大量侵犯人权的事实却视而不见，选择性失明；在经济领域，美国在国际贸易中向来推崇贸易自由，标榜自己是贸易自由化的重要推动者，却常常以反贸易保护主义的名义，要求其他国家开放市场、推进汇率市场化改革、取消各种贸易壁垒。然而，在涉及本国利益时，美国就会摘下贸易自由化的假面具原形毕露。"9·11"事件之后，美国把反恐提到战略的高度，完全按照美国自身的利益和战略需求主观区分哪些是恐怖主义，哪些不是合作伙伴，哪些需要打击，哪些需要扶持合作。美国认为恐怖主义的威胁源于境外地区的贫困落后和专制腐败，所以就采取"先发制人"的军事打击战略。政治、经济、军事领域双重标准的实施和美国的媒体在全世界推行的新闻传播双重标准有着相互依赖、千丝万缕的关系，即便在21世纪的今天，这种后冷战时代的新闻霸权依然呈现出美国媒体的主导性思维方式。

英国批判学者安德鲁·古德温和加里·惠内尔在所著的《电视的真相：电视文化批评入门》一书中对电视的"真相"做了详细的揭示，揭露的问题主要是平等问题，当然这个公平问题所涉及的不仅仅是传—受之间的平等问题，这里包括种族、民族、信仰等复杂的社会认知形成的意识形态由于受不同媒体的关照而形成的强与弱的问题。当强势的媒体将一种思想体系纳入自己的传播平台，往往这种体系就能对其他的体系产生影响、渗透，甚至是压制。文化批判的学者认为这样的问题会存在诸多危害，最起码它剥夺了人们信仰的自由，减少了人们关于信仰的选择，更为严重的是它破坏了文化的多样性，从某种程度上讲，它似乎阻碍了人类的进步。一如该书中所指出的：电视新闻报道的公正、中立不会凭空得来，媒体主流世界观的建构与意识形态、国家机器之间的内在关系无处不在。这就清楚地点明了国家利益对媒体的新闻观起到重要的决定作用。

一　美国媒体的双重标准

美国媒体自诩为"新闻自由"的典范，经常指责其他国家特别是发展中国家缺乏"新闻自由"，缺少独立性，舆论受到政府的控制和干预。然而，美国自己的情况又怎么样呢？事实上，美国的"新闻自由"不过是一个标签和旗号，政府在重大外交和内政决策领域以多种方式操控着舆论。

早在 CNN 创办伊始，创始人特德·特纳就定下了电视新闻"公正、精确、负责任"的基调，但当这种所谓"公正、精确、负责任"的标准受到国家利益挑战时，"客观、真实、公正"就得为国家利益让路，其表现就是新闻为政治服务。

美国政府不希望看到一个蒸蒸日上、日益强大的中国即将成为它的强劲竞争对手，在政治、经济上采取一系列钳制措施，思想上进行浸润干预，包括 CNN 在内的美国强势媒体就责无旁贷地承担起舆论瓦解中国的责任。它们利用一切机会时而宣扬中国"威胁"论，时而唱衰中国经济与军事，企图利用自己在国际舆论空间的话语霸权制造"需要的环境"，利用国际传播网络将这些舆论强迫性地传播到世界各地，蛊惑民众，混淆视听。[①]

1999 年 5 月 8 号，以美国为首的北约轰炸中国驻南斯拉夫大使馆，《纽约时报》《华盛顿邮报》《洛杉矶时报》等美国媒体在报道此事件时一再含糊其词，推脱责任，误导其国内舆论，一开始说知悉中国大使馆被炸之事，但不能确定是北约所为，后又说是"误炸"，是导弹失灵和偏离轨道造成的，或飞行员判断失误，再后来又开始用情报失误使用了旧地图的借口。三天后，这些媒体的议题开始转移到中国民众、学生到美国驻华大使馆游行抗议上，并称美国大使馆受到了严重威胁，但对于中国遇难的三位记者却只字不提。更加糟糕的是，美国有线电视新闻网及《纽约时报》竟然把中国人的抗议示威比作"文化大革命"时期的政治狂热和仇外心态。在言论上，美国媒体更是言辞激烈地对学生游行和中国政府的动机妄加评论。如《华盛顿邮报》指责中国对大使馆被炸事件的过敏反对，并评论说这是极权国家

---

① 参见易欣《从失实报道看双重标准下的西方媒体》，《今传媒》2008 年第 6 期。

本色的暴露，旨在借机挑起全国反美的情绪等。美国媒体这些带有浓厚主观色彩和颠倒是非的报道严重违背了"客观、公正"的新闻原则，误导了美国公众。

总之，美国媒体在上述事件中的新闻报道与言论凸显了美国媒体在国际事务中、在人权问题上的双重标准。把自己标榜成为维护人权和新闻自由的正义一方，但在国际问题的报道中，偏见则显露无遗。正如李希光先生所说："所谓的新闻自由只是美国媒体的自由，只是美国媒体发布所谓'真实新闻'的自由。"

二 美国媒体双重标准的报道模式

美国媒体对特定国家和文化的报道，预设议题较为明显。在美国媒体议题中，中国一出现游行要不就被描绘为"促进民主的力量"，要不就被妖魔化成"政府的鼓励和纵容"。

（1）排除模式。美国媒体惯于对别国事务指手画脚、说三道四。把自己置于道德的制高点上，自己永远是对的，对方永远是有问题的。如在轰炸中国驻南斯拉夫大使馆事件中，所谓的"误炸"、判断失误及地图陈旧等只是托词，问题非常明显，美国媒体硬是视而不见。

（2）选择性模式。在报道视角、内容的选择上，以偏概全，不公正、不客观，断章取义，混淆视听。如在轰炸阿富汗、伊拉克时，对几十万伤亡的平民不做报道，而对于美军被俘虏的三个士兵则刻意渲染。

（3）文字渲染模式。在美国媒体报道的字里行间，中国人民发自内心的抗议游行被解读成中国政府出于政治、经济筹码的考虑而进行鼓动、操纵的后果。如《纽约时报》的报道，说"中国的情绪是宣传机器煽动起来的全民公愤"。在对美国大使尚慕杰的一篇专访中，其标题更值得玩味——"美国大使说：石头袭击不会持续，美中友谊不会终止"，正文中很多字眼更是把大使渲染成了一个可怜巴巴的囚徒，如"大使为了美中友好辛苦工作，过去的三天却被困在自己的使馆内，成了一名实实在在的囚徒。他一直没换过衣服，也未能淋浴，吃的是冻干的军队口粮，睡的是没有地毯的地板"。

（4）国家至上主义模式。在国际报道上，美国媒体坚定地和政府保持一致，不论是海湾战争、轰炸南斯拉夫，还是轰炸中国大使馆事件，美国政府解释为"误炸"，随即所有美国媒体的报道都是"误炸"，美国政府说中国学生的示威游行是中国政府背后操纵的，于是美国媒体马上开始搜罗所谓的证据和不可信的故事。美国媒体的国际报道完全是国家至上主义思维模式，一方面使得美国民众在一些问题上变得格外敏感、情绪化，另一方面也成为美国人的国家集体意识。"9·11"事件，美国媒体把本国塑造成受害者，电视画面不断显现世贸大厦被毁和人员伤亡的镜头，激发美国民众的爱国情绪和支持复仇的愿望，而很少报道基地组织攻击的深层原因。

（5）导演模式。冷战后，美国媒体附和美国全球战略，不顾新闻的客观公正性原则，炮制词汇或导演新闻妖魔化对方。比如历史上的"猪湾危机""科索沃危机""人道主义干预""打击毒品战争"等，这些词汇绕开了《联合国宪章》、决议以及国际法庭判决条款相关原则，即禁止武力威胁或使用暴力，除非安理会同意，或者自卫反击"武装入侵"，为美国的全球战略开辟舆论战场。美国这些措辞很容易让人联想起第二次世界大战时日本入侵中国、墨索里尼入侵埃塞俄比亚时使用的"人道主义干预"措辞。日本侵略中国时就打出"要赶走土匪在满洲建立王道乐土""击灭英美还中国地上天堂"的幌子。

美国宾夕法尼亚大学管理学教授赫尔曼在他的专著《越南暴行：神话与现实》中记载了美国政府和新闻界的默契，以及精心掩盖自己的恐怖而过分夸大对方的暴行，以下文字很具有代表性："美国统治阶层和新闻界把焦点放在越共的暴行和屠杀行为上，新闻界将其描绘成'危险的杀人者'（恐怖分子）。而当时的事实是，美国在当地造成的恐怖比越共的暴行更可怕。当美国卷入这场战争时，随着化学武器、凝固汽油弹和 B-52 轰炸机对于可疑越共基地的轰炸、暴行达到了空前的地步……美国的传媒在新闻报道的选择上，大量报道相对来说规模要小得多的越共暴行，而对自己的暴行却极少报道和注意。"

三　美国媒体双重标准的危害

美国媒体凭借其实力和话语霸权，在国际新闻报道中实行双重标准，以自己的利益标准为全球制定游戏规则，反映出美国利益至上的单边主义霸权，这严重干扰了国际秩序。如在核问题方面，诋毁打压伊朗却对以色列默许甚至放任自流；在朝、韩问题上，也显现出厚此薄彼的态度；在巴、以和平问题上，仍然是偏袒一方打压一方，这种既想解决问题又不放弃双重标准的做法导致巴以问题成为跨世纪的"和平死结"。同样，美国媒体在关于人权、自由及反恐等问题上的双重标准，也是美国政府随意界定而炮制出来的措辞。这些双重标准对世界民主政治秩序、世界经济一体化、文明互鉴交流的健康有序发展都造成了极大伤害。

（一）成为世界政治和平格局的不稳定因素

"9·11"事件之后，国际形势中的不稳定因素增加，非传统安全问题中的威胁因素增大，使国际安全形势较以前更复杂。总体而言，世界的基本格局和国际形势的趋势并未改变，和平与发展仍然是当今时代的主题，世界多极化在曲折中继续向前发展。目前及今后一段时期，国际形势的基本态势是总体和平、局部战争，总体缓和、局部紧张，总体稳定、局部动荡。

冷战结束以后，随着苏联的解体和雅尔塔体制的终结，美国成为世界上仅存的超级大国。"一超多强"的国际基本格局的轮廓初步显现，世界也开始出现向多极化发展的趋势。美国作为超级大国理所当然地对世界秩序和格局担当起"世界警察"的责任来，动辄打着"世界和平卫士"的旗号对别国说三道四、指手画脚，这对世界和平构成了严重的不稳定。

有学者提出："任何一个国家都无权以自己确定的标准来衡量别国，更不可依仗自己的军事优势来实施军事冒险主义和国家恐怖主义，不管这些行为的借口是为了遏制所谓一国对邻国的威胁还是为了促进民主。只有制止依仗军事或其他实力优势在恐怖主义问题上搞双重标准，才能真正有效遏制恐怖主义，使世界避免继续迈向强权政治，才能从根本上保证世界的和平与安全。"[①]

因此，美国应该正确认识当今国际问题，放弃双重标准和独霸全球的战略，对世界和平肩负起大国责任。国际事务中的分歧争端应通过对话、协商、谈判等政治方式解决问题，避免走向霸权而激发极端。相应的，美国媒体也应践行职业操守，真正恪守新闻的客观、公平、真实性的原则，不应一味充当政府的传话筒和放大器，更不应当出卖灵魂充当打手。

（二）对世界经济和文化产生消极的联动反应

文化的融合与经济的繁荣是全球发展的趋势。而美国一再使用强权输出西方价值观，进行文化渗透，推行双重标准，对别国事物指手画脚，谋求独霸世界的全球战略，势必会影响世界多元发展、合作共赢的局面，对世界经济和文化产生消极的联动反应，甚至会激发全球反美浪潮和极端主义。

世界经济形态的变化也对国家行为和国际形势产生重要影响。信

―――――――

① 李湛军：《重新定义恐怖主义》，《现代国际关系》2003 年第 7 期。

息产业、生物工程等高新技术产业的迅猛发展改变了传统产业的结构与需求。在现代经济生活中，虽然领土和资源占有的重要性仍不容忽视，但人才培养和使用以及社会软环境的作用更加突出。前者可以通过战争或实力方式获得，后者则只能通过社会发展实现。经济形态的变化和要求对国际行为方式产生重大影响，国家利益追求的方式正在发生变化，甚至在某种意义上也影响着霸权追求的方式，改变了战争的样式。

第三章　西方媒体对伊斯兰文化的呈现

对于大多数受众而言，新闻媒体是他们了解国际局势、异域风情和异质文化的主要渠道。而对于新闻媒体而言，在建构异质文化中具有特殊的功能，即用语言生产意义，而语言意义或信息是与一定的价值体系或意义体系结合在一起的①。媒体构筑了特定的意识形态和价值观，塑造了关于自己和他者的观念，制约着特定群体的情感和对世界的理解。

全球化时代的新闻媒体，或多或少会受到经济实力和意识形态的影响。媒体通过议程设置决定信息的生产、流动和对世界、事件、文化、人物的解释，制造了"拟态环境"下的"现实"，塑造大众头脑中的图景。认识到这一点，我们就能理解西方媒体在传播伊斯兰文化时的表现。在本章中，我们将以传播政治经济学为理论框架，探讨新闻媒体在伊斯兰文化的传播、穆斯林形象的塑造等方面的功能与表现。

---

① 参见［美］詹姆斯·罗尔《媒介、传播、文化——一个全球性的途径》，董洪川译，商务印书馆 2005 年版。

第一节　伊斯兰文化的新闻生产者

信息时代，传播手段丰富多样，媒介（包括报刊、电视、广播、互联网、电影、手机等）已经深入人们生活的方方面面，并深深地影响和改变着人们的生活与思维方式，人们越来越习惯于借助媒介的宣传来认识异域世界和异质文化，媒介已经影响或"替代"了人们的思想和思维，最起码是左右了人们对未知世界的认识。正如著名的媒体理论家马歇尔·麦克卢汉所说——"媒介即信息"。但是，今天的大众传媒在国际信息传播中不仅仅是传播信息，而是在更深层的意义上引导甚至诱导受众相信并接受一切。换言之，大众媒体通过对事实或异质文化进行主观的、有选择的宣传，可以达到引导社会舆论，甚至左右公众意志的目的。这样，人们对于那些自己在实际生活中难以接触到的对象，如一个从未涉足伊斯兰世界的受众，往往习惯于采用媒介这种间接但自身认为有效的途径来认识和理解。因此，依赖媒体了解未知世界或异质文化已经成受众最为便捷的渠道。

一　"文化""异质文化"与"形象"概念的界定

"文化"概念的界定，的确是一个复杂而又难以回避的问题。人们对"文化"的理解丰富多彩，彼此之间难以达成共识。下面我们先看一下中外文化学者对"文化"的界定，然后再整合出本书的"文化"概念。

文化学的奠基人、古典进化论的主要代表人物——泰勒（E. B. Tylor）在其著作《原始文化》一书中提出了"文化"的经典性解说，他认为，"文化或文明，就其广泛的民族学意义来说，乃是包括知识、信仰、艺术、道德、法律、习俗和任何人作为一名社会成员而获得的能力和习惯在内的复杂整体"①。

英国功能主义学派、人类学的代表人物马林诺夫斯基认为:"文化是指那一群传统的器物、货品、技术、思想、习惯及价值而言的,这概念包容着及调节着一切社会科学。我们亦将见,社会组织除非视作文化的一部分,实是无法了解的;一切对于人类活动、人类集团及人类思想和信仰的个别专门研究,必会和文化比较研究相衔接,而且得到相互的助益。"② 马林诺夫斯基的界定着重说明了文化的构成要素,突出了精神文化的内容。

英国历史学家汤因比的文明形态理论认为,人类社会表现为多种文明形态,而文明包括三个组成部分,即政治、经济和文化。

在中国学者当中,梁漱溟认为:"文化,就是吾人生活所依靠的一切。"③ 此定义过于宽泛,指向性较弱。胡适在《我们对西洋近代文明的态度》一文中,对文明和文化进行了对比,"第一,文明是一个民族应付它的环境的总成绩。第二,文化是一种文明所形成的生活的方式"④。钱穆认为:"我们所说的文化,是指人类的生活;人类各方面各种样的生活总括汇合起来,就把它叫作文化。但此所谓各方面各种样的生活,并不专指一时性的平铺面而言,必将长时间的绵延性加进去。"⑤

通过以上文化定义的简单枚举,其复杂性便可略见一斑。的确,文化的诸多定义表明,一方面,人们对"文化"有着不同的理解;另一方面,人类的文化现象本身涵盖太广,它似乎无所不在,人们常常

---

① 庄锡昌等编:《多维视野中的文化理论》,浙江人民出版社 1987 年版,第 99—100 页。
② [英] 马林诺夫斯基:《文化论》,费孝通译,中国民间文艺出版社 1987 年版,第 2 页。
③ 梁漱溟:《中国文化要义》,学林出版社 1987 年版,第 1 页。
④ 胡明编选:《胡适选集》,天津人民出版社 1991 年版,第 188 页。
⑤ 钱穆:《中国文化史导论》,商务印书馆 1994 年版,第 231 页。

从某一特定的层面或角度来对它进行把握和研究，不然将由于对象过于宽泛而难以着手。在这种意义上，文化不必也不可能被限定在一个普遍认同的意义上加以解释和研究。而要研究新闻传播与伊斯兰文化的关系，我们必须选定某一特定的视角，由此构建本书关于"伊斯兰文化"范畴的理解框架。

《文化学辞典》中这样总结文化的定义："人们通常根据物质生产和精神生产这两种基本生产形式，把文化分成物质文化和精神文化。物质文化包括全部物质活动及其结果；精神文化包括意识和精神生产。"① 同时国内其他文化学学者也认为，"文化涉及日常生活和消费开支的安排、家庭生活的部署等，同时还涉及提升和丰富生活，这方面文化关注教育、审美、科学和艺术的趣味养成等一切精神活动的价值，由此使生活见出更为深邃且丰富的意义"②。据此，本书将文化界定在两个方面，即日常生活世界的物质文化和精神艺术领域的精神文化。

"异质文化"是指不同于本土文化，或与本土文化相对应、具有差异性的异域文化。也有人把异质文化称为亚文化、副文化，指与主文化相对应的那些非主流的、局部的文化现象，属于某一区域或某个集体所特有的观念和生活方式。这种文化不仅包含与主文化相通的价值与观念，也有属于自己的独特的价值与观念。与异质文化概念相对应的一个概念是同质文化，它指那些不同种族、不同文化特质中所拥有的相同或相似的共有文化，它是基于人类生存的基本相同的需求欲望而建立起来的关乎人类普遍的衣食住行的文化体系。

在文化人类学中，"异质文化"指的是本民族与其他民族文化体系相比较而言的独特存在的状态。

---

① 《文化学辞典》，中央民族大学出版社1988年版，第753页。
② 陆扬、王毅：《文化研究导论》，复旦大学出版社2006年版，第10—11页。

美国文化人类学家本尼迪克特在其《文化模式》一书中认为，所谓异质文化，是指具有不同文化特质和文化内涵的两类文化，代表本民族文化的独特意图，在文化整体中最具独特的个性魅力，也最能体现出与其他文化的差异性。文化的差异性形成文化的丰富和多元性。由于人类生存的环境各不相同，人类征服自然获取生存机会的方式、手段乃至长期积淀的民族心理的形成也会受到地域、种族、国家等因素的影响，由此形成特殊的具有强烈个性色彩的文化体系，这种文化体系也是文化整体的重要构成部分，它们在不同的区域、不同的民族之间，在相对的意义上成为异质文化。

我国学者对"异质文化"也有研究和界定。复旦大学中文系教授杨乃乔认为，广义的异质文化是指东方文化与西方文化在本质上互为异质文化，即两者互为异类，对方都是自己的非我因素。

我国学者张新凤认为，异质文化是一个相对的概念，是相对于同质文化而谈起的，不管是欧洲文化、非洲文化还是亚洲文化，它们都是在自己的文化内部经过长期积累形成的价值观念、生活习惯、思维方式，这些文化是具有个性和独特性的。在本文化内部虽然也存在一些差异，但是因为他们有着相同或者相近的价值观念、生活习惯、思维方式，所以他们内部都是同质文化，但是由于他们的独特性决定了文化之间的差异是客观存在的，而且这种差异具有相对稳定的特点，他们称对方的文化为"异质文化"。具有不同文化背景的人们在交往过程中必然产生冲突，这是一种客观存在，是任何人都无法回避的现实。

王喜绒、李新彬在其编著的《文化比较概论》一书中认为，文化需要整合，异质文化需要分层。所谓整合，就是指一个国家、一个民族的文化，在其发展过程中，既要从优秀的传统文化中汲取营养，又要从异质文化中不断汲取新鲜血液，或者说对主体有益的文化成分，也要根据时代的需要不断创新。

法国学者巴柔在肯定不同文化之间差异性的同时强调力量对比和文化相遇的不平等，提出"文化间的开放性"和"文化越界"概念，明确指出文化间的开放性不同于"多元文化"，文化间的开放性强调文化对话是一种包括等级、距离等的力量强弱的对比，而多元文化是不同文化并存，只是不同文化并列排在一起，是文化杂糅混合。"文化越界"是指文化模式的强行规定以及差异与力量对比的存在，还包括处于接受地位的文化的特殊回答。巴柔认为，文化间的开放性并不表示对话是平等的，文化的对话必然是一种力量的关系，在对话的互动过程中总会存在力量强弱的对比，所以在各种文化对话基础上的差异是无法脱离等级、距离、熟悉程度和异国感强弱的这些概念。①

　　"形象"的定义有许多。"形象"原指可见的外在表现，后来也指可想到的表现。"形象"包括人和事物的形象。本著述从研究主题伊斯兰文化在媒体中的建构出发，着重介绍和研究与主题相关的"形象"定义。

　　英国学者威廉姆斯及奥沙利文等人认为"形象"一词有三方面意义：第一是物理含义，指通过照片、图片或电视等形式展示现实世界；第二是通过文学艺术等形式创造出的意象；第三是大众传媒塑造的公众形象。第三种意义是新近出现的，指大众印象、公众信誉、大众亲和力，而非对现实原汁原味的影像反映。

　　本著述对"形象"一词的定义与最后一种含义相似，指新闻传媒以特定方式报道特指民族或文化，影响受众，给受众留下的印象。这种印象是本土与异域、自我与他者关系的反映、反观或反思，是新闻媒体对特指的民族或文化的"再现"。

---

　　①　乔莹莹：《多元文化与文化间性》，《中华读书报》2006 年 11 月 26 日。

二　新闻与霸权——新闻生产者的政治经济学分析

（一）媒体与宣传

"全球政治化"背景下，宣传已经成了当代世界中一个非常普遍的现象。法国社会学家雅克·埃吕在其著作《宣传：塑造人的看法》中认为，"政权的不同对宣传现象的存在几乎没有任何影响，社会发展水平的差别更为重要，但最重要的是国家的自我意识"[①]。通过宣传，一个社会最大可能地将所有成员的行为纳入它的主导范式，并将它的生活方式向外传播。雅克·埃吕认为，人们接受宣传并不总是被动受骗，更不是越没有知识才越容易上当受骗。宣传之所以奏效，最根本的原因是现代人有着因其生存环境而很难摆脱甚至难以自我察觉的需要，现代人丧失了传统的自然群体归属（家族、村落、邻里、同乡、世交等），成为孤独的个体，沦落为存在于陌生人群体中的原子。因此，人与人之间只能结成某种抽象的群体联系（民族、人民、群众）。宣传瞄准的对象不是单纯的个体，而是置于群体中的孤独现代个体。宣传使得孤独的个体产生出集体感与参与感，与他人汇集到同一种情绪或感受之中。[②]

雅克·埃吕认为，随着现代化和民主化的实现，一方面传统的人与人之间的紧密联系被打破，个人被原子化，成为一群彼此之间缺乏内在联系的大众。大众社会中占绝大多数的是一般人，这些人具有基本的文化但缺乏批判能力，追求标准的生活方式，追求"正常"的生活和思想，这就使得宣传有了受众基础。同时，随着传播技术的发展，媒体传播效率不断增加，经营上越来越集中，这又为宣传奠定了

---

① Jacques Ellul, *Propaganda*, Knopf Doubleday Publishing Group，1973.
② 参见徐贲《解剖宣传——读雅克·埃吕的〈宣传：塑造人的看法〉》，《中国改革》
2010 年第 8 期。

良好的基础。而另一方面，民主制度下国家的主要政策要取决于民意，市场经济更是把消费者的意向作为最重要的营销目标。因此，现代性的逻辑使宣传成为任何国家也无法摆脱的一般社会现象，资本主义国家和社会主义国家具有许多共性。

在这种社会宣传中，主流意识形态通过媒体，向尽可能多的人进行传播。它不易被察觉，以渐进的方式使大众在不知不觉中改变自己的态度和行为，并使自己的价值观和西方主流社会的价值相符合。

（二）媒体与霸权

新闻话语并不是事实本身，无不充盈着社会情态和意识形态内容，无不具有事件性、指向性、意愿性、评价性。可以说，新闻报道中的新闻话语，包含传播媒体对新闻事件中的认知与评价，包含传播主体对事实从内容到形式的各种加工和包装，体现着新闻媒体的话语权，有学者因此提出媒体的意识形态霸权观点。

霸权是由权力建构起来的统治和从属关系，是一个社会集团凌驾于其他社会集团之上的权力或者优势，霸权依赖于居于支配地位的意识形态的广泛流传与社会接受。[①] 而媒体作为一个社会的神经，它观察、探讨、评论、呼吁各种社会现象并提出可能的解决方案，媒体是反映社会存在的社会意识的重要构成部分，是意识形态控制的主要工具。马克思主义者葛兰西发展了马克思的意识形态思想，提出了意识形态"霸权"的概念。他认为，通过霸权，把被统治者遏制在统治集团的上层建筑的范围之内，这种霸权确定的"现实"，主要通过媒体这个工具，在国家和社会的范围内被制度化，而为被统治者所接受。霸权的存在意味着人们愿意接受原则、秩序、法律的统治，而社会认

---

① 参见［美］詹姆斯·罗尔《媒介、传播、文化——一个全球性的途径》，董洪川译，商务印书馆 2005 年版，第 48 页。

同是这个过程中必不可少的一部分，社会认同的塑造在不同的国家，则是通过教育、宗教、媒体、文化机构、法律等来实现的。

霸权的构成源自多种权力资源的汇流。一般来说，霸权的构成基础包括经济的、政治的、军事的、科技的、文化的及语言的等方面。其中任何一方面的缺失都形同木桶的短板，产生巨大的限制因素而不能够形成完整的霸权，或是达不到霸权所要达到的操控、领导及威胁的作用。美国作为唯一的超级大国，其在传播领域的霸权是毫无争议的，在各方面要素协同下，美国传媒能有效地影响世界。

以美国出兵伊拉克来说，美国媒体实行选择性报道的做法。首先决定想要主张的内容，之后找到一位赞同该主张的专家，然后将想要的主张，通过貌似中立的权威告知公众。比如，多数中东问题专家都坚决反对入侵伊拉克，但普林斯顿大学的一名教授赞成推翻萨达姆·侯赛因。因此，有媒体就对其推崇有加，经常崇敬地提及他的观点。在呼吁伊拉克"短期增兵"问题上，美国军方多数高官都对增兵效果表示怀疑，但已经退役的陆军将军杰克·基恩对此深信不疑。因此，基恩将军的言论频频出现在《华尔街日报》和《华盛顿邮报》的社评里。[①] 而这两家媒体的老板，也正是同情与支持新保守派的默多克和文鲜明。

萨义德在其《报道伊斯兰》中指出，"人们经由媒体所得知的伊斯兰教，不是挑衅便是侵犯，这些媒体还将原因归咎于伊斯兰教的本质，抹杀忽略了各地区的具体情况。换言之，报道伊斯兰是一种单向片面的行为，对穆斯林的正常行为视而不见，反而强调穆斯林与阿拉伯人有严重缺陷的本质"[②]。比如，在美国媒体中，读者接触到的有关

---

① 参见张国庆《媒体话语权》，中国人民大学出版社 2012 年版，第 197 页。
② ［美］爱德华·萨义德：《报道伊斯兰》，阎纪宇译，上海译文出版社 2009 年版，第 14 页。

伊斯兰教的报道，大都类似于《这是一场宗教战争》《这确实与伊斯兰教有关》《伊斯兰教的狂怒》《伊斯兰教的愤怒》《穆斯林的愤怒》《伊斯兰狂怒的核心》《圣战 101》《伊斯兰教恐怖活动的深刻思想根源》等具有明显偏向性的报道。

　　形成上述结果的原因是复杂的，其中一个重要因素是美国与伊斯兰世界的传播实力极端不对称，双方的传播实力处在权力的两极，美国在极首，伊斯兰世界在极尾。首先，在媒体覆盖面上，美国之音用十几种语言覆盖了全球伊斯兰世界，如印尼语、阿拉伯语、孟加拉语、达里语、波斯语、印地语、普什图语、乌尔都语等；其次，美国在中东还有外宣性质的阿拉伯语电视台，针对整个中东地区的萨瓦电台和自由之声电视台。阿拉伯世界是美国中东政策的核心地区，伴随着美国军事打击和制裁，美国媒体也以此为方向，以美国在阿拉伯世界的战略利益为基准，加强了在该地区的传媒宣传和渗透。如"西方的 10 多颗通信卫星覆盖了整个西亚北非地区，全面控制了该地区的外层空间。默多克的 FOX 电视网以及美国四大电视网（ABC、NBC、CBS、CNN）在中东地区已经非常普及，加强后的美国之音阿拉伯语广播在传播美国政府立场和解释相关政策方面担任了更重要的任务"①。而伊斯兰世界除了卡塔尔"半岛"电视台，再没有其他能够基本上覆盖全球的电视网、通讯社或广播网。

　　在世界范围内，传媒产品流通呈现一种极不平衡的趋势。根据联合国教科文组织发布的调研结果，很明显能看到在发达国家和发展中国家之间传媒产品流通的失衡。"在全世界跨国流通的每 100 本书籍中，就有 85 本是从发达国家流向发展中国家的。在跨国流通的每 100 小时的音像制品中，就有 74 小时的制品是从发达国家和新兴工业国

────────────

　　①　余泳：《美国对阿拉伯—伊斯兰世界的传媒外交》，《阿拉伯世界研究》2006 年第 6 期。

家流向发展中国家的。"① 尤其美国作为传媒大国，它与许多发展中国家之间的传媒产品流通已经趋近于单向流动，它强大的传媒业与发展中国家相比具有明显的优势，这种严重的失衡使得美国在国际传播中占有绝对优势和强势话语。

美国文化的强势地位给世界的其他民族和文化构成了严重挑战，关于文化保护的呼声也随之在国际领域内不断高涨。从国家文化与意识形态安全角度来说，当今世界，信息化浪潮席卷全球，打上本国、本民族印记的信息流深刻而广泛地影响和改变着人类生活的各个方面。与此同时，随着冷战后政治、军事及意识形态方面高压作用的减弱，不同文化之间的交流、碰撞、磨合的步伐不断加快，人们的文化意识空前提高。文化问题前所未有地受到重视，从而使文化的地位迅速上升，成为一种同政治、经济和军事等"硬权力"相对应的"软权力"。人们越来越认识到，文化不是虚无缥缈的纯精神力量，而是像凝结剂一样渗透到经济组织和社会结构中，发挥着积极动员或者消极涣散国力的作用。文化的个性和独立，是一个民族、一个国家的立身之本，消泯了一种文化的特性与形态，就丧失了这个文化群体在人类社会中的存在地位和价值。

在中国，我们随处都能看到美国的文化产品，尤其是影视作品，而且，随着现代传媒技术的发展，使得信息在全球流动日益流畅，在网络中，你能看到美国一些媒体的中文版，但是在中国，却很难接触到伊斯兰世界的媒体内容或者文化产品。新闻和娱乐使得美国在世界范围内拥有高度的影响力，美国媒体不断地竭力表达它们的价值观，从自身利益的角度出发，随意渲染伊斯兰世界的形象。这些现象的存在，能部分解释为什么伊斯兰世界虽然对美国的"伊斯兰威胁论"感到愤怒，但仍无法改变世界人民脑海中关于伊斯兰被歪曲的、否定的形象。

---

① 孙晶：《文化霸权理论研究》，社会科学文献出版社 2004 年版，第 269 页。

三　西方媒体建构伊斯兰文化的作用和影响

首先，文化是创造异国形象的一个结构性力量。之所以这样说，是因为在这个跨文化的异国形象中，凸显了一种文化对另一种文化的描述，显示了本土文化对异域文化的形象"再现"，在这个"再现"里，实际上体现出了"自我"的需要，是自我需要的延伸。因而异国形象不再是对异国现实的复制式的描绘，而是在自我与他者、本土与异域的文化关系中的一个有意识的"想象性再现"，在这个想象性再现里，透视出了自我形象和自我意识。

其次，受众的异质文化印象来自新闻媒体建构的"拟态环境"。美国政治评论家、作家沃尔特·李普曼在其著作《公共舆论》中这样写道：

> 对于所有这些实例，我们尤其应当注意一个共同的因素，那就是楔入在人和环境之间的虚拟环境。他在虚拟环境中的表现就是一种反应。然而，恰恰因为那是一种表现，那么产生后果的地方，就不是激发了那种表现的虚拟环境，而是行动得以产生的真实环境。毫无疑问，在社会生活的层面上，人对环境的调适是通过"虚构"这一媒介进行的。① 楔子已经打入，打楔子的不仅是政治家，还有诸如《国会要闻》和《观察》这类的出版物。它们并不都是在力求不偏不倚，这不是关键，关键在于它们全都开始证明，在公民个人和他所处的大环境之间必须插入某种形式的专门知识。② 这就是传播学所谓的"拟态环境"理论，它是指由大众媒体传播活动形成的信息环境，它并不是客观环境的镜子式再现，而是大众传播媒介通过对新闻和信息的选择、加工和报道，

---

① ［美］沃尔特·李普曼：《公共舆论》，阎克文、江红译，上海世纪出版集团 2006 年版，第 11 页。
② 同上书，第 268 页。

重新加以结构化以后向人们所提示的环境。

新闻媒体正是通过对"拟态环境"的塑造，影响和制约着人们的价值观、情感和对世界的理解。通过新闻媒体的报道，西方主流的意识形态得以合法化，传播起来很有说服力，甚至富有魔力。

最后，新闻媒体对伊斯兰世界和穆斯林个体的报道，在一定程度上影响了人们对伊斯兰文化和穆斯林群体的看法，随之也影响了人们与之相处的方式。这就是媒体影响舆论的重要方式：议程设置和选择性报道。对议程设置的作用，沃尔特·李普曼给予了很大的肯定，在《公众舆论》和《自由与新闻》等著作中，不仅对新闻的性质及其选择过程做了深刻的分析，而且在事实上提出了议程设置等观念。在此基础上，1963年，伯纳德·科恩正式提出"议程设置"理论，并认为新闻媒介未必都能告诉我们应当怎样思考，但它们可以异常成功地告诉我们应当考虑什么问题[1]，而这也是媒体影响力的一个重要表现。李普曼关于媒体如同探照灯的比喻，形象地说明了媒体所特有的影响力："新闻机构并不是制度的替代物，它像一道躁动不安的探照灯光束，把一个事件从暗处摆到了明处再去照另一个。人们不可能仅凭这样的光束去照亮整个世界，不可能凭着一个一个插曲、一个一个事件、一个一个突如其来的变故去治理社会。他们只有靠着一道稳定的光束——新闻机构——去探索，让这光束对准他们，使一种局势足够明了，以便大众做出决定。"[2]

李普曼的主张被多数媒体研究者所接受，也即媒介的力量依赖于：第一，一定时间、一定问题上媒体的可靠性；第二，受众感觉到证据的矛盾程度；第三，某些时候个人认同媒体价值的程度和大众对

---

① 〔美〕迈克尔·帕伦蒂：《美国的新闻自由》，刘光琴译，河南人民出版社1992年版，第34页。

② 〔美〕沃尔特·李普曼：《公共舆论》，阎克文、江红译，上海世纪出版集团2006年版，第269页。

引导的需要。这里的关键词是可信度、认同感和需求，这也是我们对新闻媒体传播有关伊斯兰文化进行研究时的重要参考维度。乔治·格博纳在谈到媒体重要性时提到了"分配注意力"的观点，与议程设置理论有异曲同工之妙，他认为，大众传播媒体的广泛影响力在于"通过塑造大众，给争论下定义，提供参考术语，来分配注意力和权力"①。

第二节　西方媒体呈现的伊斯兰世界

西方媒体一直以来标榜自己"新闻自由""客观公正"，但其"新闻自由""客观公正"却具有两面性，对内自由、公正，如"水门事件"记者可以行使无冕之王的权利将总统"拉下马"，但是对外则绝对维护国家利益，其新闻自由大打折扣。因此，西方媒体在东西方文化二元对立和国家利益的意识支配下，自觉不自觉地在新闻报道的框架上设置着异质文化的"拟态环境"。一方面，"拟态环境"既不是客观现实，也不是现实环境镜子式的反映，它或多或少与现实环境存在偏差；另一方面，"拟态环境"并非与现实环境完全割裂，而是以现实环境为原始蓝本的部分事实。"拟态环境"是聚光灯下的宣传，在这种信息环境中，西方媒体对伊斯兰世界的新闻报道不仅制约受众的认知和行为，而且还会使受众对伊斯兰世界的现实环境产生影响。然而，伊斯兰世界是和平的还是动荡的，抑或是基本平稳、局部动荡的，我们不得而知，我们接收到的信息只是媒体人根据其意识形态和版面需要编辑加工的新闻产品，即媒体操纵他人的认识层面和范围，

---

① ［英］戴维·巴勒特：《媒介社会学》，赵伯英、孟春译，社会科学文献出版社 1989 年版，第 14 页。

长此以往，媒体报道的事实和人物给受众留下了固定的模式或脸谱，这就是新闻传播中所说的"刻板印象"。

随着"9·11"事件的发生，西方媒体对伊斯兰世界的报道存在大量的误导性和妖魔化报道，甚至在报道中故意渲染"伊斯兰威胁论""恐怖主义""人体炸弹""圣战"等带有冲突性的观点，这有悖于其一贯标榜的客观公正、独立自由的原则，反而与美国政府的口径保持了高度的一致性，显现出极强的政治属性。对此，连美国国际新闻研究所所长弗里茨都认为："'9·11'事件后，美国新闻自由的环境恶化了，美国媒体正越来越受到政府的控制。"[1] 有学者明确指出：权力和媒体的合谋，以及存在于整个美国学术界和思想机构中的结构性歧视，无疑会延续西方对伊斯兰和其他非西方世界的憎恨和歇斯底里式的仇恨。[2]

新闻媒体应该具有独立的精神、批判的意识、自由的言论、客观公正的原则，它通过深刻严谨的新闻报道引导受众认识和思考事物，如果新闻媒体把自己完全绑在政府的战车上成为马前卒，则会影响受众的思想，长此以往受众的思维受其左右和限制，只能成为媒体信息的感受者，不利于他们公民意识的成长。

一 "9·11"事件媒体报道与穆斯林形象建构

"9·11"事件之前，西方媒体对伊斯兰世界的描述趋于落后和暴力，影视作品、电子媒体、印刷媒体中就有将伊斯兰和恐怖主义、阿拉伯族群和暴力、东方和专制等同起来的负面的定型形象，在影视作品中，阿拉伯人要么与好色，要么与残忍和不诚实联系在一起，他们被描述为这样一副群像：因过分纵欲而颓废，善于玩弄阴谋诡计，有

---

① 郭可：《国际传播学导论》，复旦大学出版社 2004 年版，第 188 页。
② 参见毛小林《伊斯兰文明在美国的体验——从爱德华·W. 萨义德及其〈掩盖伊斯兰〉谈起》，《阿拉伯世界研究》2006 年第 3 期。

着施虐狂的本性，邪恶而低贱，奴隶贩子，赶骆驼的人，偷兑外币者，游手好闲的恶棍，这些是阿拉伯人在电影中的传统角色。在新闻作品中，阿拉伯人总是以群体的面目出现，没有个性，没有个人特征或个人经验，大部分表现的是群体的愤怒和苦难，或非理性的行为。在所有这些形象后面隐伏的是伊斯兰圣战的威胁。① 媒体对伊斯兰报道时的歪曲，对耸人听闻的陈词滥调的迷恋（如阿拉伯的惩罚，群氓的暴力，对妇女的压迫，为殉难而饿死等），产生于一系列潜在的设想。这些设想反映出美国对伊斯兰和整个世界反应的局限。②

从《时代》周刊自 1987 年至"9·11"事件前的 15 年的新闻报道分析可以看出，美国媒体对伊斯兰世界的报道虽有负面消息，但还有部分正面和一定比例的中立报道，即便是负面报道也不过是停留在对个人素养层面上的歧视，可是在"9·11"事件后，美国媒体的新闻报道完全变成了对伊斯兰世界和穆斯林群体的泄愤之作，甚至上升至"恐怖主义""原教旨主义""法西斯"等国家与文明层面上的攻击。美国媒体几乎一边倒地与美国政府保持一致，用简单的二元对立思维主宰了报道模式，将伊斯兰世界的一切推到了风口浪尖，并进行了简单化、污名化的报道，圣战、暴力、恐怖主义等词汇高频地出现在报道中，使全球受众通过西方媒体对阿拉伯—伊斯兰世界的认知逐渐单一化、恐怖化。

让我们来看看美国政府与美国媒体的默契。

"9·11"事件发生当日，美国总统布什就将它定性为"恐怖主义战争"。美国国务院国防信息计划局网站随即播发布什总统的全国电视讲话："美国成为恐怖分子的袭击目标，是因为我们在世界上高举

---

① 参见［美］爱德华·W. 萨义德《报道伊斯兰——媒体与专家如何决定我们观看世界其他地方的方式》，阎纪宇译，上海译文出版社 2009 年版。

② 参见［美］爱德华·W. 萨义德《真正的知识分子》，王逢振译，《外国文学》2001年第 5 期。

自己和理想的火炬，但是任何人都不可能将这一火炬熄灭"；"美国和我们的朋友及盟友将与那些企盼和平与安全的国家携手，共同为打赢反抗恐怖主义的战争而奋斗"；"我们将对恐怖分子和那些庇护他们的人一视同仁，绝不姑息"。

我们再来看美国各大媒体的表现。事件发生后，美国各主要电视台中断正常节目播出，24 小时不间断地滚动播出该事件的现场报道和相关访谈，画面以本·拉登头像和双子塔倒塌的镜头交错播放为主，画面充满了悲哀和仇恨。各大报纸的头版头条则被"袭击美国""对美国宣战""美国的新一轮战争"等煽动性舆论主题词充斥，内容表现出强烈的战争气氛，并强调"美国的敌人就是全世界的敌人，美国反恐，全世界各国也必须反恐"。美国某网站展示了一幅世界地图，将 60 多个国家标注在地图上，表示这 60 多个国家的国民在"9·11"事件中丧生，接着播放了民众为遇难者守灵的场面和遇难者家属的照片。显然，媒体把美国遭袭击的事实扩大化，即美国人民的灾难就是全世界人民的灾难。这种步调一致的战时宣传为政府发动"反恐"战争提供了心理基础和民意支持。结果，在美国媒体每天 24 小时的"新闻轰炸"下，主战派在公众的观点中占了上风，对布什的支持率也一路飙升。"9·11"事件后，美国主流媒体鼓动政府向他国开战，这在新闻传播史上是罕见的。由此，我们也可以从国际传播的现状透视到，当下国际传播的政治化倾向非常明显，尤其是西方文明对异质文明的影响，甚至是渗透和改造。

事发一周后，布什在参议院联席会议上指出："9 月 11 日，自由的敌人对我们的国家实施了战争行为。美国人经历过战争，但是在过去的 136 年里，除 1941 年的一个星期天以外，美国的战争都是在外国土地上的。美国人经历过战争的伤亡，但并不是在一个伟大城市的中心，在一个宁静的早晨。"因此，美利坚合众国向阿富汗等国提出："立即、永久关闭在阿富汗的所有恐怖分子的训练营地，并将所有恐怖分子以及他们的支援机构的所有人员交给相应的当局"，"向美国当局交出隐匿在你们领土上的基地组织的所有领导人"，"任何一个继续容留或支持恐怖分子的国家都将被美国视为敌对国"，"这是一场全世界的战斗"等。

我们再来看美国媒体的表现。《纽约每日新闻》专栏作家 Ann Coulter 写道（2001 年 9 月 12 日）："现在根本没有时间去寻找直接参与这次恐怖袭击的具体人员。我们应该入侵他们的国家，杀死他们的领导人，把他们的人民驯化成基督徒。我们过去对德国的战争并不仅仅是寻找和惩罚希特勒一个人和他的高级军官。我们地毯式轰炸了德国城市，我们杀死了他们的平民。这就是战争。这就是战争。"

就连被认为是温和的《华盛顿邮报》评论员 David Broder（2001 年 9 月 13 日）也号召采取一种"新现实主义——铁腕的美国国家安全政策"："长期以来，我们对付恐怖主义太软弱了。20 年前，当那些对美国有真正不满或虚幻的不满情绪的人袭击海外美国军人、外交官、商人、歌手和团体的时候，我们的报复仅仅跟挠痒痒一样，毫不解决问题。"

再来看福克斯新闻频道（2001 年 9 月 13 日）一档节目中的对话。

Bill OReilly：如果阿富汗塔利班政府不合作，我们将用空中力量摧毁这个政府。很有可能，我们会把他们炸得粉身碎骨。

问：在轰炸过程中你会杀害无辜吗？

Bill OReilly：这无所谓。

联邦调查局的一位官员在《华盛顿时报》（2001 年 9 月 14 日）上说："记住我们在第二次世界大战时的做法，我们把所有的日本人都抓起来，现在我们需要把所有的阿拉伯人都抓起来。"

美国国防部的一位情报官员在《华盛顿时报》（2001 年 9 月 14 日）上发表文章说："该使用原子弹了，至少应该对本·拉登在阿富汗沙漠里的营地使用核武器。如果不这样做，那些受到毒害的大脑和策划这一袭击的人就会认为美国和现政府是胆小鬼。"

《纽约邮报》专栏作家 Steve Dunleavy（2001 年 9 月 12 日）写道："对于这种不可思议的 20 世纪的珍珠港事件的回应应该是简单而迅捷的，把这些婊子养的全打死，把枪口对准他们的两眉之间，用铁锤把他们砸死。"

《国家评论》总编辑 Rich Lowry 在《华盛顿邮报》（2001 年 9 月 13 日）上写道："美国激发的愤怒是正义的，这种愤怒是维护美国国家利益的一种力量。那些支持本·拉登或支持他这种类型的人的国家，有必要让他们感到痛苦。解决问题的部分方案就是部分地捣毁大马士革或德黑兰，或其他可疑的城市。"[①]

……

美国一些具有传媒影响力与社会话语权的公众人物也在某种程度上塑造了民众对于穆斯林群体的印象。以美国保守派的政治评论员安·哈特·科尔特（Ann Hart Coulter）为例，在"9·11"事件后，她曾说道："我们应该入侵他们的国家，杀死他们的领袖，使他们改信基督教。"[②]《华尔街时报》则赤裸裸地发布观点："只有殖民主义才是治理恐怖主义的良方灵药。"从以上内容不难看出美国媒体始终坚持为殖民宗主国霸权利益服务的功能。

此外，在美国的娱乐节目、公共议题中，存在对穆斯林群体有意无意地贬低化叙述，在各种新闻中，阿拉伯、穆斯林、伊斯兰总是与冲突、战争、极端主义联系在一起，即便是在好莱坞的电影中，也常常出现穆斯林的负面形象。

我们再来看看"9·11"事件 5 年后美、英两国媒体新闻报道的

---

① 李希光：《畸变的媒体》，复旦大学出版社 2003 年版，第 185 页。
② 高炳：《"9·11"事件后美国穆斯林受到的冲击及其应对》，硕士学位论文，南京大学，2013 年，第 37 页。

变化。2006 年至 2012 年间，《纽约时报》和《泰晤士报》在报道伊斯兰世界题材时，首先，以政治议题和宗教议题为主，科技、文化、教育等方面的议题较少，在具体议题中，对反恐反伊斯兰极端主义的报道占比例较大，伊斯兰世界和穆斯林民众是两报重要的报道议题之一；其次，加大美、英两国内穆斯林移民和对伊外交政策报道的比例；最后，加大伊斯兰宗教纠纷的报道。在报道词汇使用中，使用"恐怖主义""极端主义""人体炸弹""圣战"等词汇较多。在新闻源的引用中，非西方媒体和穆斯林民众明显缺乏话语权。《纽约时报》和《泰晤士报》作为美国和英国主流的报纸，在一定程度上代表了西方国家的声音，在西方主流意识形态支配下，无论是在报道选材上还是措辞上，国家利益深刻地影响着其报道内容。作为新闻媒体，这两家媒体并没有恪守客观公正、独立批判的新闻原则，未能摆脱偏见，在新闻设置的框架中，体现出萨义德所说的"我们"与"他们"的东西方文化二元对立的思维模式，从报道主题、报道词汇、新闻源的使用中，没有展现出完整的伊斯兰世界，而是将"他们"塑造成激进、暴力、无知的形象。[①]

二　"9·11"事件后的反伊媒体战

作为世界上的超级大国，美国政府一直在通过军事和媒体两只手来干预和控制世界。据哥伦比亚大学新闻研究所的一个附属研究组织指出，美国电视网的晨间和夜间新闻出现了向国际大事扭转的趋势，这是 20 世纪 70 年代以来第一次出现这个现象。这个研究组织把美国三大电视网 2001 年 6 月和 10 月播出的两周新闻进行了内容分析比较，结果发现，"9·11"事件以后，80% 的新闻报道与政府及国内外

---

① 参见马琼晖《西方媒体话语下的伊斯兰世界——〈纽约时报〉和〈泰晤士报〉对伊斯兰国家报道框架分析研究》，硕士学位论文，上海外国语大学，2013 年，第 35 页。

大事有关，比"9·11"事件以前高出 2/3，原本占全部新闻 1/4 的社会名流和生活文化的报道，现在只是偶尔零星出现。①

海湾战争至今的 20 多年间，以美国为代表的西方世界和伊斯兰世界之间的冲突规模不断扩大和加深。美国上下一直把"国际恐怖主义"和"宗教激进主义"确认为是对美最大的威胁之一。

而在"9·11"事件发生后和阿富汗战争爆发前，塔利班与美国首先进行了一场宣传大战。本·拉登针对自己被美国指责与恐怖袭击有染，塔利班政权通过其驻巴基斯坦的外交人员多次举行新闻发布会，宣称自己与"9·11"恐怖事件无关，同时要求美国出示证据。本·拉登将自己的录影带秘密送往被称为"阿拉伯的 CNN"的卡塔尔"半岛"电视台，在伊斯兰世界的民众中产生了极大的反美宣传效果。

为了应对塔利班和本·拉登极富煽动性的宣传，美国政府决心打一场宣传战，加强对世界舆论的影响。美国政府逐次提升和创设"公共外交"的宣传工具，同时还在美国国内、伊斯兰世界，以及阿富汗战场和伊拉克战场扩展其宣传的空间维度。世界著名的广告业人士和公关公司，也被纳入战时的"公共外交"行动，从而形成了一个集外交、媒体、广告、公关力量于一身的"总体宣传"②。

"9·11"事件和伊拉克战争以来，伊斯兰世界更成为美国政府和媒体的海外焦点。那么，在所谓的"反恐"战争中，美国媒体是如何报道伊斯兰世界的呢？有没有遵循客观公正的原则？作为美国时代华纳公司旗下的《时代》周刊和《纽约时报》，近年来对伊斯兰世界做了大量报道，也形塑了伊斯兰作为美国假想敌的合理性。《纽约时报》对"9·11"事件进行报道时也充分体现了这一点，通过其对报道事

---

① 参见张讴《战争中的媒体和媒体中的战争》，《中国电视》2003 年第 4 期。
② 傅毅飞：《后"9·11"时代美国新闻自由的"沉沦"及其走向——以"9·11"后的两次战争为例》，硕士学位论文，南京师范大学，2006 年，第 12 页。

件的选择和议程设置，我们还是不难看出其意识形态的倾向性和为国家利益服务的立场。

《纽约时报》通过对"9·11"事件的报道，体现了其为国家利益服务的本质。在美国，乃至在西方世界，新闻媒体并不是像其标榜的那样客观公正地为受众提供关于正在或刚刚发生的事实那么简单，而是坚持其社会的主流价值观，并以此为根据决定选择什么样的事实进行报道，在报道中或明或暗地表达着对于事件或问题是提倡还是反对的立场观点，向受众呈现媒体按照主流价值观构建的关于国家和社会的理想图景。《纽约时报》作为美国媒体的代表，当然不会超脱于这样的规律之外，呈现的国家、政府、总统、官员、民众的思想和表现都是符合美国社会主流价值观的。与此同时，《纽约时报》在报道"9·11"事件时，也不忘披露该事件对股市、商业等经济各个领域的重创，以及代表财团利益的各种经济力量如何采取有效手段力挽危局使市场和整个经济恢复生机的报道，塑造了财团力量的正面形象。报纸的报道技巧运用得如此炉火纯青，不着痕迹地让读者觉得这一切都是在客观、真实地进行经济新闻报道。①

而对于那些没有去过伊斯兰国家，对伊斯兰世界知之甚少的美国受众来说，经美国媒体形塑的伊斯兰世界和穆斯林形象很容易在心中生根，想当然认为这就是真实图景。也就是说，美国受众的伊斯兰、穆斯林印象实际上是一个"二手印象"，这个印象不是伊斯兰世界传递的，而是美国媒体制造的。《时代》周刊不停地重复美国政府和一些宗教极端主义者的言行，尽管这也是事实，但这全是主战者的声音，缺乏来自伊斯兰世界和其他国家、媒体、学者、民众，以及主张和平的穆斯林和反战的国内公民的声音，使报道整体呈现出附和战争的

---

①　参见马德国《〈纽约时报〉"9·11"事件报道研究》，硕士学位论文，湘潭大学，2011年，第32页。

倾向性。美国媒体传递给受众的对于伊斯兰世界的偏见和歧视的信息，强化着西方文明下的人民对伊斯兰文明的歧视，这样的态度又被美国媒体在世界范围内传播。这种恶性循环给异质文明蒙上了挥之不去的阴影。

从 2003 年 5 月 5 日至 11 月 24 日半年的时间内，《时代》周刊对伊斯兰世界的报道有 140 篇，足见它对伊斯兰世界的高度关注。其中，专题报道 116 篇，占 82.9%，是其国外报道的绝大部分。从内容看，报道有如下主题：第一主题——恐怖组织、恐怖分子、恐怖袭击事件和反恐行动 51 篇，占 36.4%；第二主题——战后伊拉克局势以及在美国帮助下重建的艰难与对策 32 篇，占 22.9%；第三主题——萨达姆父子的暴政、暴行以及父子及其财产的踪迹 16 篇，占 11.4%；第四主题——巴以和平进程的艰难以及阿拉法特的人物报道 12 篇，占 8.6%；第五主题——其他伊斯兰国家与恐怖组织的联系及对美国的威胁 11 篇，占 7.9%；第六主题是伊斯兰国家的专制落后以及人民的悲惨生活与反抗 7 篇，占总数的 5%。其他还有对伊斯兰教派和伊斯兰文化的介绍 3 篇，占 2.1%，基督教传教士在中东传教 2 篇，占 1.4% 等。① 《时代》周刊对于伊斯兰世界的报道，总是与恐怖主义和暴政相关，试图归纳出"伊斯兰世界的愚昧与好战是由伊斯兰文明带来的"这一特征，"而最能反映伊斯兰世界真实状况的穆斯林平民的日常生活的报道，却在《时代》里觅不到踪影"。

"9·11"事件后，《时代》周刊对于伊斯兰世界的报道中负面报道占绝大多数，介绍伊斯兰文明对人类历史的巨大贡献以及中正地阐释伊斯兰文化的报道极少。除一篇讲述某地的巴勒斯坦人与以色列人相互救助的报道之外，没有一篇是对伊斯兰世界的正面报道。整个伊斯兰世界被描述成一个处于恐怖主义、专制独裁阴霾之下的世界。此

① 参见宋庚一《美国媒体对伊斯兰世界的形象建构——以〈时代〉个案为例》，硕士学位论文，武汉大学，2005 年，第 8 页。

外，《时代》周刊仅有 3 篇对伊斯兰教、文化的介绍，占总数的2.1%。一篇是一组组图，介绍什叶派的一次集体自残性宗教仪式；另一篇则介绍了沙特瓦哈比教派，认为它是一个激进、残暴的组织；第三篇则是通过探访几个信仰伊斯兰教的国家和地区来介绍伊斯兰文化，以了解恐怖主义的起源和传播。这仅有的介绍性报道也全是负面报道，整体呈现出歧视与偏见倾向。①

从《时代》周刊塑造的伊斯兰世界形象分析，可以清晰地看到《时代》周刊塑造的伊斯兰世界。恐怖主义仍然是《时代》周刊报道的第一主题，它所介绍的所有恐怖主义和恐怖分子全部来自伊斯兰世界，报道中大多表述了伊斯兰教和恐怖主义的关系。在《时代》周刊塑造的伊斯兰世界里，从伊拉克到沙特阿拉伯、伊朗、印度尼西亚，人民的生活苦不堪言，很多人受到非人的虐待。在一篇报道中，《时代》周刊描述了沙特的政治现状："警察不用警笛和枪，也不张贴通缉令，他们只要运用家庭和部族的力量就可以抓到罪犯，沙特治安良好是因为人们常常被捕，并被处以酷刑，而这些罪犯多是醉鬼、小偷和毒品走私者。"《时代》周刊常用"某某国家是美国的敌人吗?""谁是这里的敌人?""某某国家是朋友还是敌人?"等标题来表示美国对一些伊斯兰国家的怀疑和警惕。在《时代》周刊的报道里，每个国家都可能是美国的敌人，如有 4 篇报道指出沙特某亲王资助恐怖组织；有 4 篇报道认为巴基斯坦与恐怖主义联系密切，它的宗教领袖和国家领导人资助了恐怖组织；有 2 篇报道认为伊朗不但是恐怖主义的藏身之处，而且还秘密研制核武器，对美国威胁极大；有 2 篇文章认为阿富汗与恐怖主义有联系，该地军阀与恐怖组织做毒品生意。②

西方媒体对伊斯兰世界和其他非西方国家的妖魔化的扭曲报道，

---

　　① 参见宋庚一《美国媒体对伊斯兰世界的形象建构——以〈时代〉个案为例》，硕士学位论文，武汉大学，2005 年，第 10 页。

　　② 同上。

势必塑造出负面图像，从而在世界范围内制造并传播仇恨和敌意。

三 "9·11"事件十周年的媒体报道

基于 10 年来西方国家对伊斯兰世界在政治、军事、经济、文化全方位的打击，致使暴力事件越来越多的现实，在"9·11"事件十周年之际，西方媒体做了一些反思式的报道，那种极端情绪化的报道已被较为理性的反思报道所替代，反战的声音高了，支持战争的呼声小了，加强交流对话的声音多了，出现了对穆斯林群体差异化的报道，而非刻板化、脸谱化的形塑，对伊斯兰文化的偏见虽根深蒂固，但表述却没有过去那么尖锐。媒体似乎认识到以暴制暴的方法不仅不能解决问题，反而只能使事态更加复杂化。因此，西方媒体也在调整自身的新闻报道框架，在如何看待伊斯兰世界和怎样与穆斯林群体相处方面进行了反思，对盲目仇视和刻板偏见展开了批判，对伊斯兰文化和穆斯林群体表现出较为缓和的态度。具体来说呈现出如下明显的变化：从主战到反战；从附和政府到批判反思；从刻板化表征他者到差异化表征他者；从文明冲突到文化征服。[①]

《达拉斯晨报》批评道："'9·11'事件之后美国社会对穆斯林的仇视和不公正待遇把许多美国的支持者变成了反对者。"

《华盛顿邮报》指出："绝大部分穆斯林都与基地组织的极端信仰有别，阿拉伯地区的行动证明全球各地越来越多的穆斯林拒绝圣战和极端主义，而选择温和的改变。美国人应该从'9·11'事件后的伊斯兰恐惧症中走出来，增加对伊斯兰教和穆斯林的全面了解。"

《纽约时报》报道称："虽然'9·11'事件后的恐伊斯兰症（Islamphobia）让美国穆斯林社区受到威胁和骚扰，但也出现了民间自发的友

---

① 参见唐佳梅、单波《脱轨的新闻框架与动态的文化霸权——"9·11事件"十周年报道的跨文化分析》，《现代传播》2013 年第 7 期。

好举动，比如基督教家庭邀请穆斯林做客，将不同宗教和民族之间的平等交往和加深理解的努力在一个客厅实现，逐渐扩展到社区和社会。"

《纽约时报》报道称："在美第二代阿拉伯穆斯林移民在'9·11'事件后的仇外情绪中积极投身社区组织，通过各种方式融入美国社会，重建穆斯林形象。"

纽约《新闻日报》也报道："纽约穆斯林社区主动邀请基督徒和犹太教徒共同沟通交流，以信仰多元共存的姿态去挫败恐怖分子分裂不同宗教的目的。"

总体来看，西方媒体"9·11"事件十周年报道的核心议题是回忆、纪念和反思、评价，对应其中的人情味框架和道德评判框架。人情味框架从个体故事与情感角度呈现新闻事件，而道德评判框架则从道德层面去诠释和评判新闻事件。对袭击事件的回忆和纪念活动的描述、对事件攸关者（包括受难者家属、袭击亲历者、参战士兵及家属、穆斯林群体）及普通人在事件后的生活报道，都从人的角度构成宏观层次的"回忆纪念"框架。另外一大类型的报道包括对战争的评价，对文化、种族和宗教差异与冲突的认识，对国内国际局势的分析等，则试图用社会认同的价值观与道德观去诠释和评判上述议题，由此构成宏观层面的"反思评价"[①] 框架。

但是，深入分析"9·11"事件十周年报道的新闻框架，我们还是会发现一些问题：（1）在反思理性对待伊斯兰、穆斯林和呼吁文化多元主义的同时，却又凸显了"我们"的文化、价值观和生活方式比"他们"更好的媒介叙事，未改变其根深蒂固的东、西方二元文化对立思维；（2）在反对军事战争的同时，又提出用软实力去赢取异质文化地域人心的"观念战争"，并在该地区推进西方民主。例如《纽约

---

① 唐佳梅、单波：《脱轨的新闻框架与动态的文化霸权——"9·11事件"十周年报道的跨文化分析》，《现代传播》2013 年第 7 期。

时报》就引用前总统布什的意见，"对我们的袭击是对我们价值观的袭击，反恐战争是一场观念的战争，我们要宣告伊斯兰主义的本质错误，推进自由的理念"。英国《星期日电讯报》也有类似的报道："'9·11'袭击是一场西方民主、自由、平等价值观与狭隘、偏执、充满仇恨的、教条主义的伊斯兰狂热极端主义之间的战争。在这场观念的战争中，阿拉伯地区的行动证明民主力量战胜了基地组织。"澳大利亚《星期日先驱报》也报道称："对欧洲阿拉伯化（Eurabia）的恐惧并非空穴来风，恐怖主义的威胁实际上就是一场文化的战争，亨廷顿在其文明冲突论中也早已预测过。"这种潜在的矛盾叙事中所透露出来的西方主义式的二元对立的主客体思维，在文化多元主义面纱下隐藏的"我们"比"他们"更优越的文化中心主义，以及提倡软实力和"观念战场"实质上与追求和平的本质背道而驰。[1]

"9·11"事件十周年的新闻报道，让期待真正意义上文化多元的人们的理想"幻灭"了，多元叙事的背后隐藏的还是文化中心主义，从纪念、反战与呼吁和平的"维护共识"走向了换一种方式去赢得"观念战争"的"创造分化"。在二元对立的主客体思维模式和文化中心主义主导下的意识形态和价值观必将导致今后更多的对立和"破坏"，被宰制的文化弱势群体常常本能地选择冲突和暴力作为反抗的方式，从而距离理解和接受差异，在对话中建立互惠性理解的文化间性模式越来越远。[2]

四　新闻报道背后的西方价值观与理念

在美国，新闻媒体代表着主流舆论的价值观，而新闻媒体与主流舆论控制着美国对伊斯兰世界的认知，在这种情况下，新闻媒体就在

---

① 参见唐佳梅、单波《脱轨的新闻框架与动态的文化霸权——"9·11事件"十周年报道的跨文化分析》，《现代传播》2013 年第 7 期。

② 同上。

事实上掌握着宣传美国社会对伊斯兰世界认知的权力。

新闻媒体对伊斯兰世界存在偏见，往往以消极的眼光审视伊斯兰世界，并把它们的看法呈现在美国公众面前。这样新闻媒体与公众的伊斯兰世界观就连为一体。尽管这种大众舆论并非就意味着美国政府对伊斯兰世界的看法，但美国对外政策的制定者往往会从新闻媒体与公众舆论那里了解到一些针对伊斯兰世界的信息。一方面，新闻媒体对伊斯兰世界负面的新闻报道，作为一支强有力的推手，强化并体现了美国对外政策制定者对伊斯兰世界的担忧与偏见；另一方面，新闻媒体呈现的伊斯兰世界观塑造了一种有利于美国政府制定对伊斯兰世界政策的氛围。这样，新闻媒体间接地介入了美国政府对伊斯兰世界政策的制定。①

后"9·11"时代，西方媒体在报道涉及宗教信仰方面的新闻时，经常下意识地给那些笃信某种宗教，而且习惯引经据典的教徒贴上"原教旨主义者""狂热盲信者"的标签。由于新闻媒体未对以本·拉登为代表的"基地"组织的行为做深刻的政治、经济、文化的背景分析，而是随意地将矛头指向其宗教身份，甚至整个伊斯兰世界，从而造成了受众对伊斯兰文化及穆斯林形象的严重误读。在新闻报道中，西方媒体一度抛出"恐怖主义""极端主义""原教旨主义"等概念，并将之诠释为"狂热""暴力""恐怖""极端"的同义词和根源，并运用强大的新闻网络在全世界进行大范围的传播，这又反过来误导了西方世界，并使伊斯兰国家也通过西方媒体的报道而产生对西方国家形象的误读，认为他们改变了原来的对外政策。②

《时代》周刊在许多报道中附和亨廷顿所描绘的"文明冲突论"

---

① 参见杨卫东《后冷战时期美国与伊斯兰世界冲突的文化根源》，《东北师范大学学报》2011年第5期。

② 参见党芳莉《跨文化传播中国家形象的媒体误读研究》，《上海财经大学学报》2009年第4期。

的观点。首先，《时代》周刊从伊斯兰文化中寻找恐怖主义的产生和美国遭受袭击的原因，这就传递给大众这样一个信息：这是一场文明的冲突，由于一些穆斯林对具有优越性的西方价值观感到不满和嫉恨，因此他们采用各种方式对美国进行打击。其次，《时代》周刊还表达了另外一种声音，即所谓的"绿祸"（即伊斯兰世界的威胁），这也是美国主流社会对伊斯兰世界的一贯误读。

世界知名的美国伊斯兰学者约翰·埃斯波西托说："宗教极端主义今天仍然是一种威胁，如同过去一样，但它并不局限于或固有于某一宗教之内。"事实上，其他宗教、民族、党派、组织或个人也有可能打出"恐怖"的旗号，以满足其政治目的，伊斯兰教绝不是恐怖主义产生的根源，恐怖主义与任何宗教、信仰、社会、种族与民族之间没有任何必然联系，贫穷、暴虐、种族歧视与不平等都是产生恐怖主义的主要缘由。

关于恐怖主义，近年来各国学者对此进行了深入研究，给出了众多的定义或解释，据中国学者胡联合的统计，国内外给恐怖主义的定义有 51 种，但是，国内外 30 多位具有代表性的学者对于恐怖主义的定义都强调了其政治属性。

我国对恐怖主义的定义是："指采取暴力或恐吓等手段，旨在威胁政府、社会，危害生活公共安全的行为。"[①]

赵英的定义："恐怖主义活动是某些国家、组织或个人，出于政治目的，而使用非战争暴力手段进行的活动。"

李少军的定义是："恐怖主义是武装者基于政治目的对非武装者有组织地使用暴力或以暴力相威胁的行为，其目的是把一定的对象置于恐怖之中，逼迫其做原本不会做的事情。"

---

① 胡联合：《全球反恐论——恐怖主义何以发生与应对》，中国大百科全书出版社 2011 年版，第 18 页。

以色列前总理内塔尼亚胡的定义是："恐怖主义是为了政治目的而旨在制造恐怖气氛的故意策划的、系统性地针对公民的（暴力）攻击活动。"

罗纳德·克林斯顿的定义是："恐怖主义是一种政治传播方式，是为了差不多目的而使用和威胁使用暴力的一种战术，旨在制造恐惧或恐怖气氛，从而通过打击受害者及其制造的恐怖气氛用于迫使受众答应其政治要求。"

莱斯特·索贝尔的定义是："恐怖主义即地下（秘密）组织为了政治目的而从事的几乎所有非法暴力活动。"

爱德华·米克勒斯的定义是："恐怖主义是为了政治目的而使用或威胁使用非常暴力，旨在制造焦虑（恐惧），影响比直接受害者更广泛的群众的行为。"

……

可是，在《时代》周刊的报道中，国际霸权、政治干预、经济掠夺、殖民侵略、文化侵染等复杂的现实与历史背景被割裂和剔除，甚至完全过滤了阿拉伯人民反美反西方列强的现实与根源，而把焦点聚焦于伊斯兰文化中的某个概念，甚至将其污化为恐怖与极端的根源。

例如，被西方视为把柄的"圣战"思想，是被绝对化和歪曲后的概念。事实上，被西方译为"圣战"的这一概念来自阿拉伯语"吉哈德"（al-Jihad），"吉哈德"是伊斯兰教规定穆斯林应尽的宗教义务之一。在阿拉伯语境中，它是"奋斗""尽力"的意思，可以引申为努力奋斗，尽心尽力，克服困难，努力多做善事。伊斯兰教法学家认为，穆斯林为学业、生计、事业的成功而努力奋斗就属"吉哈德"。"吉哈德"的词义解释一般包含两层含义：同个人私欲、邪念做斗争，清除私欲，抵制诱惑，净化心灵，达到虔信真主，止恶扬善，属于"大吉哈德"，反抗侵略和暴政属于"小吉哈德"。伊斯兰教将"吉哈德"作为穆斯林的宗教义务，强调的是内心修养和行为规范，而西方学者将其译为"圣战"是错误的。当然，在伊斯兰教的历史上，不同的阶级、政治集团和教派出于不同的目的，都将"吉哈德"作为思想的旗帜举行起义，反对统治阶级的暴政、剥削和压迫，具有进步和正义的性质。11—13世纪，中亚、西亚和北非的穆斯林，在"吉哈德"的旗帜下，举兵抵抗蒙古人的西征和十字军的东征，收复失地，具有反侵略性质，保卫了伊斯兰文明。近代以来，一部分伊斯兰国家先后沦为西方列强的殖民地，各国穆斯林以"吉哈德"为号召，掀起了反对外国殖民统治、争取民族独立的斗争，如印尼的比达里教派起义、苏丹的马赫迪起义等，"吉哈德"又具有了为争取民族独立解放而斗争的性质①。今天，阿拉伯—伊斯兰世界举起"吉哈德"的旗帜反对西方世界的后殖民主义侵略是有历史继承性的，但却被西方媒体所歪曲。

伊斯兰教是造福人类的古老文明之一，它劝善戒恶，主张两世吉庆。伊斯兰教使7世纪以后的阿拉伯人懂得了和平和谐的理念、宗教宽容和与其他民族共生共荣的价值观。著名学者优素福·格尔达维在"半岛"电视台的《教法与生活》节目中对伊斯兰教的精髓做过这样的概括："我们信奉并倡导的宗教，在发扬理性和继承遗产之间调和；它从过去获得启示，而又正视现在、瞻望未来；它兼顾精神与物质、个人与集体、今生与来世、理想与现实、权利与义务；它号召人们以兄弟相待，主张与他人对话，以宽容对待异己；它视协商与公正为决断的基础，主张全社会和睦相处、人人平等。"②这也是伊斯兰教自诞生以来魅力不减的根源。

"9·11"事件并不是一场文明的冲突，更不会必然导致一场文明的冲突，而是被西方传媒渲染成了一场文明的冲突。西方学者精心贩卖"文明冲突"论，政治霸权与学术霸权相互印证，借助现代传媒向

---

① 《中国伊斯兰百科全书》，四川辞书出版社2007年版，第248—249页。
② 宋庚一：《美国媒体对伊斯兰世界的形象建构——以〈时代〉个案为例》，《阿拉伯世界》2004年第2期。

全世界传播，而由西方掌握传播权的国际媒体也只能循着西方政治与学术的霸权思路来报道重大国际事件，霸权语境便水到渠成般地形成了。①

第三节　美国主要媒体对伊斯兰文化的报道模式

美国主要的新闻媒体中，《时代》周刊享有世界史库之称。《时代》周刊是亨利·卢斯和布里顿·哈登于 1923 年 3 月在美国创办的一份新闻周刊，发展至今，已成为美国影响最为广泛的三大时事类新闻周刊之一，其报道范围涉及世界范围内的政治、经济、军事和文化。

在创办《时代》周刊之初，亨利·卢斯和布里顿·哈登认为新闻报道"仅仅刊载每日发生的所有信息加之朴素的陈述是不够的"，而当时的美国新闻界缺少的正是一份具有"回顾"性质的周刊。于是，《时代》周刊在创立后就以其对新闻报道恰当的发展和评论在美国新闻界占有一席之地。同时，亨利·卢斯和布里顿·哈登要让出版物"适应忙人时间"的理念（使他们费时不多，却能周知世事），也为《时代》周刊日后确定自己的读者群打下了基础。

早期的《时代》周刊有一个强劲的竞争对手，即当时在美国很著名的《文摘》周刊。《文摘》周刊在进行新闻报道及评论时会把两个对立面的观点平等地表述出来而不加以任何倾向，而在《时代》周刊的文章中总有一方是正确的，文章作者会巧妙地使用不同的动词来表达自己的想法。这种解释性的报道得到了美国民众的青

---

① 参见马丽蓉《论西方霸权语境中的文明对话与文化自觉》，《回族研究》2006 年第 1 期。

睐，几年内，《时代》周刊就把《文摘》周刊击垮，此后便一直稳居美国新闻类周刊的第一把交椅。2010年《时代》周刊的全美发行量是331万册，在时事类周刊中继续稳居榜首，占全部新闻类杂志发行量的36.8%。

《时代》周刊的读者中，美国中产阶级尤其是从事国际政治、经济和科技文化工作的社会高层人士所占比例较大，其对美国精英阶层的看法和价值观念有着深远的影响，并转而体现这种意识形态和价值观念，《时代》周刊的文本深刻地体现着美国精英阶层的意识形态特征。因此，对《时代》周刊的研究是具有一定代表性的，下文将以《时代》周刊为个案研究其对伊斯兰文化的报道特点。

一 《时代》周刊内容分析研究

对《时代》周刊的内容分析主要从四个方面进行研究：一是对伊斯兰世界的形象构建；二是对穆斯林现实生活的描述；三是相关报道的修辞学分析；四是相关报道的新闻框架分析。

样本选择美国国内版自1987年1月到2013年8月之间所有与"伊斯兰"和"穆斯林"有关的封面报道。以封面故事为研究对象，理由有三：一是封面故事最能代表期刊立场，封面故事的观点和期刊的整体立场一般是吻合的；二是封面故事容量较大，对观点的阐述相对全面，便于提取有用信息；三是《时代》周刊上的新闻报道都不是简单的报道新闻，而是类似专栏性质的事件报道与大比重分析评论相结合的模式（或者说解释性报道模式）。这样一来，如果对《时代》周刊的非封面报道进行分析，虽然方便了对新闻框架的研究，却可能会减弱研究的代表性，因为用个人观点代表整个期刊立场的简单推论是很难有说服力的。

《时代》周刊共有四个版本：美国国内版、欧洲中东与非洲版、亚洲版和南太平洋版。这四个版本面向的读者各自不同，因此在选稿、排版等方面都有差别。当然，四个版本的内容也有重合的部分，只是在遇到敏感问题或是出版方认为不适宜的情况下才会略做调整，还有一些不同是为了迎合不同地域读者的兴趣点而设计的。本书选择《时代》周刊美国国内版作为研究对象是因为该版本是四个版本中最能代表《时代》周刊立场的版本，同时，美国国内版对"伊斯兰"和"穆斯林"的报道也相对多，便于研究。

从 1987 年到 2013 年这 27 年间，美国社会对伊斯兰教和穆斯林的态度发生了巨大的变化。冷战时期，美国的最大敌人是苏联，媒体指其为"共产主义极端分子"，而那时伊斯兰文化并不是攻击重心。"9·11"事件发生后，美国媒体的报道重心转向了伊斯兰世界，伊斯兰教与"恐怖主义""极端主义"被混为一谈，民众的注意力也被逐渐转移到了"反恐"上。对这两段时间的文本进行分析，能够观察到美国主要的新闻媒体在配合国家利益上的态度和立场。

二　《时代》周刊封面报道中的穆斯林形象分析

从 1986 年 3 月美军第一次入侵利比亚，到 2001 年 9 月 11 号的"9·11"爆炸事件，这十几年间美国政府对伊斯兰世界的态度变得越来越强硬，相应的，美国媒体也渐渐将矛头由"共产主义极端分子"转向"伊斯兰恐怖主义极端分子"。"9·11"之后，美国媒体对恐怖主义的关注度达到一个新的历史高点，从各个方面报道恐怖主义及其来源、成因和影响。《时代》周刊对伊斯兰世界的态度到底是怎样的，本节将通过内容分析进行回答。

通过搜索《时代》周刊官方网站（www.time.com），《时代》周刊自 1987 年至 2013 年（"9·11"事件前后）的 27 年间，有关伊斯兰世界的封面故事共 147 篇。在这期间封面故事的总篇数为 1735 篇，有关伊斯兰世界的报道占总封面故事数的 8.5%（见表 3-1）。

表 3-1　《时代》周刊 1987 年至 2013 年相关封面故事篇数及总体篇数统计

时　　间	1987—2001 年	2002—2013 年	合　计
总封面故事数（篇）	1243	492	1735
以"伊斯兰"或"穆斯林"为关键词的封面故事数（篇）	65	82	147
比例（%）	5.2	16.7	8.5

从表 3-1 的数据来看，2001 年之后，《时代》周刊有关伊斯兰世界的报道数量有了大幅提升，成为一个长期关注的焦点话题。

以下将从"关键词在上下文的意义""报道框架"两个方面对《时代》周刊有关伊斯兰世界的报道倾向性进行研究。

（一）关键词在上下文的意义

这部分主要从修辞学方面考察关键词在其意群中的含义，进而总结出关键词的积极、中性或消极属性，具体数据见表 3-2。

表 3-2　《时代》周刊 1987 年至 2013 年间相关封面故事关键词搭配属性统计

年　份	关键词出现次数（次）	关键词搭配属性			封面故事篇数（篇）
		积　极	中　性	消　极	
1987	21	15	5	1	3
1988	0	0	0	0	0
1989	44	11	22	11	1
1990	11	2	8	1	4
1991	0	0	0	0	0
1992	4	1	3	0	2
1993	163	22	81	60	15

续表

年 份	关键词出现次数	关键词搭配属性			封面故事篇数
		积 极	中 性	消 极	
1994	65	6	53	6	7
1995	45	8	20	17	14
1996	14	4	10	0	7
1997	1	0	1	0	1
1998	10	1	8	1	2
1999	1	0	1	0	1
2000	2	1	1	0	2
2001	10	4	5	1	6
2002	105	3	54	48	12
2003	47	0	40	7	5
2004	133	23	54	56	9
2005	30	4	21	5	7
2006	73	2	53	18	9
2007	7	0	5	2	8
2008	26	6	16	4	7
2009	13	0	11	2	4
2010	130	1	83	46	4
2011	29	0	18	11	5
2012	20	0	20	0	8
2013	15	0	9	6	3
合 计	1019	114	602	303	146

1987—2001 年间的 65 篇封面故事中，具有积极意义词汇属性的关键词共出现 75 次，约占 391 次的总出现频率的 19％；具有中性意义词汇属性的关键词共出现 217 次，约占总频率的 56％；具有消极意义词汇属性的关键词共出现 98 次，约占总频率的 25％。从以上数据我们可以看出，在这段时间，《时代》周刊对伊斯兰世界的态度较为冷淡，从数量看，穆斯林和伊斯兰相关内容较少，从态度上看，尽管也有部分积极态度的文章，但总体看，更多的是中立和消极态度。

2002—2013 年间的 81 篇封面故事中，具有积极意义词汇属性的关键词共出现 39 次，约占 628 次的总出现频率的 6％；具有中性意义词汇属性的关键词共出现 384 次，约占总频率的 61％；具有消极意义词汇属性的关键词共出现 205 次，约占总频率的 33％。可以看出，2001 年后，《时代》周刊对穆斯林、伊斯兰的消极态度有所增加。

总体来看，具有积极意义词汇属性的关键词占总出现频率的 11％；具有中性意义词汇属性的关键词占总频率的 59％；具有消极意义词汇属性的关键词占总频率的 30％。不同时期关键词属性对比及总体比例如图 3-1 所示。

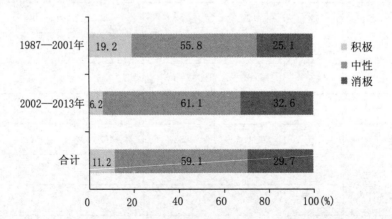

图 3-1 《时代》周刊 1987 年至 2013 年间相关封面故事关键词搭配属性比例

虽然中性意义词汇属性的关键词所占比例最高，超过半数，但这种中性词汇搭配为主的报道并非给人客观中立的印象：如《时代》周刊 1993 年 5 月 17 日题为"穆斯林是如何被武装的"（How Muslims would be armed）的封面报道，该报道主要介绍美国克林顿政府如何想尽一切办法资助波斯尼亚和黑塞哥维那的地方武装的。文章没有说出的是，克林顿政府并不是无条件支持那些地方武装，他的真正目的是插手当地事务。文章中提到克林顿政府资助的波黑地方武装名为"波斯尼亚穆斯林"（the Bosnian Muslims），这个称呼只能指代这一个特定的组织，而文章撰稿人却擅自在题目中将这个武装的名字换成了"穆斯林"，这样就把一个组织替换成了全体信仰伊斯兰教的信众。这种简单化处理的做法让读者对穆斯林群体产生不良印象。还有，在具体意群中的中性词汇，在上下文关系中被消极意义的部分词汇取代。这样，读者在阅读时很难发现作者的消极态度，但是，在读完整篇文章后，关键词的消极倾向却已经被植入读者思想。

　　1987 年到 2001 年间，关于"伊斯兰"和"穆斯林"的封面报道所占比例并不算大。虽然在数量上占 6%，但是很多其实并不与这两个关键词直接相关，有些文章中关键词只出现了很少几次也被搜索引擎划分到相关主题文章中。本阶段关键词的中性意义词汇属性和消极意义的词汇属性所占比例都很大，两者的数量也相差无几。值得指出的是，本阶段的相关封面报道多为与两个关键词关系不太紧密的文章，所以关键词出现频次也多为 5 次以下。其中关键词出现频次超过10 次的文章有 9 篇，这 9 篇封面报道的整篇上下文词汇属性可以总结为积极意义的有 1 篇，可以总结为中性意义的有 3 篇，消极意义的有5 篇。这一阶段关键词出现频率最高的封面报道出现在 1994 年，关键词出现频次为 54 次，文章整体属性（上下文角度）为中性意义，还有 3 篇关键词出现频次超过 30 次的文章，这 3 篇封面报道的文章属性为 1 篇中性意义和 2 篇消极意义。

2002 年至 2013 年间的相关封面报道中的关键词"伊斯兰""穆斯林"与"激进主义""极端主义""恐怖主义""原教旨主义""恐怖袭击"等词汇捆绑在一起出现，这些极端的搭配主要是用来界定伊斯兰武装力量，透露出美国对伊斯兰世界的恐惧、警惕、怀疑甚至是敌视。如：

It's the maddening fuzziness of the Islamic-extremist terrorist network that makes it so hard to tackle. Throwing the term al-qaeda like a blanket over all terrorist incidents can be misleading. (2002 年 6 月 3 日《时代》)

Hussein was rebuilding Babylon and dragging the world to its last battle. Nowadays Lindsey sees his early warnings being vindicated almost daily. "The Muslim terrorists are going to strike the U. S. again and strike us hard so that we cease to be one of the world's great powers," he says. "It's not far off." When he wrote his best seller, he says, not many people took prophecy seriously. (2002 年 7 月 1 日《时代》)

In 2002, after nearly a century of determinedly secularist rule, the country elected a moderate Islamist party. For many in the West, that makes Turkey simultaneously a symbol of hope (of moderation) and fear (of Islamism). (2006 年 11 月 19 日《时代》)

It's about your faith. Islam is a religion of hate, they say. Muslims are out to wipe out Christianity. There are 20 Jihadi training camps hidden across rural America, busy even now producing the next wave of terrorists. Muslims murder their children. Christian kids have enough problems with drugs, alcohol and pornography and should not have to worry about Islam too. "I don't want it in my backyard," says one. Another says, "I just think it's not America." (2010 年 8 月 30 日《时代》)

除了对伊斯兰世界极端分子的负面报道，《时代》周刊相关封面故事中也不乏呈现基督教的同时，将基督教和其他宗教一起对比，尤其是和伊斯兰教进行对比，往往起到"以他者衬托自身"甚至是"褒己贬异"的作用。如：

Globally, that may not have been the majority assessment. The Pope was wildly popular among the faithful in Africa and Latin America, whose growing numbers of Catholics constitute the church's long-term future. Along with an increasingly confident generation of conservatives in the West, they would affirm the assertion by Archbishop Jean-Louis Tauran, a former Vatican Foreign Minister under John Paul, that "in this crazy world, he is the only moral reference." Then, too, a remarkable number of fans came from other creeds. The Rev. Billy Graham said, "He'll go down in history as the greatest of our modern Popes. He has been the strong conscience of the whole Christian world." "We believe the world needs him because he speaks for peace, for the poor and the deprived," said Chief Mufti Selim Mehmed, head of Bulgaria's large Muslim community, after meeting the Pope in2002. （2005 年 4 月 3 日《时代》）

Francis will continue the policy of both John Paul II and Benedict on détente and fraternal relations with Judaism. （Francis plans to visit Israel in May.）But with his experience working with the Muslim immigrant population of Argentina, Francis will extend a warmer hand toward Islam than Benedict, who famously infuriated that religion's clerics with a scholarly aside in an otherwise innocuous speech. And he has proved himself amenable to Protestant, evangelical piety, scandalizing conservative Catholics in Argentina by kneeling and being blessed by Pentecostal preachers in a Buenos Aires auditorium. （2013 年 11 月 11 日《时代》）

（二）报道框架分析

通过仔细阅读符合要求的封面报道文章，我们根据内容报道框架，对所有文章的框架进行了归类，按年份整理如下（见表3-3）。

表3-3　《时代》周刊 1987 年至 2013 年间相关封面故事分析框架类型统计

年　份	相关封面故事期数	分析框架				责任框架
		冲突框架	人情味框架	经济后果框架	道德框架	
1987	3	1	1	1	0	0
1988	0	0	0	0	0	0
1989	1	0	0	0	0	1
1990	4	2	0	1	1	0
1991	0	0	0	0	0	0
1992	2	0	1	0	1	0
1993	15	6	1	2	4	2
1994	7	2	1	1	2	1
1995	14	8	1	2	4	3
1996	7	1	2	0	1	3
1997	1	0	0	1	0	0
1998	2	1	1	0	0	0
1999	1	0	0	0	1	0
2000	2	1	0	0	0	1
2001	6	4	0	0	0	2

续表

年 份	相关封面故事期数	分析框架				责任框架
		冲突框架	人情味框架	经济后果框架	道德框架	
2002	12	8	3	0	1	0
2003	5	3	1	0	1	0
2004	9	6	0	0	3	0
2005	7	3	1	1	1	1
2006	9	4	1	1	1	2
2007	8	2	1	2	1	2
2008	7	0	4	2	0	1
2009	4	0	1	1	2	0
2010	4	2	0	0	2	0
2011	5	3	0	0	0	2
2012	8	2	3	0	1	2
2013	3	1	0	1	0	1
总计	146	56	23	16	27	24
比例（%）	100	38.4	15.8	11.0	18.5	16.4

从统计的资料可以看出，《时代》周刊在报道与穆斯林、伊斯兰相关的内容时，主要采用冲突框架，其次是道德框架和责任框架，较少采用的是人情味框架和经济后果框架。

1. 冲突框架

冲突框架是指新闻媒体为获得受众关注而报道个人、团体或组织间的冲突。《时代》周刊关于冲突框架的报道占所有报道类型的比重最大，其中有关军事、暴力题材的文章数量很多。"圣战"、

"穆斯林武装"、地域冲突等都成为这一新闻报道框架的关注焦点。在一篇介绍"穆斯林武装"的封面故事里，一个自发的武装组织不但被文章作者冠上了"穆斯林武装"的名字，还把这个组织描绘成走私者、小偷等。在文章后半段，这个武装的名字甚至直接被省略成了"穆斯林"，这个武装的种种让人难以接受的行为就成了"穆斯林"的行为。在一篇报道美国世贸中心地下停车场汽车爆炸案的时候，作者虽然也引述了一些穆斯林关于"想要炸掉世贸中心的人绝不是一个真正的穆斯林"的说法，但文中出现在两个关键词周围的修饰性词汇经常为"恐怖主义""恐怖袭击"等，这些说法使得读者很难对"穆斯林"有一个积极的认识。还有一些关于极端主义者迫害个人的案例，以及对一些伊斯兰组织有倾向性的曝光，也都在冲突报道框架的范畴内。

2. 道德框架分析

道德框架把媒体报道的事件、问题等用宗教信条或道德标准来衡量。道德框架在《时代》周刊相关封面故事中的运用也很普遍，最多出现的情况是在介绍或评论基督教的文章中，伊斯兰教和其他各大宗教一起出现做辅助性阐述。有两篇关于伊斯兰文化的研究，一篇是介绍伊斯兰教的"阴暗面"，一篇在探讨伊斯兰灿烂文明的同时有部分伊斯兰"激进思想"的深入，最后该篇文章还是把伊斯兰教描述成了"激进的一派"。

3. 责任框架分析

责任框架旨在发现被报道事件、问题的诱因及解决办法，并把落脚点放在寻找责任人身上。这种新闻报道框架在本阶段的应用也很广泛，经常出现的与两个关键词相关的情况是美国试图为各种恐怖事件、地域冲突等寻找责任方。一些所谓的"穆斯林武装"经常被提及并被划为恐怖事件的责任人，还有一些文章直接从伊斯兰教入手，曲解"圣战""吉哈德"等宗教用语的意思,最终把伊斯兰教定为责任方。有趣的是,就连一些明显是美国自己失误或是蓄意的破坏,伊斯兰教或穆斯林也很容易被牵连,被相关封面故事描绘成问题的始作俑者。

4. 人情味框架分析

人情味框架是指新闻媒体为其报道的事件或问题进行拟人化处理,从人性和情感等角度进行阐释。这种框架类型在《时代》周刊报道伊斯兰相关主题时也有很多涉及,有些是介绍信仰伊斯兰教的著名人士,比如大商人 Adnan Khashoggi,在介绍他的这篇封面故事里,伊斯兰世界被描述成了"从最保守最传统的国度变成了一个纵情娱乐、纸醉金迷的符号"。还有一些介绍宗教人士的文章,在介绍美国宗教人士 Sheik Omar Abdel-Rahman 时,《时代》周刊将其分成两个部分,一篇把他和世贸中心爆炸案联系在一起,一篇是《时代》周刊对他的专访。

5. 经济后果框架分析

经济后果框架主要指新闻媒体在报道事件、问题时侧重对其经济后果进行研究,以引起个人、团体或组织的注意。这种新闻报道框架主要体现在对报道核心内容进行辅助的作用,经常出现的是一些所谓的"穆斯林武装组织"出现的经济问题以及他们如何寻求出路。还有一些是对伊斯兰世界人民生活的描述,通过对他们教育、娱乐等方面生活的投资和遇到的问题而呈现出一幅大的穆斯林生活画卷。当然,有一些文章介绍富有的穆斯林。

三　《时代》周刊对伊斯兰世界报道的不足及成因分析

通过以上分析,我们看到《时代》周刊在 1987—2013 年中涉及"伊斯兰"和"穆斯林"的封面报道还是以负面消息和中立报道为主。

这段时期，介绍伊斯兰文化和穆斯林生活的故事还是比较公正、翔实的，但在报道地区冲突或地方武装等选题时，缺乏客观公正性，最主要的问题是将个别穆斯林的行为扩大化，以偏概全，并将伊斯兰教和恐怖主义无端联系到一起，有些报道甚至直接抨击伊斯兰教。

《时代》周刊的新闻公正性缺失不但体现在对伊斯兰教和穆斯林的报道偏见上，还体现在热衷于推广美国的普世价值观上。如一篇讲述萨达姆的追随者和美国士兵为各自的信仰而战的故事。这样的立场表面上看起来很平衡，但实际上却是在契合西方人的价值观。在亨廷顿看来："造成这一发展中冲突模式的原因，不在于诸如12世纪的基督徒狂热和20世纪的穆斯林'原教旨主义'这些暂时的现象，而在于这两种宗教的本性和基于其上的文明。"①

但实际上，从政治经济学的角度看来，媒体作为工具，肯定会服务于其依附的权力或机构，并非有着天然的、固定的偏见。例如在20世纪80年代，当美国的一个主要敌人是天主教会时，激进的个别穆斯林极端主义者就不仅得到美国的赏识，而且还会获得其实际的庇护；而在20世纪90年代初，美国又选择波斯尼亚穆斯林来充当其巴尔干的附庸，这方面的例子可以说不胜枚举。事实上，虽然美国在选择敌人时表现出强烈的泛基督教主义倾向，但这种准则最终要服从于和服务于强权而非宗教。②

对美国人来说，媒体关于伊斯兰世界的报道是他们形成对这一文明印象的最主要途径。因此，我们不难发现这样一个恶性循环：美国主流社会对伊斯兰世界的偏见决定了美国媒体对其的负面报道，而媒体的负面报道又加深了美国人心目中的负面形象，这就给文明的自由

---

① ［美］塞缪尔·亨廷顿：《文明的冲突与世界秩序的重建》，周琪等译，新华出版社1999年版，第232页。
② 参见［美］诺姆·乔姆斯基、戴维·巴萨米安《美国说了算：乔姆斯基眼中的美国强权》，臧博译，中信出版社2011年版。

交往和世界和平埋下了严重的隐患和危机。尽管有人说，随着经济全球化的发展和扩张，为不同民族、国家和地区服务的信息机构会不断涌现出来，文明的交往也许会出现令人欣喜的局面。但是，这并不能减轻人们的悲伤，因为只要存在利益角逐、战争冲突以及基于价值观的偏见与歧视，民族主义的力量就会导致文明交往中的公正性和平等性原则的缺失，任何一种伟大的文明都可能遭到被妖魔化的命运。

第四节　"9·11"事件后网络论坛中的反伊声音

近年来，在西方媒体的影响下，西方社会和网络世界出现了多种反伊斯兰的声音。如果认为西方反伊运动是在"9·11"之后才出现的，那是误解，其实，西方或欧美反伊和妖魔化穆斯林由来已久。

一　基于历史的原因，使用传统方式反伊

从历史文明的角度审视，自伊斯兰教兴起直至整个中世纪，伊斯兰文明为人类历史的进步做出了巨大贡献，达到了辉煌的程度，而欧洲文明还处于落后的蒙昧时代。公元 7 世纪至 9 世纪伊斯兰文明统一了阿拉伯半岛，建立起了横跨亚、欧、非三洲的大帝国，全球的贸易都操纵在阿拉伯穆斯林商人手中，之后，在伊斯兰世界的中心——巴格达——设立了文化机构"智慧宫"，并聚集了大批资深学者，开创了轰轰烈烈的"百年翻译运动"，波斯、希腊、印度、罗马乃至中国的大量文献被翻译为阿拉伯文。在整个中世纪，伊斯兰文明便成为当时世界上辉煌的文明，而同时期的西方世界还处在一个灰暗的时代。

从宗教发展的角度看，中世纪的伊斯兰教对欧洲世界而言，不仅成为可怕的竞争者，更成了对西方基督教世界的挑战力量。中世纪及

文艺复兴早期，欧洲就视伊斯兰教为一种叛教、亵渎、晦涩的邪恶宗教，由于伊斯兰教如此近距离而强有力地扩张，威胁了西方基督教世界，于是基督教世界对伊斯兰教进行了长期的恐怖化、邪恶化宣传，甚至是借宗教之名对伊斯兰世界发动了持续几百年的掠夺性的战争——十字军东征。由于长期的污化宣传，以欧洲为代表的西方文明在近现代又延续了历史上一贯形成的偏见。

下面我们截取几个事件回放近几十年来西方世界对伊斯兰教的侮辱，大多是通过传统媒体进行的。

1988年，英国作家拉什迪出版了带有极度污蔑性质的小说《撒旦诗篇》，不仅恶毒攻击穆斯林的先知穆罕默德，而且侮辱伊斯兰教，从而引发全世界穆斯林的抗议。

2005年，丹麦最大的报纸《日德兰邮报》刊登了12幅有关穆罕默德的侮辱漫画，引起叙利亚、伊朗、阿富汗等伊斯兰世界持续数周的抗议和暴力事件。

2011年，美国佛罗里达传教士琼斯焚烧《古兰经》引起世界的关注。

近年以来，驻阿美军烧毁《古兰经》以及羞辱穆斯林的事件频繁在阿富汗发生。

2015年，多次侮辱伊斯兰教和穆斯林的法国《查理周刊》被恐怖袭击。

......

2010年，正值美国纽约筹备在世贸大厦遗址举行纪念"9·11"事件十周年活动之际，面对纽约穆斯林在世贸遗址附近建造"科多巴创意"伊斯兰文化中心暨清真寺规划，美国反伊势力在全世界大动员，准备开展一次国际规模的"阻止美国伊斯兰化运动"，这种运动形成了在美国的空前反伊运动巨浪。

近年来，每当临近"9·11"事件周年纪念时，美国国内就会涌出一股反伊情绪。在美国田纳西州，不久前有人推出了一项计划，在公立学校进行反伊斯兰教演讲，主题是"我们后院中的威胁"。美国有线电视新闻网（CNN）称，这项计划是由那些感到美国生活方式遭受伊斯兰教威胁的人发起的。一个名叫格雷格的组织者称，"伊斯兰教将给美国带来毁灭，因为伊斯兰教意味着同性恋被处死，妇女不能受到教育且要嫁给父亲为其选择的男人"。CNN 担忧，像种族主义和反犹太主义一样，"反伊斯兰狂热"具有演化成危险事件的潜在可能性。

但我们发现，这种言论的冲突是单方面的，在媒介或现实生活中，我们见到的大多是基督教等文化代表者对伊斯兰文化或穆斯林的侮辱，很少看到来自穆斯林对基督教或犹太教的侮辱，这说明穆斯林没有采用以其人之道还治其人之身的方式回击，在言论上保持了一定的克制和修养，但这种言论严重刺激了个别穆斯林的情感，他们采用了极端暴力的方式来回击。

当年，亨廷顿在其《文明冲突和世界秩序重建》一书中强调的是基督教文明与伊斯兰文明的冲突，许多信奉基督教的西方人基本认同这个观点。特别是"9·11"事件后，西方人对伊斯兰教歧见增强，认为伊斯兰文化落后、极端等，其中强大的犹太势力影响着美国人的思想。虽然奥巴马曾表示要改善与伊斯兰世界的关系，但不可能在短时间内扭转西方人的这种偏见。伊斯兰世界对外来干预本来就一肚子火气，愤怒的火焰很容易被任何一点侵犯点燃，冲突在所难免。但在西方媒体的叙事结构中，冲突被叙述为单方面的原因，而且是伊斯兰文化的根本教义，认为伊斯兰文化是保守的、落后的，穆斯林是崇尚暴力的，伊斯兰世界是恐怖和极端的策源地，而西方文化和基督教代表着先进、文明。

事实上，西方一些政客和媒体也不时散布妖魔化伊斯兰的声音。比如，田纳西州副州长罗·拉姆西曾经称，有 15 亿信众、1400 年历史的伊斯兰教"不是宗教"，而是"邪教"，因此美国宪法保护宗教自由的条款"对伊斯兰教不适用"。《华盛顿时报》也曾在一篇社论中批评奥巴马关于"伊斯兰教是美国的一部分"的说法。文章说："奥巴马说伊斯兰在促进正义、进步、容忍和人类尊严方面发挥了主要作用，这种观点对穆斯林妇女来说很不公平。"在西方媒体的一些文章里，伊斯兰世界一直被认为是遥远的、陌生的和好战的。

西方人有一种政治文化和种族优越感，同时又缺乏良好的容忍性，因此，肆意侮辱异质文化，而且比较顽固地认为理所当然，拒不道歉，即使在有意侮辱伊斯兰教事件引起激烈冲突之后，一些西方政客和新闻媒体仍然以民主和自由为名拒绝道歉。当年《日德兰邮报》刊登侮辱伊斯兰教的漫画后，时任丹麦首相的拉斯穆森曾公开批评该报的错误，但又以新闻自由为由拒绝对此道歉；法国《法兰西晚报》在刊登争议漫画的同时，以"我们有权丑化上帝"为由为自己辩护。这些都使伊斯兰社会更加愤怒。

西方社会的这种优越感，不仅存在于西方的精英分子中，也存在于整个社会。西方社会从没有从根本上尊重伊斯兰世界的传统和文化，尊重穆斯林的选择，总觉得自己给伊斯兰世界带来了民主自由而穆斯林却不领情。穆斯林笃信《古兰经》，《古兰经》云："真主不改变一个民族，除非他们自己改变自己。"伊斯兰世界的人民认为，自己的命运应由自己来决定，不需要别人来代办，更不需要打着民主自由的旗号去改变和侵蚀别国的政治与文化。

二 基于政治体制的原因，使用新、旧传播媒介进行反伊

1979年，伊朗伊斯兰革命取得胜利，这是近几个世纪来发生的重大事件之一。自第二次世界大战结束至伊朗伊斯兰革命取得胜利，世界所有的政治和社会议题都围绕社会主义和资本主义两个体制。西方舆论认为，资本主义体制优越于社会主义体制，但是伊朗伊斯兰革命的成功向伊斯兰世界表明，伊斯兰文明有能力在现代社会建立

国家政治体制，伊斯兰世界并不是非社会主义就是资本主义的选择，而还有伊斯兰自己的政治体制，也就是霍梅尼提出的"不要西方，也不要东方，只要伊斯兰"。针对伊朗社会遭受西方文化侵蚀的现实，霍梅尼提出"用伊斯兰的思想和知识教育人民"，他认为伊朗社会出现的贫富悬殊、贪污腐败、社会不公与道德失序，都是受西化毒害的结果，唯有回归真正的伊斯兰教理念，才能建成一个更美好、更高尚、更和谐的伟大社会。霍梅尼领导的伊朗伊斯兰革命的胜利无疑为伊斯兰世界竖起了一面旗帜，确立了一种适合自己发展的政治体制。

伊朗伊斯兰革命的成功，甚至使美国研究家格雷厄姆·富勒认为，伊朗是"世界的方向"。美国作家约翰·埃斯波西托在《伊斯兰革命及其引起的世界反响》一书中写道：伊朗向世人展现了其掀起的一场成功的政治革命，这是一场以伊斯兰为主导，以真主至大为口号，以伊斯兰意识形态为基础，在宗教领袖领导下掀起的一场革命。埃斯波西托认为，伊朗伊斯兰革命因其口号、目标、方式、宗旨、结果、宗教和历史共识、地区和国际条件等各种因素的感召力，使得这场革命是伊斯兰世界具有巨大影响力的一场革命。

这场具有鲜明反西方政治体制色彩的革命在中东历史舞台崛起并取得胜利后，西方政治家深感忧虑，由于中东地区具有深厚的伊斯兰文化基础，阿拉伯社会普遍认同伊斯兰文明，而对西方民主政治比较陌生。因此，西方政客视伊斯兰政治体制为劲敌，使其在中东推行资本主义民主政治体制的计划遇到了阻力，对西方中心主义政策构成真正的威胁，并情不自禁地编织出"伊斯兰威胁论"的政治神话。所以，支持具有极端和僵化思想的组织，以此在地区和世界公众舆论中败坏伊斯兰形象的举动也就在所难免了，除了利用传统的强势媒体进行舆论轰炸之外，在新媒体和社交网站的传播环境里，各种反伊的言论和视频更加加深了这种恐惧和偏见。

而美国哈佛国际和地区问题研究所所长塞缪尔·亨廷顿在其《文

明的冲突?》一文中，也下意识地把伊斯兰文明锁定为未来西方世界的主要竞争对手。这种文化上的敌视，恰恰反映了历史上西方世界对伊斯兰世界根深蒂固的敌对观念。于是，在西方媒体的报道中，伊斯兰教一直被描述为负面形象。在西方很多人眼中，以霍梅尼为代表的"宗教激进主义"就等同于伊斯兰极端主义，伊斯兰极端主义就等同于恐怖主义。这种化约论的"战斗的伊斯兰"的形象，又因历史与现实中的种种事件得以强化：扣押西方人质；在西方大城市制造爆炸事件；对以色列发动伊斯兰圣战；刺杀埃及总统萨达特；输出伊斯兰革命；判处英籍作家拉什迪死刑；塔利班摧毁巴米扬大佛；1993 年纽约世界贸易中心爆炸事件等。所有这些，都加深了一个不宽容的、危险的伊斯兰教的形象，而偏偏剔除了其背后的政治因素。

基督教世界在伊斯兰教的历史上所扮演的角色是征服者，历来是穆斯林痛苦而屈辱的记忆。伊斯兰世界认为，他们遭受了西方列强两个世纪的殖民，19 世纪被政治殖民，20 世纪被文化殖民。而在现实的国际政治中，美国呈现出霸权主义和文化帝国主义的形象，在巴、以问题上对以色列的偏袒，在伊拉克问题上的霸道和武断，从利益政治和民族心理的层面给伊斯兰世界造成了极大的伤害。而美国却无视或矫饰这些事实，一味地宣扬普世主义，强加自己的标准，这种言行根本无法弥合差异，只会适得其反。① 于是，激发了伊斯兰世界的普遍不满，甚至是反美浪潮。

透过现象看本质，西方世界的反伊斯兰和伊斯兰世界的反美，其实质是以美国为代表的西方世界对阿拉伯—伊斯兰世界的政治制度的输出和反输入的斗争，西方世界要为伊斯兰世界植入他们认为优良的民主政治制度，而伊斯兰世界却希望建立适合自己的政治制度，是政

---

① 参见李江宁《"9·11"之后美国对伊斯兰世界公众外交评析》，硕士学位论文，中国人民大学，2005 年。

治冲突，而非文明冲突。

三　利用民间任性的言论自由和霸道的态度，在社交网站传播反伊意识

2012年9月，一部由美国犹太裔导演纳库拉·巴塞利制作的名为《穆斯林的无知》的电影在社交网站上开始传播，影片对伊斯兰教先知进行了侮辱式描述，这又一次点燃了全球穆斯林的怒火。

为此，埃及、也门、约旦、突尼斯、苏丹、巴基斯坦、斯里兰卡、印尼、马来西亚等伊斯兰国家爆发了大规模反美浪潮和暴力示威。9月11日晚，美国驻利比亚和埃及大使馆遭冲击，并导致美驻利比亚大使等人被炸身亡。2012年9月17日，俄罗斯总检察院准备向法院起诉，要求认定《穆斯林的无知》为极端主义电影；同日，伊朗当局表示要追捕该片导演。

穆斯林认为，这部影片丑化了神圣的伊斯兰教，因为它把伊斯兰教的先知穆罕默德诬蔑成一个花花公子和恶棍式的人物，这使他们忍无可忍，甚至很多西方人也认为该影片属于仇恨性言论，就连奥巴马总统在联大会议上也批评该影片"粗俗且令人厌恶"，并称它不仅是对穆斯林的侮辱，也是对美国的侮辱。在美国的穆斯林社区，很多人也表达了谴责的态度。芝加哥的一位美国穆斯林领袖伊波·帕特尔在推特上说："我支持言论自由，但认为这部影片是仇恨性言论。我支持伊斯兰教，但谴责极端穆斯林分子的暴力行为。"而穆斯林公共事务委员会立法分析员赫达·艾史斯塔维也指出，任何宗教都不会宽容暴力行为。她说，尽管该影片极其卑劣和不负责任，大多数伊斯兰国家对这部影片的反应还是有些过度。这些言论基本能代表主流穆斯林的心声。①

---

① 参见《反伊斯兰教电影导演因涉嫌违反保释条例被捕》，《环球时报》2012年9月28日。

看似偶发的反伊影片、袭击事件和反美浪潮，其实都有其必然性，暴露了以美国为代表的西方世界和以中东为代表的伊斯兰世界之间深刻的矛盾和对立。美国对中东伊斯兰政策的种种缺陷，尤其是傲慢自大与热衷扩张的特性早已深入美国文化骨髓，在此前提下，美国对中东伊斯兰政策的任何调整都容易流于表面，难以治本，因此，美国与伊斯兰世界出自文化和性格的深层次对立及矛盾难以调和，美国在中东和伊斯兰世界的困境将长期存在。[①]

引发这起事件的影片视频片段曾被发到谷歌公司旗下视频网站YouTube 上，但当时关注的人不多，直到被配以阿拉伯语后，才引发巨大抗议。YouTube 网站表示，该网站不会删除这段视频，并称这部在网络上广泛存在的视频显然符合 YouTube 网站的规则。但事实上，谷歌的视频网站规则明文禁止煽动仇恨的言论，包括基于宗教原因攻击或贬低特定人群的言论。YouTube 称，这段视频并不符合该公司对仇恨言论的定义，所以才让这段视频留在网上。这个解释不仅显示了谷歌等公司所面临的挑战，而且还表明类似的社交网站在解释其平台上允许发表何种言论的相关规定时的矛盾。

这次文化暴行在线下主要推动力量是宗教狂热者，其中也包括美国牧师佛罗里达州盖恩斯维尔传道人、反伊斯兰教的特里·琼斯。这部影片煽动伊斯兰国家的反美情绪，事实上是极端的美国人与穆斯林在网上狭路相逢的结果。琼斯因为公开亵渎伊斯兰教经书、鼓动反伊斯兰怒火而出名，他利用了社交网站的属性，将自己的仇恨言论快速扩散到了互联网世界，引发了极其恶劣的效应，已经造成了严重的国际性恶果。

而新近崛起的 ISIS 的一些极端行为也被影响力较大的社交网站推送到相关网页和网站，让全球民众又一次把极端恐怖主义与伊斯兰画上等号。

---

① 参见沈宁《从文化视角看伊斯兰世界反美浪潮》，《当代世界》2012 年第 11 期。

第四章 "9·11"事件以来其他关于伊斯兰世界的报道

从古至今，传播媒介与战争就有着千丝万缕的联系。众所周知，第二次世界大战和越南战争就分别开启了"广播战争"和"电视战争"，"9·11"事件开启了全媒体攻击战，而肇始于突尼斯的"阿拉伯之春"和叙利亚战争则是由社交媒体主导的网络战争。

在信息时代，战争新闻的传播也越发彰显其在战争中的重要作用，在近年来的海湾战争、科索沃战争、车臣战争及阿富汗战争中可窥见一斑。在现代战争中，如果没有媒体力量的介入，要想取胜是无法想象的。拿破仑曾对战争中的媒体宣传有如此说法："报馆一间，犹联军一队也。"他对媒体在战争中的功能描述可谓入木三分。美国著名未来学家阿尔文·托夫勒敏锐地指出，未来某些最重要的战争将发生在媒体战场上。

战争中利用媒体大造舆论，对敌方实施攻心夺气乱谋的战术，越来越被政治家和军事家所重视，媒体甚至成了直接的作战工具。当战争乌云密布时，媒体对自己一方能起到鼓舞士气、激励斗志、团结民众的作用，并声东击西，巧妙地陷敌于众叛亲离之地，置敌于心理弱势、劣势的境地，摧毁其意志并展现出媒体心理战的重要效果。正是因为交战双方都认识到媒体的重要，也因为政府和媒体摸透了战争新闻的内在规律，所以，战争期间媒体与战争、媒体与交战者的互动、冲突与影响日渐复杂。毫无疑问，在这种状况下交战双方传递出来的消息往往互相矛盾、互相指责，使受众真假难辨，模糊了战争真实的图景。

第一节　伊拉克战局中的媒体战

2003 年 3 月 20 日凌晨，美国从天而降的导弹在伊拉克的土地上炸开。这场实力悬殊的战争早已毫无悬念，但另外一场没有硝烟的战争——媒体舆论战却更加精彩，也引人深思。在这场没有刀光剑影，没有血腥暴力的媒体战争中，新闻媒体连连创下人类社会信息传播的诸多"历史空前"：美军首次采用"嵌入式"形式允许来自全球的新闻记者随军采访；参与全程直播战争报道的媒体数量和记者数量为历史空前；假新闻的发放数量和速度也刷新了历史纪录；公众每天主动或被动地接受大量与战争相关的信息。

一　伊拉克战争的第二战场——媒体战

在 2013 年 3 月 20 日伊拉克战争之前，美国媒体就已经进行了一年多的"倒萨"宣传，今天看来，这种宣传其实是一种心理威慑战略，意图在于摧毁萨达姆政权的决策意志，达到不战而屈人之兵的目的。

开战前夕，美军又通过媒体大肆渲染精确制导炸弹的威力，企图迫使伊军"不战而降"。战争开始后，美国媒体配合政府反复宣传美军势如破竹的气势，其目的也是为了打击伊方士气，逼迫伊军放弃抵抗。

伊拉克战争打响后发生了重大转折，美军轻取巴格达，没有遭遇任何有效抵抗。应该说，美军借助传媒实施心理威慑战略，是取得了先声夺人、震慑心理、不战而胜的效果的。[①]

美国政府对伊拉克战争的第二战场——媒体战具有详细的战略策划。首先,在战争开始之前,美国政府让新闻媒体"率先打响战争第一枪"。伊拉克战争是美国"先发制人"战略的第一次付诸实施。为了保证"先发制人"战略的顺利实施,减少世界舆论的压力,必须要为对伊动武寻找借口,造成师出有名。于是美国在战争打响之前,利用各种传媒手段,对伊拉克政府和萨达姆进行大量的"妖魔化"宣传,希望通过这些宣传,达到"正义对非正义""民主对专制""文明对残暴"的"先发制人"目的,为战争做好铺垫。在战争打响之后,让媒体成为战争机器上与军队并驾齐驱的另一个轮子,使媒体战场与军事战场紧密结合,融为一体。[②]

现代化战争赋予了媒体新的功能与意义,使它成为战争中的一支新生力量,影响着战争态势的发展。战争打响之前,美国媒体的报道充斥着萨达姆怎样在国内集权、专政给人民带来的灾难,伊拉克人民的生活痛苦不堪,为战争合理化寻求理由。在伊拉克战争中,新闻媒体成为战争的先行者,传媒战成为战争中的亮点。信息时代高技术战争中,传媒悄然成为战争的重要组成部分,已经由战争的观察者、记录者变成战争的参与者和协助者。[③]

美军充分地利用媒体进行战争的宣传,引导舆论,进行心理威慑,最终达到取得战争胜利的目的。[④] 美国媒体发挥着"政府监督员"的作用,新闻媒体在国内事务、对外政策的制定与实施中扮演了重要的角色。在伊拉克战争期间,美军在其邻国建立了诸多"倒萨电台",

---

① 参见洪和平《伊拉克战争中的传媒战给我们的启示》,《军事记者》2003 年第 7 期。
② 同上。
③ 参见袁馨《浅析媒体在战争中的角色——以伊拉克战争为例》,《商丘职业技术学院学报》2013 年第 3 期。
④ 参见刘蓉蓉《现代化战争中的媒体角色——伊拉克战争中美国媒体给我们的启示》,《西南农业大学学报》2006 年第 4 期。

不停地揭露政府丑闻等，使一些伊拉克士兵逐渐涣散了斗志，很快丢掉了战争。①

2003年4月2日，《纽约时报》以"国家在战争中"为题刊登了该报专栏作家对于战争的评论，所刊登的文章有《清白之死》《给伊拉克人一个目标》《与敌人谈话》，评论的重点放在对战事的推测上；《洛杉矶时报》发表的评论指出，石油虽好，但要通过持久的战争获得。《华盛顿邮报》的专栏文章多数是对萨达姆的谴责，如专栏女作家安妮·艾珀芭姆的《与暴君之战》，退休的海军陆战队上校凯瑞·安德森的《萨达姆的大计划》为联军的暂时不利做了辩解；美国的电视媒体则带有浓厚的或隐或显的对战争的支持态度，而在报道世界各地大规模反战游行时，尽量少报、短报，甚至一闪而过；24小时新闻频道MSNBC公司，不时大特写烈日下的美军、战斗直升机和随风飞扬的美国旗；其姊妹台CNBC也有类似安排，亮出"愿我军平安归来"的标语；而保守的福克斯新闻台也常在新闻中以最明显的用语，支持军队和出兵。大多数美国人收看的四大电视频道，则很少播出伊拉克人民的伤亡画面，这与欧洲等地以大篇幅报道军民死伤截然不同。相反，美国媒体只是在反复播放美军受训、开战前几天坚毅果断攻敌的片段，画面上再插入一个全副战斗装备的前线记者。很明显这样的舆论战和宣传战不是客观公正地报道战争，而是在宣扬战争。

《纽约时报》的明星记者Judith Miller公布了一些关于所谓伊拉克拥有大规模杀伤性武器的报道。在2002年8月至2003年3月19日伊拉克战争爆发前的这段时间内，《华盛顿邮报》集中在头条报道了不下于140篇有关布什政府对入侵伊拉克的论据。在布什政府做出发动伊拉克战争决策的过程中，媒体的议程设置功能体现得十分明显。事实上，从布什政府开始酝酿伊拉克战争之际，美国媒体就开始了这

① 参见张国庆《伊拉克战争中的美国媒体》，《文汇读书周报》2013年7月12日。

方面的宣传，从妖魔化萨达姆政权到宣扬战争的必要性，不一而足。在伊拉克战争前夕，《纽约时报》《华盛顿邮报》《洛杉矶时报》等新闻媒体都以专栏、社论等形式支持政府发动伊拉克战争，认为伊拉克战争不可避免，布什总统正在努力使世界变得更加"安全"，以此来为布什政府发动对伊拉克的战争进行辩护，CNN、FOX等电视台更是连篇累牍地进行全方位报道，以电视画面打动受众，目的是使受众相信推翻萨达姆政权是必要和迫切的，而全球范围内声势浩大的反战示威游行则只是作为点缀性新闻出现。

美国媒体对布什总统"萨达姆就是希特勒"说法的大量报道，使美国公众认为是萨达姆的侵略行径造成了海湾危机，只有通过战争才能制止他的贪得无厌。根据《纽约时报》的一份调查显示，60％的美国人接受布什总统把"萨达姆等同于希特勒"的说法。公众的这种态度，并不是出于对科威特的同情，而是出于对萨达姆的反感。而公众舆论对布什总统的支持又制约了国会中那些潜在地反对布什总统海湾政策的国会议员发表自己的意见。①

在美国媒体的宣传下，伊拉克战争犹如箭在弦上，不得不发。经过媒体的新闻包装，萨达姆政权成了无恶不作、十恶不赦的邪恶政权，推翻它无异于替天行道，而萨达姆政权与大规模杀伤性武器及恐怖主义的联系，更使得布什的伊拉克战争具有"维护世界和平的重大意义"。在媒体的宣传下，美国外交的议事日程逐渐从是否应当推翻萨达姆政权，转为怎样打伊拉克战争。

美国媒体在推动政府伊拉克战争决策方面还起到了加速器的作用。由于便携式数码摄像机的出现，战地记者可以直接把战场画面传送回美国，这意味着对战争的直播成为可能。尽管在伊拉克战争中战

---

① 参见吕永生《美国新闻媒体与第一次海湾战争》，硕士学位论文，山东大学，2006年，第14页。

争场面的直播受到了五角大楼的很大限制，但仍然堪称电视媒介的一场"革命"。在一些人看来，这是电视史上规模宏大的新闻盛会，在数码摄像机、数码相机以及具有摄影、摄像功能的手机的支持下，战争的每个细节都将暴露无遗。伊拉克战争成为一场全新的战争，它使受众真切地感到：血腥就在身边。

为了加强伊拉克战争报道，《纽约时报》和《华盛顿邮报》等媒体倾注全力，仅《洛杉矶时报》和《华盛顿邮报》报业联合体就出动了 60 名文字和摄影记者，其规模几乎可以与路透社的 90 人相比，而电视媒体对伊拉克战争的报道实行了滚动播放，这也使得传统媒体获得了对战争报道的更大的影响力。[①] CNN 所有的新闻、分析和记者报道千篇一律地只反映美、英部队的"前进"和"成功"，那些"嵌入"美军的记者则不断播报美军逼近巴格达的消息，以及伊拉克人欢迎美军的镜头。即使播放美军士兵受伤或被击毙的消息，也极力分析为什么会发生这种情况并找出各种借口。[②] 而对于美国不利的消息则被 CNN 筛选过滤掉了，CNN 始终没有播放在美军空袭中受伤和丧生的伊拉克平民的图像，也没有报道抵抗美军的并不都是伊拉克正规军队，还有为保卫祖国奋起而战的普通老百姓。

伊拉克战争中，美军还制定了详细的心理战计划：一是向伊拉克境内空投传单和劝降书，美军在开战前共向伊拉克境内投放了 4000 万份传单，并出资兴办大众媒体来加强宣传；二是通过媒体炒作刻意营造出萨达姆气数将尽、众叛亲离的局面；三是鼓动伊拉克高官倒戈，同时进行武力威慑；四是向新闻媒体散布假消息，误导伊拉克军民，如"斩首行动"刚结束，美军就宣称萨达姆被炸身亡；五是对伊拉克电力系统进行干扰，同时向伊境内发射信号。此外，美国政府还

---

① 参见张国庆《伊拉克战争中的美国媒体》，《文汇读书周报》2013 年 7 月 12 日。
② 参见傅毅飞《后"9·11"时代美国新闻自由的"沉沦"及其走向——以"9·11"后的两次战争为例》，硕士学位论文，南京师范大学，2006 年，第 34 页。

制作了多种小册子专门用于对外宣传，如《伊拉克：从恐惧到自由》《伊拉克：被压制的人民》《伊拉克自由之声》等。实践证明，美军的心理战术收到了很好的效果。伊拉克战争代表了现代战争的发展趋势，信息战（主要形式是心理战）这种新的战争形态将对未来的战争报道产生重要影响。[①]

二　伊拉克战争中的"吹鼓手"

在战前和战争初期，许多美国媒体都扮演了政府"吹鼓手"的角色。自布什政府将战争矛头指向伊拉克时起，就有十几家报纸强烈支持把"政权变更"当作唯一能使伊拉克解除武装的方式，其中包括《华尔街日报》《华盛顿邮报》《纽约邮报》《纽约每日新闻》《波士顿先驱报》《达拉斯晨报》和《芝加哥太阳时报》等。这些报纸的评论带有明显的倾向性，在对日益加深的危机的解释以及对萨达姆的妖魔化方面惊人的一致，并有意无意地淡化了反战意见。

对不利的声音进行打压。美国全国广播公司（NBC）解雇了曾因在越战和海湾战争期间做过出色报道而荣获普利策新闻奖的著名战地记者彼得·阿内特。NBC解雇阿内特是因为他在接受伊拉克国营电视台的采访时，声称"由于伊拉克的抵抗"，华盛顿的"第一个战争计划已经失败"。同一日，美国福克斯新闻网（Fox News）知名战地记者杰拉尔多·里韦拉只因将地图摊在地上查看，就被扣上泄露美军所处位置的罪名而遭军方驱逐。[②] 作为美国民众了解这场战争的主要媒体，美国5大电视机构，除CNN以外，均在电视屏幕上打出美国国旗表示支持对伊拉克动武，FOX甚至采用"我们的部队"称呼美军，

① 参见许鑫《美国媒体伊拉克战争报道研究》，硕士学位论文，南昌大学，2005年，第10页。
② 参见霍志坚、毛薇《解读伊拉克战争中的新闻报道》，《湖南大众传媒职业技术学院学报》2003年第4期。

并直斥伊拉克军队为"恐怖暴徒"，该电视台还播出美军向伊拉克小孩发放糖果的场面以及伊拉克人夹道欢迎美军的照片，对于平民伤亡的消息报道很少。伊拉克曾将美军战俘受审的录像交给"半岛"电视台播出，但美国国内电视台除了 CBS 外，其余几家均响应国家安全顾问赖斯的号召未予播出。[①]

在整个战争期间，美国白宫、五角大楼、国务院和战区的新闻发布会、记者招待会，成为传播新闻信息的唯一源泉。美国通过这些渠道，在每天的不同时间段里尽量利用和掌控新闻媒体，这就从根本上控制了新闻信息的话语垄断权。而在战争过程中广招记者随军，让记者提供对己有利的大量宣传材料，限制于己不利的新闻报道，最大限度地把己方的战果报道出去，鼓舞士气，以便将全世界的舆论都纳入美国单向信息的引导之下，同时也吸引了记者的注意力，将其牢牢控制在自己掌握的范围之内，转移对伊拉克立场的关注程度。

美国还专门设立了"战略影响办公室"（现改为全球宣传办公室），其目的就在于左右国际舆论。敢说真话的记者和新闻机构往往会遇到各种各样的限制和打压，以至于早已在世界上大白于天下的美英联军官兵被俘、战机被击落、伊拉克平民惨遭伤亡的镜头都很少出现在美国报纸的版面和电视画面上。

为何众多美国新闻媒体在伊拉克战争中甘心沦为布什政府的宣传工具？除了"9·11"事件后美国新保守主义势力张扬、社会思潮出现右转等因素外，政府与媒体间的利益互动关系是一个不可忽视的背后动因。美国政府可以通过其政策决定，特别是通过有关媒体管理规则的制定，以奖赏那些逢迎政府的媒体，惩罚那些不受政府喜欢的媒体。为在媒体市场上争得更多的份额和多种媒体的经营权，许多媒体

---

① 参见许鑫《美国媒体伊拉克战争报道研究》，硕士学位论文，南昌大学，2005 年，第 13 页。

均在与政府进行着讨价还价：放弃对政府政策的负面报道以换取政府对其"在另外一些事上的积极回应"，而这种交易势必影响新闻报道的真实性与导向。《纽约时报》专栏作家保罗·克鲁格曼写道："设想一下，如果一家电视台主编考虑一则重要报道会损害布什政府利益，如继续报道参议员鲍勃·格雷汉姆批评美国议会将一则关于'9·11'事件的报告进行密级处理，因为将其报告公开后可能会使人们对布什处理危机的方式提出质询，从而使布什感到难堪，那么这位主编一定会想到政府会惩罚任何发表这一消息的新闻媒体。与此同时，旨在防止党派偏见的正式规则和职业道德全然不见。"[①]

伊拉克局势应该是西方新闻媒体在笔墨方面投入最大的一个点，西方新闻媒体在科索沃战争和伊拉克战争中都运用了媒体战，但两场战争中新闻媒体的作用又不太一样。在科索沃战争中，西方媒体在报道战争过程的同时详尽披露了米洛舍维奇在科索沃地区屠杀阿族的事实，使西方各国民众基本支持北约发动的战争。但在伊拉克战争中，一部分西方媒体明确反对战争，使得部分西方民众也反对战争，德国和法国尤为明显；美国的哥伦比亚电视台率先披露了美国军队虐待囚犯事件，使美国政府更加重视对监狱的管理；而在战争阶段结束后，西方媒体在报道伊拉克法庭审判萨达姆的同时，着力描述萨达姆执政20多年来对伊拉克民众所犯的罪行，这与战争前的媒体渲染形成了遥相呼应的效果。

三 对西方媒体呐喊助威的反对声音

在美国国内新闻报道中，媒体因客观公正报道而声誉颇佳，但在国际报道中，有观察家对其表现出的诸多弊端加以指责。对伊拉克战

---

① 温宪：《"新帝国"的卫道士——析美国媒体在伊拉克战争中的报道导向》，《新闻战线》2003年第7期。

争报道的批评主要集中在电视和无线电广播上。美国的广播网用特别报道来煽动公众的情绪，如 MSNBC 的"伊拉克战争迫在眉睫"或 CBS 的"向萨达姆摊牌"。BBC 总裁格雷格·戴克（Greg Dyke）批评美国广播媒体说，这些媒体在对战争的报道上不仅表现出了明显的支持美国政府立场，而且很多还表现出了彻底的"爱国"情绪，并使得战争中的公众舆论不断升温。在美军侵入伊拉克之后，官方的声音统治了美国的新闻广播，而反战的声音被大大地低调处理了。

英国新闻界在赞成战争和反对战争的人之间存在公开的对抗。在鲁珀特·默多克旗下的媒体集团面向大众销售的小报中，大部分与布莱尔的战争政策一唱一和。在整个战前和战争期间，默多克小报的一个特点就是表现出了坚定的"爱国主义"和支持政府的倾向，而且非常明显；精英媒体，如《卫报》《泰晤士报》和《独立报》总体上相对中立，其中《独立报》对战争的批评多一些，而《泰晤士报》倾向于支持英国政府的立场。

《独立报》的罗伯特·菲斯克（Robert Fisk）是一个倡导人道主义的记者。在战争开始之后，他曾非常详细地描写了巴格达的一个出租车是如何被炸得粉碎的，在报道中，布莱尔因为不顾人道主义而受到了指责。他在战争第二天所登的头版头条新闻叫作"恐怖之夜"。2003 年 3 月 27 日，该报头版的一大篇文章称巴格达自由市场的爆炸"令人发指"。但是，随着美、英军队在伊拉克不断取得胜利，该报对战争的批评言论变得越来越隐晦，并且逐渐退出了头版，直到后来在头版登出了"对巴格达的最后一战"。甚至罗伯特·菲斯克也更关注人道主义破坏，而不是在政治上直言不讳，要求布莱尔停止战争。当萨达姆的塑像被推倒的时候，这幅画面占据了整个头版，而且没有配任何文字说明。2003 年 4 月 5 日，《独立报》在其头版以大号字刊登了一组关于战争的数字：在伊拉克有 13 万美、英军队，大约有 1300 名平民在战争中丧生等，但是牺牲的伊拉克士兵的数量却被有意无意地忽略了，两星期以后的 4 月 16 日，也就是战争结束之后，《独立报》提出了这个以前没有提到的问题："有多少伊拉克士兵伤亡?"但这时战争已经结束。

《泰晤士报》刊登了许多英、美士兵的英雄形象：士兵们在战斗，士兵们收到伊拉克人送来的鲜花，士兵们给孩子们分发食物等。每天的头版几乎都被军队的信息简报占据了，在其他版面，反战的声音也登载了一些，但是并不在显著的位置。《泰晤士报》刊登的许多新闻标题看上去都非常像在积极支持战争，比如："我们正在解放一个被疯子奴役的国家""萨达姆的家乡将成为他的坟墓""巴格达闪电战""战时要残忍，但胜利后要慷慨""我可爱的儿子为自己的国家英勇捐躯""残忍的暴君将不能赌赢这场战争"等。

BBC 在英国的广播媒体中占有统治地位。在伊拉克战争中，BBC 在语气和报道方式上也并不像许多美国广播媒体那样完全站在本国政府的立场上，相对比较中立地报道了伊拉克战争。

民意测验显示，除去英国以及一些东欧国家，其他大部分欧洲国家的公众舆论都是反对伊拉克战争的。公众舆论反战的国家有德国、法国、西班牙、葡萄牙、意大利、丹麦、瑞典、芬兰、比利时、荷兰、卢森堡、俄罗斯，还包括处于加入欧盟边缘的土耳其。

德国的新闻媒体之间对于伊拉克战争存在很大的分歧，并没有完全反战和支持战争的立场。自由主义和保守派报纸，如《时代周报》（Die Zeit）和《法兰克福汇报》（Frankfurter Allgemeine Zeitung）都严厉批评德国总理希罗德，认为他的铁腕外交政策损害了德美关系，而左翼自由派报纸《法兰克福评论报》（Frankfurter Rundschau）却主张和平。德国的广播媒体因怕自己可能被政府作为宣传工具滥用而严于律己。公共电视频道，如德国电视一台（ARD）和德国电视二台（ZDF）认为信息存在缺陷，并号召观众不要盲信英国、美国和伊拉克的信息。

　　在战争时期，国家的军事行动使新闻媒体站在了政府一方，美国电视网和无线电广播存在的严重偏见就是这种观点的明证。媒介系统中的三个因素会导致战争报道会有一些相互影响：一是作为个体的记者在特殊时期会变成狂热的"爱国者"；二是政府有时还会对媒体施加压力；三是大多数的公众是新闻媒体的观众和消费者，受媒体影响也会产生狂热的民族主义。

　　此外，那些没有直接参与战争的国家，如德国和土耳其，受政府的压力不明显的媒体报道保持了相对客观公正。无论是反战的法国、德国和俄罗斯媒体，还是以卡塔尔"半岛"电视台为首的阿拉伯媒体，在此次战争中不断突出重围，突破风险，赶赴前方和周边国家，以自己独特的视角，全面、公正地报道伊拉克战争，发出了自己的声音。而这也对美、英的媒体造成巨大压力。①

　　反观伊拉克的新闻媒体也努力发出不同于美、英两国的声音。如伊拉克方面显然也意识到舆论战的重要地位，在利用新闻传媒进行反心理威慑上也达到历史空前。战争一开始，无论是在传播技术还是在数量上都明显处于弱势的伊拉克媒体，在"控制新闻传播权"上与西方国家操纵的媒体展开了激烈争夺，双方舌枪唇剑，针锋相对，异常激烈。与此同时，伊拉克还主动争取和利用卡塔尔"半岛"电视台等阿拉伯国家的媒体，通过他们宣传本国的主张和声音。此外，法、德、俄等国家的媒体，各自按照自己的视角和立场来报道战争，与美、英的调子也不相同。整个媒体战场呈现出一个纷纭复杂的多元化局面，西方国家"新闻霸主"的地位受到严重挑战。②

　　战争开始后，伊拉克不断向国际社会报道美军轰炸造成的平民伤亡惨状，意在争取国际舆论的支持，迫使美、英停止战争。伊拉克还

---

　　① 参见霍志坚、毛薇《解读伊拉克战争中的新闻报道》，《湖南大众传媒职业技术学院学报》2003 年第 4 期。
　　② 参见洪和平《伊拉克战争中的传媒战给我们的启示》，《军事记者》2003 年第 7 期。

通过电视台不断宣传伊军胜利的消息和美军伤亡情况，播放美国战俘的画面，希望以此增加美国国内的反战情绪。伊拉克在利用新闻媒体进行心理威慑上还创造了经典之作：伊拉克官方电视台一次播放萨达姆和高级将领开会的画面，将有"炭疽夫人"之称的女将军阿马希安排在萨达姆身旁，此举在美军中引起恐慌，以为是伊拉克发动生化武器攻击的先兆，于是紧急命令前线官兵穿上防化服。有人戏言：一位伊拉克女性露面电视，"吓坏"美军一个"师"。①

伊拉克领导人也在采取行动试图利用媒体发出声音，他们向卡塔尔"半岛"电视台提供了美军战俘和伤亡贫民的录像资料。伊拉克官方每天一次的新闻发布会正是要通过媒体传达自己声音的最好例证，但在美、英强大的声音面前显得软弱无力。②

当然，从美国媒体的报道中，依然可以看到与政府不同的声音。比如《华盛顿邮报》《洛杉矶时报》等新闻媒体有时也持有反战立场。诸如《质疑伊拉克与基地组织有关，但布什固执己见！》（《华盛顿邮报》2003年3月18日）《布什殖民主义行动计划的外衣剥落》（《洛杉矶时报》3月25日）一类的文章大量出现，美联社3月22日在巴格达拍摄的一张哭泣的伊拉克小男孩照片，发表后引起美国民众的强烈反响。③

四 伊拉克战争中的全媒体新闻大战

伊拉克战争还引发了一场全媒体新闻大战。这场战争使网络媒体和博客得到跨越式发展，新媒体常常24小时更新新闻报道，成为许多网民首选的消息来源。另外，智能手机也在迅速发展；印刷媒体向

---

① 参见洪和平《伊拉克战争中的传媒战给我们的启示》，《军事记者》2003年第7期。
② 参见霍志坚、毛薇《解读伊拉克战争中的新闻报道》，《湖南大众传媒职业技术学院学报》2003年第4期。
③ 参见许鑫《美国媒体伊拉克战争报道研究》，硕士学位论文，南昌大学，2005年，第44页。

深度报道进军；电视媒体则全程直播战争画面，新、老媒体一起上阵，新闻报道朝大容量、即时性、立体化、多样化、联动性方向发展，而网络媒体更是大放异彩，有人将这场战争称为网络战争。此外，作为新兴的第五媒体，手机短信也在战争中异军突起。① 再从媒体角度分析，本次战争报道，不仅媒体数量最多，参与报道的媒体形态和报道方式也为历史之最。这是第一次大规模电视直播的战争，参与直播的电视媒体数量最多。战争中，新闻媒体还做了一件史无前例的事情——战况直播。多少年来，人们目睹了无以计数的战争画面，但那些都是经过电脑、电视和艺术、技术处理后的镜头，虽然真实但不现实，虽然精彩但不全面。而在这次战争中，不少战斗过程都实现了"现场直播"，使新闻传播达到了"实时化"，世界各地的观众就像欣赏美国大片一样，关注着这场"透明的"战争。② 美国电视台在战争中进行"现场直播"是开天辟地、史无前例的，但它们的"直播"是经过了谨慎选择的，并且"直播"的内容传到美国国内时都进行了严格的"过滤"和"消毒"。③

网络媒体、手机短信等新媒体形式显示威力，有人称这次战争为网络战争，全方位、立体化的报道，给美国受众了解这场战争提供了大容量的信息。电视直播削弱了新闻的真实性，网络等新媒体形式的加入客观上使得政府无法封锁消息，美国政府于是采用了更加积极、开放的舆论调控方式，这反过来又使得媒体第一次得以充分、自由地报道战争。④

在伊拉克战争中，网络成为报道和影响战争进程的新手段，在设

---

① 参见许鑫《美国媒体伊拉克战争报道研究》，硕士学位论文，南昌大学，2005 年，第 7 页。
② 参见胡望年《伊拉克战争"新闻攻心战"特征浅析》，《军事记者》2003 年第 7 期。
③ 同上。
④ 参见许鑫《美国媒体伊拉克战争报道研究》，硕士学位论文，南昌大学，2005 年，第 42 页。

定议程和推动战争决策方面起到了重要作用。网络大幅度地拉近了人们与战争的距离，成了人们得到战争消息的最便捷的途径之一。而且通过网络，即便是最不起眼的媒体也有机会迅速得到第一手的材料，即便是在很遥远的地方也能如同在巴格达城区一样身临其境。各大通讯社成为网络的信息供应大户，由于有了网络，美联社等通讯社的新闻可以在第一时间传递给其他媒体和受众，使人们在最短的时间内了解战事的进展。借助于互联网，美国各大报纸也有了新的传播方式。以往，报纸只能通过日报或者特刊和号外的方式报道战争新闻，现在，由于各大报纸建立了自己的网站，可以把最新的报道及时通过网站传播开来。

博客的普及和发展使其在伊战期间成为重要的信息源。在伊拉克战争中，"人人都是爆料王"，博客、BBS论坛、电子邮件、MSN，都成为主流媒体即时新闻的重要消息源。在战况报道中，有些战地记者无法触及的地方，网民记者却为受众甚至主流媒体提供了大量真实和翔实的信息来源。曾在美联社供职的克里斯托弗·奥尔布里顿就是一例。他的名为"重返伊拉克"的博客，拥有来自140个国家和地区的数万名固定读者，其中多数来自中东和欧洲国家。在奥尔布里顿的博客文章中，常常会有类似"离伊拉克边境10公里处""离基尔库克还有15分钟路程"这样的导语，更使读者感受到了浓烈的硝烟气味和紧张的战争气氛。除了这些现场报道之外，奥尔布里顿还对伊拉克重建中的种种弊政，以及美国政府对伊拉克人死难的漠然表示了不满，这些在民众和媒体中产生了一定影响。①

综观此次战争中以美、英国家为主的媒体行为，从目前的受众反映和媒介批评来看，主要集中在五点：（1）西方国家和政府对新闻的强权控制；（2）新闻报道的客观、公正、全面、平衡等原则被"爱国

---

① 参见张国庆《伊拉克战争中的美国媒体》，《文汇读书周报》2013年7月12日。

主义"幌子所遮蔽；（3）新闻媒体在美、英等国从第四种权力演变成为继武器设备、战略战术、政治外交、天时地利四大因素之外的第五种力量；（4）报纸、广播、电视、网络、短信等先进传播技术所形成的全方位现场直播却令新闻的真实性被制作性、设置性、虚假性所取代；（5）西方新闻界的新闻职业道德被主动迎合军方的媒体所玷污，媒体的公信力降至历史最低点。①

第二节　新媒体背景下的"阿拉伯之春"

一　"阿拉伯之春"的历史背景

自 19 世纪下半叶起，老牌欧洲殖民主义国家与新兴工业国对殖民地的争夺愈演愈烈，掀起了瓜分世界的狂潮。随着殖民化程度的加深，中东各国的社会经济结构也发生了巨大的变化，民族资本主义开始得以发展，伴随着社会阶级与阶层的分化，阿拉伯新兴民族资产阶级登上历史舞台，在一批有识之士的引导下，阿拉伯国家人民的民族意识和政治意识开始觉醒，这是这一时期中东政治现代化的主要特点。

自此，中东人民开始从殖民统治时期单纯抵抗外敌入侵的反帝斗争过渡到反对帝国主义殖民统治和本国封建势力双重压迫，争取阿拉伯民族解放，并建立独立的阿拉伯民族国家的斗争中来。这使 20 世纪初中东的现代化重心更多地从军事、工业、文化教育等方面转移到

---

① 参见雷淑容《西方新闻自由实质的一次暴露——析伊拉克战争中的美英媒体行为》，《新闻战线》2003 年第 9 期。

政治领域。可以说，这一时期是西亚北非政治现代化成功突破的阶段，它与该地区以民族资产阶级为代表的广大民众政治意识形态的转变分不开的。他们颁布了一部资本主义性质的宪法，在一定程度上限制王权并设立欧洲式的议会，成为中东各国政治现代化的主要内容。民众对宪法的渴求和对王权的限制，初步反映了他们对政治权威的合法性与有效性的要求。另外，民众政治意识的觉醒和投身国家政治前途的热情，也可以看作这一时期阿拉伯国家民众政治参与的动力，以及以民族资产阶级为代表的阶层进行政治动员的具体表现。可以看出，此阶段中东的现代化已通过民族解放运动触及国家的政治制度、民众政治思维的层面，说明该地区现代化程度发生了质的变化。

然而，由于当时中东各国社会阶层分化程度不高，没有发展出相应的制度与纲领，民族资本主义在中东的发展面临来自内、外部的重重阻力及自身发展程度有限等因素的制约，新兴民族资产阶级所能调动的政治资源，以及政治整合和政治动员能力明显不足，因此，单凭一己之力仍不足以撼动封建保守力量及帝国主义势力的破坏。

在两次世界大战期间，随着老牌殖民帝国的衰落，中东掀起了民族独立运动的高潮。土耳其的凯末尔革命（1919—1922）、阿富汗的反英斗争（1919—1921）、伊朗的反英民族运动（1919—1921）、埃及的反英独立运动（1919—1924），以及伊拉克、叙利亚、黎巴嫩、巴勒斯坦发生的反对英法殖民统治的民族解放运动，推动了中东民族解放运动的深化和民族独立国家的出现。随后的凯末尔改革、阿富汗的阿玛努拉改革和伊朗的礼萨汗改革，又进一步使现代化和世俗化成为中东社会变革的主要内容。

在这期间中东政治现代化最主要的成果莫过于独立的、世俗的民族国家的建立，其对政治现代化的意义在于：首先，它强烈地冲击了伊斯兰教的政治传统；其次，世俗的政治文化、政治思维和对本民族的政治认同感的传播范围得以迅速扩展；最后，独立自主的民族国家是实现政治现代化的社会基础。值得一提的是，一批民族资产阶级思想家也对伴随阿拉伯世界政治生活始终的伊斯兰教提出了具有建设性的改良方案，使其更加适应中东的政治现代化变革，促进中东的政治世俗化。如阿富汗尼、阿卜杜等人提出的"伊斯兰现代主义"，这些方案无疑对促进阿拉伯诸国政治制度的世俗化、政治思想的理性化变革具有十分重要的参考价值。

20 世纪 80 年代末的东欧剧变，对西亚北非各国政治现代化的影响比较大，主要体现在：自 20 世纪 50 年代风行于阿拉伯世界的阿拉伯社会主义思潮遭到沉重打击，阿拉伯诸国几乎以一边倒的姿态倾向于西方的民主政治思潮。特别是在海湾战争后，西方的议会选举制与多党制成为阿拉伯诸国进行民主政治改革的主要内容。1989 年，约旦举行了 22 年来首次议会选举，废除了 1967 年战争以来的紧急状态法，1992 年通过政党法，次年通过新闻出版法，大力宣传三权分立、议会民主、政治多元化等西方民主概念。1993 年，侯赛因国王还决定在首都安曼筹建一个自由、民主、人权研究中心，声称要把约旦变成阿拉伯国家的民主楷模。与约旦相似的是，经过海湾战争震荡后的科威特埃米尔，顺应国内人民的民主要求，于 1992 年 10 月重新举行国民议会选举，并且在开放言论、扩大妇女权利方面也有所改进。至此，阿拉伯世界在政治现代化方面再无明显的突破。

二 "小贩"引发政治冲击波

2010 年年底，阿拉伯世界自突尼斯开始爆发了一场"阿拉伯之春"革命。就本质而言，此次革命可以说仍然是由西方国家对西亚北非地区长期的、潜移默化的价值观念及政治理念输入所引发的。

2010 年 12 月 17 日，突尼斯一名 26 岁的年轻人穆罕默德·布瓦吉吉因为失业被迫当"小贩"期间，遭到城管的暴力执法，布瓦吉吉随即自焚，这个突发事件通过一批年轻人在社交媒体上迅速传播开来，一时间激起了当地民众长期以来对高失业率、高膨胀率和政府腐败的怒火，致使居民与突尼斯国民卫队发生冲突，事态发展信息继续通过社交媒体在突国范围内传播，随后冲突也蔓延到其他地方，形成全国范围内的大规模社会骚乱，并造成多人伤亡。在"小贩"布瓦吉吉自焚后的一个月内，突尼斯国内骚乱愈演愈烈，在这种情况下，总统本·阿里被迫离开统治了 23 年的国家飞往沙特，突尼斯政府倒台，社会处于动荡之中。

之后，突尼斯动乱的态势随着社交媒体又迅速蔓延至其他阿拉伯—伊斯兰国家，布瓦吉吉这一突发的自杀行为拉开了西亚北非"阿拉伯之春"的序幕。周边众多的阿拉伯国家——也门、埃及、利比亚、巴林、叙利亚也相继发生抗议活动，这些国家的民众被社交媒体"裹挟"着进行了大规模的抗议示威活动，西方媒体称之为"和平抵抗运动"，由于这些示威游行主要发生在中东北非的阿拉伯世界，因而，西方媒体最先将其称为"阿拉伯之春"。

2011 年发生的"阿拉伯之春"与西方意识形态渗透不无关联。长期以来，西方国家一直通过多种渠道对中东地区进行意识形态渗透，导致部分阿拉伯国家丧失政治改革主导权，执政当局统治基础被削弱，部分社会精英思想出现混乱，最终催生、加剧了 2011 年阿拉伯世界的政治与社会动荡。①

穆罕默德·布瓦吉吉自焚这一"突发事件"引发了连锁反应，在短短几个月时间里便在整个阿拉伯大地蔓延。这场巨变来势迅猛、波及范围广，影响极其深远。这场所谓的"阿拉伯之春"运动有三个显著特征：一是地域范围广泛，已经波及 12 个国家和地区；二是同步性突出，这次运动在两个月内波及 12 国，具有非常明显的同步性；三是"草根性"明显，这次运动是自下而上的群众运动，而且这群人

---

① 参见王震《"阿拉伯之春"与西方意识形态渗透》，《现代国际关系》2012 年第 6 期。

思想活跃，失业的年轻人是主力军。将这些特征与之前阿拉伯世界的重大政治运动相比，具有明显的不同。阿拉伯世界在 20 世纪四五十年代的独立运动、五六十年代的共和主义浪潮和冷战结束后的"民主化"浪潮与其相比，都不具有以上三个特征。这些特征与信息全球化的时代背景密切相关，充分展现出信息化时代传媒对政治形势的影响力和作用力，同时，这三个特征也让人隐约感受到其背后有一股强大的操纵力量。

三 社交化媒体成为助推器，网民被裹挟成为自己的掘墓人

在信息全球化时代，跨国界的卫星电视将世界大事在第一时间输送到地球各个角落；互联网、电子邮件、声音邮件、传真机、卫星电视、照相机、录音机等新媒体可以使图像、文本文件在很短时间内实现跨国界的传播；互联网将个体的人联系起来形成一个广泛的网络，Facebook、Twitter 等社交网络的兴起，则将人与人之间交流沟通的时间大大缩减，当一个重大的突发事件发生时，广大民众能够通过电视在第一时间知晓，能够通过社交媒体的互动和交流，形成强大的社会舆论和影响社会政治进程的力量。

信息全球化带来的不仅是信息的迅速传播，更深远的影响在于文化的传播和扩散。信息全球化的一个突出现状是国际传播中信息内容、流量和流向严重失衡。西方国家利用资金、技术优势，掌握着信息霸权和世界话语权，将西方民主、自由价值观通过传播媒介，包装成各种形式传入广大发展中国家。阿拉伯世界原本是一个比较保守、封闭的文化圈，在信息全球化的大潮下，外部的尤其是西方世界的信号、信息开始持久、大量进入这个闭塞的文化圈，从而引发强烈的反应。

西方国家利用技术和信息传播的优势，向阿拉伯世界倾销精神文化产品和价值观，利用好莱坞影视作品使阿拉伯世界的年轻一代在有意无意中接受了西方价值观，进而对伊斯兰传统文化产生怀疑甚至否

认，网络传播所承载的西方世俗文化产品和价值观念，也在动摇着穆斯林原有的生活方式、行为准则，造成一定程度的价值标准的混乱和精神困惑。

西方媒体认为，"阿拉伯之春"属于谙熟互联网、要求和世界其他大部分地区一样享有基本民主权利的年轻一代，这是一个 Facebook 和 Twitter 时代。西方将这场政治运动称为"阿拉伯之春"，也蕴含对民主自由价值观在阿拉伯世界取得胜利的期许。阿拉伯国家爆发的反政府运动和之后的民主选举是《纽约时报》和《泰晤士报》报道的主题之一，如伊拉克、阿富汗、埃及、也门、突尼斯等伊斯兰国家新建政府的选举情况，还包括美国和英国本国在进行总统和首相选举时，对伊斯兰国家的外交政策和本国穆斯林移民的政策对选举的影响。《纽约时报》对这一议题的报道占 3.6%，《泰晤士报》占 4.0%。在报道伊斯兰国家民主选举时，《纽约时报》和《泰晤士报》报道呈现两派不同的政治意见，以及国内对两派的支持率，并且分析两派所处的国际形势等。《纽约时报》和《泰晤士报》都将伊斯兰国家新的选举局势看作民主战胜独裁，伊斯兰国家逐渐接近西方民主制度的表现。[1]

大众传媒自出现之日起，就与社会变革紧密联系在一起。在信息社会，传媒的这种作用就显得更为突出。可以说，是信息全球化这个时代背景促使了"阿拉伯之春"的发生，纵然这场大规模的政治运动或称之为革命有着深层次的政治、经济背景，但电视媒体和新兴传媒工具在其中所起的作用是显著且不容忽视的。"阿拉伯之春"这场运动便是在这样的信息传播大背景下呈现出前所未有的特征。

阿拉伯地区的盲动恰恰中了西方煽动此次运动的圈套。有中东 CNN 之称的"半岛"电视台（Al-Jazeera）在突尼斯发生抗议活动

---

[1] 参见马琼晖《西方媒体话语下的伊斯兰世界——〈纽约时报〉和〈泰晤士报〉对伊斯兰国家报道框架分析研究》，硕士学位论文，上海外国语大学，2013 年，第 20 页。

时，以大量具有鼓动性的报道促进了突尼斯反抗运动的发展。"半岛"电视台通过第一手的资料报道"阿拉伯之春"运动，将抗议画面迅速传播到整个阿拉伯地区和全世界。正是由于"半岛"电视台、中东广播电视中心（MBC）这几个中东大的电视台和网络的作用，发生在突尼斯的自焚事件才能够迅速地传到整个阿拉伯世界，起到极大的刺激和示范作用，从而引发大规模的、同步性极高的政治运动。除此之外，在"阿拉伯之春"革命中，社会化媒体（Social Media）尤其是社交网站（Social Network Site）在这次社会运动中起到了信息传播与人员组织动员的作用。

西方主流媒体在"阿拉伯之春"运动中起到了符号建构的主导作用。西方主流媒体积极介入，将"阿拉伯之春"建构成为世界人民"追求平等、自由、民主"等普世价值的运动，并将运动组织者发布在互联网上的信息作为信源，将这些网络上的"材料"不加核实地引用；按照自身社会结构的属性，从不同的侧面"放大强调"运动某一方面的事实，从而达到了自身的目的。西方媒体对于"阿拉伯之春"建构的重要方面分别是：第一，将其建构为是要求彻底变革社会结构的运动，而实际上，阿拉伯民众的政治诉求是对国家依附西方列强的强人政治进行的反抗；第二，将这一系列发生在中东、北非地区的大规模反抗权威主义统治及其新自由主义政策的运动建构为在西方普世价值影响下的为自由而战的革命。[①]

西方媒体在此次社会运动中的报道并没有"造假"，但是却把这样一场追求身份认同、共同体与意义的新社会运动庸俗化了。西方媒体将这一事件塑造为各种政治、经济、社会问题已经无法在既有的国家制度化渠道内得到解决，人民已不再对现存政治系统抱有任何希

---

① 参见李良荣、刘畅《适宜于报道的社会运动——反思西方主流媒体对于"阿拉伯之春"与"占领华尔街"的媒介建构》，《新闻大学》2013 年第 3 期。

望，国家急需一场制度性变革来彻底肃清现存的政治体系和政治制度，再次建立全新的政权和制度，致力于塑造社会经济环境而推动出现所谓"内生民主"的结局。而实际上，美国对阿拉伯世界向"民主"转变的愿望带有明显的一厢情愿特色。伊斯兰教在阿拉伯国家占据绝对主导地位，长期以来公众并不支持占据政治统治地位的亲美世俗化强人政权，而希望恢复伊斯兰教在国际政治及社会生活中的传统作用。事与愿违的是，"阿拉伯之春"运动带来的政权更迭导致了伊斯兰政治力量掌权的局面，致使阿拉伯世界对美国倡导的民主、人权主张乃至于美国本身都嗤之以鼻。

法国总理办公室国防及安全事务总秘书处情报分析员德内瑟认为，所谓"阿拉伯之春"运动是一场"媒体革命"，参加抗议活动的民众被操纵了。那位引火自焚的突尼斯青年被塑造成"烈士"，而后来的调查表明，他并不是什么诚实的小商贩，而是有前科的游手好闲者。所有这些都是各类组织团体一手导演的，它们以"人权"之名，达到各自的政治目的。美国和阿拉伯国家的媒体在"阿拉伯革命"中起到至关重要的作用。其中包括 CNN、半岛电视台等，特别是互联网及"推特""脸书"等社交网站。很大程度上说，这是一场"虚拟"革命。一些媒体曾充当"歪曲信息的急先锋"[1]。

第三节　叙利亚局势中的媒体舆论战

在中东乱局中，比真枪实弹的战争更激烈的是媒体舆论战，其中包括传统媒体和基于网络新媒体的舆论战的交锋在中东地区反复上

---

①　《法国学者："阿拉伯之春"，被操纵的革命》，《环球时报》2012 年 12 月 20 日。

演。从突尼斯到埃及，从利比亚到也门，再到叙利亚，放逐本·阿里、囚禁穆巴拉克、射杀卡扎菲、逼走萨利赫，之后又挑战巴沙尔的政权，这些政治变化不仅仅有舞刀弄枪的反政府武装和夸夸其谈的反对派政客，更有抢占信息流制高点的全媒体新闻舆论战。这次舆论战的战场从电视、报纸到网络，主导了整个"阿拉伯之春"。中东学者埃里亚斯对《环球时报》记者感叹说："谁打赢舆论战，谁才有可能获得生存。"①

一 媒体舆论成交锋焦点

在叙利亚局势中，比军事形势更胶着的是舆论战争。据 2012 年《环球时报》的记者见闻，这场不见硝烟的战争在叙利亚境内处处可见，其较量程度不亚于军事战场，甚至更为猛烈。《环球时报》记者邱永峥和刘畅 2012 年第二次赴叙利亚采访时叙述：最先嗅到硝烟味道的不是荷枪实弹的叙边防军，也不是沿途随时可见的各种民兵武装，而是叙边界口岸入境厅的一堵墙：偌大的几幅漫画占据了大半个墙面，画有 BBC（英国广播公司）、VOA（美国之音）、"半岛"电视台和阿拉伯电视台标志的四杆枪包围着一张叙利亚地图，枪口里不断喷射出"谣言""流言"等子弹；另一幅漫画是，西方和海湾国家媒体喷出的黑雾，遮蔽了标有叙利亚字样的和平鸽；第三幅漫画很"给力"——标有"叙利亚国家电视台"和"阿拉伯叙利亚通讯社"的铁拳狠狠地砸在上述媒体的身上！边上的标语是：粉碎不怀好意的外国舆论阴谋。②

显然，叙利亚政府和反政府组织以及其背后的西方支持者都明白，媒体舆论宣传在战局中的重要作用。黎巴嫩贝鲁特美国大学政治

---

① 邱永峥、刘畅：《西方搞舆论战强攻叙利亚》，《环球时报》2012 年 3 月 16 日。
② 参见邱永峥、刘畅《西方搞舆论战强攻叙利亚》，《环球时报》2012 年 3 月 16 日。

学者埃里亚斯说："双方都清楚，在军事抉择点到来之前，谁打赢舆论战，谁才有可能获得生存与支持。"在叙利亚危机爆发之前，西方媒体通过卫星电视和网络媒体已对叙利亚及中东各国布下了"天罗地网"。据谷歌分析数据称，2011年有关叙利亚情况介绍的网页数量从2300万个增至4700多万，而视频上传的数量更是难以统计。为了打赢这场舆论战，由西方主导的电视媒体和网络舆论对叙利亚进行铺天盖地的抹黑式报道，有的甚至把叙利亚新闻机构作为其制裁对象，这让叙利亚国民很难不受其左右。

西方媒体对叙利亚危机的报道有明显倾向性，他们往往喜欢采取两种方式：一是唱衰巴沙尔，说他已经不能控制国内情况；另一方面，在一些不利于反对派的问题上，会选择性"失明"，不去报道。2011年11月20日清晨，几乎所有西方媒体都声称，位于首都大马士革的叙利亚执政党总部大楼遭遇两枚火箭弹袭击，但事后被证明是假消息。类似虚假、夸大报道较多。如在报道反政府示威的规模时，总是有意无意地夸大参与人数，或者不加辨别地大量播发反政府武装提供的视频，视频画面模糊。而在大马士革几乎每天都有大大小小支持总统的游行，但西方媒体几乎从未报道过。西方媒体的选择性报道与西方国家的外交政策和国家战略密不可分。媒体仍然充当了西方政府的宣传机器。

在西方媒体的新闻报道中，叙利亚被描述成平民的屠杀场，民众已没人支持巴沙尔政权，甚至还有意无意地夸大了叙利亚局势，传播大量有关叙利亚的虚假信息，对此，叙利亚政府和媒体也做了大量的回应和驳斥。

2011年11月20日清晨，西方媒体声称，位于首都大马士革的叙利亚执政党总部大楼遭遇两枚火箭弹袭击。但身处当地的《广州日报》记者调查发现，所谓"火箭弹袭击"纯属反对派捏造的谎言，执政党总部大楼完好无损，大楼仅在当天凌晨遭两次冷枪袭击，只在大楼外墙留下两个弹孔，没有造成任何人员伤亡。类似的虚假、夸大报道绝非一例。

2012年3月13日，众多美欧媒体同时播出叙利亚反对派提供的霍姆斯47名"妇孺惨死"画面，以及一些自称来自霍姆斯的百姓控诉政府军"屠杀"的报道。对此，叙利亚政府迅速反击：叙利亚国家电视台当晚毫不忌讳地播出了这组血腥的尸体照片，并且采访"多名霍姆斯当地居民"，讲述的却是"武装分子对无辜平民犯下残酷罪行"。叙通讯社的长篇报道则质疑为什么这些恐怖事件总是在安理会会议前出现？

一位曾潜入叙利亚霍姆斯而负伤的英国《星期日泰晤士报》记者保罗·康瑞回国后，指责叙政府军在霍姆斯"大屠杀"。叙利亚网络上立即回应，迅速刊登出康瑞在利比亚战争期间与某极端主义头目哈基姆·比哈吉的合影。哈基姆与"基地"组织有千丝万缕的联系，而且被爆出在利比亚战争中曾与英国情报机构结盟，许多叙利亚网民称康瑞是"英国军情六处特工"，这一说法甚至得到英、美许多网民的支持。

美国媒体一直说叙利亚"也许、可能"正在秘密调用化学武器，对此，叙利亚驻华大使伊马德·穆斯塔法博士气愤地说：首先，在人类历史上，美国是首个使用大规模杀伤性武器杀害平民的国家（注：第二次世界大战期间核轰炸日本），没有其他国家这样做过，这是事实；其次，美国的确在伊拉克杀伤性武器上面撒过弥天大谎。现在美国又对叙利亚使用同样的把戏，不断地将叙利亚与化武联系起来，通过宣传造成一种假象，欺骗那些不谨慎体察事实的人，让他们相信叙政府在使用化学武器。美国一直说叙利亚"也许、可能"使用化武，这是利用想象强加罪行！不过，自从美国在伊拉克"表演"后，人们再难相信美国政府的话。

美国还把叙利亚新闻机构作为制裁对象。法新社称，美国政府上周将对叙利亚的经济制裁对象扩展到叙广播电视总局。美国财政部官员苏比在解释对其制裁的原因时称:"叙广电总局成了巴沙尔政府强力镇压人民的左膀右臂。"对此,叙利亚政府反驳说:"美国政府的这一做法严重违反了西方自我吹捧的言论和新闻自由。"

对于西方媒体传播的信息,一些有良知的西方学者对此提出了质疑。伦敦新闻学学者埃斯波蒂在研究国际媒体采用叙利亚"公民记者"提供的消息源时说:"我们真的弄不清楚这些视频到底从何而来,谁拍了这些视频……因为几乎没有一家媒体能在叙境内保持记者的长期存在,然后敢说'这就是我的记者亲眼看到的'。"从这一方面我们也能看出现代战争中,信息宣传在整个战局的重要作用,漫天散布的真真假假、虚虚实实的消息,最起码可以起到搅浑水的作用。

由于西方传媒超强的话语霸权,他们轻而易举地占据了舆论制高点,也导致叙利亚局势一步步按照西方设定的模式演变。[1] 叙利亚政府在与西方的舆论战中几乎不战而降,客观上也成全了西方媒体的不实报道。[2] 而在与西方媒体抗衡的过程中,叙利亚政府只允许中国和俄罗斯记者在其境内采访,从中、俄两国在国际传播的实力来看,打破西方的话语权垄断,营建中正客观的话语权将是一条艰难的道路,目前依然很难与西方媒体抗衡。

叙利亚由于国家和媒体实力的弱小,让西方媒体的舆论占了上风,叙利亚新闻媒体在这场战争中的劣势是不言而喻的。叙利亚驻华大使伊马德·穆斯塔法博士说:"叙利亚是一个不富裕的小国,面对西方发动的媒体战,我们能做些什么? 面对西方媒体的强势,叙利亚政府能做的,只能是请大家不要相信西方媒体的报道。"中东学者埃里亚斯就曾对《环球时报》记者说:"叙利亚输掉了新闻控制战。"

---

[1] 参见李明波《从叙利亚报道看媒体话语权之争》,《广州日报》2012 年 2 月 27 日。

[2] 参见李明波《分析称西方媒体夸大对叙利亚报道 抢占话语霸权》,《广州日报》2012 年 2 月 27 日。

战争伊始，巴沙尔政府并没有像卡扎菲和穆巴拉克一样在国内"断网"，切断西方媒体强大的舆论宣传，让国民免受西方舆论的影响，但事实证明，"断网"未必就能切断看不见摸不着的电子信号和网络信息。在叙利亚境内，任何人都能轻松上网。这一政策与巴沙尔本人有关，巴沙尔年轻时曾在英国留学，网络给他留下极深的印象，回国后全力推动互联网发展。他认为在互联网时代，"你不说架不住别人不说，你不抢占信息的制高点，别人会去占领，所以越是国家危险，越需要互联网上有我们的声音"。2012 年 12 月，叙利亚驻华大使伊马德·穆斯塔法博士强调，西方对叙利亚采取"媒体轰炸"，利用西方媒体在全球的传播优势和话语霸权持续不断地对叙利亚局势进行歪曲报道。他说，"西方媒体中的叙利亚战争，不是真实的叙利亚，这是西方对叙利亚发起的'媒体战'。如果你听到关于叙利亚的报道，首先要查来源是哪里。如果来自路透社、CNN、'半岛'电视台，请千万别相信。西方媒体曾渲染伊拉克拥有大规模杀伤性武器，现在他们每天也在编造关于叙利亚的谎话。当他们把一个谎话重复 1000 遍，人们就开始相信谎话了。"[1]

二 媒体舆论战背后的秘密

美欧和海湾国家众多"非政府组织"在给叙利亚反政府组织输送药品、粮食和弹药之前，最先送入叙利亚霍姆斯的是 3000 多部海事卫星电话，送入叙利亚全境的海事卫星电话更多达 6500 多部。这些海事卫星电话体积很小，操作方便，并且由外界为其充值，保证当地一旦断网，仍有信息源源不断地输入输出。美国纽约一个名为 Avaaz 的"民间机构"还专程派出秘密小组潜入叙利亚，培训当地的"公民

---

[1] 《叙驻华大使吁民众勿信西方媒体报道 称其系谎言》，《广州日报》2012 年 12 月 24 日。

记者"，对其传出的视频画面进行整理，然后再"分发"给西方各媒体。① 据一位叙利亚反对派"公民记者"阿比德·哈基姆说："我们一直靠推特等社交媒体在网上搞串联，进而发展到实际行动，现在我们仍然靠着网络继续我们的事业，继续与反政府运动的人交换意见。"

另外，还有一些组织及其发布的信息也值得怀疑，2012 年 2 月 25 日俄罗斯外交部发言人亚历山大·卢卡舍维奇就表示，位于伦敦的叙利亚人权观察组织（Syrian Observatory for Human Rights）权限层次和提供的消息的可靠性令人质疑，然而该组织的资料被许多西方媒体采用。②

2011 年年初埃及局势动荡，穆巴拉克迅速关闭了"半岛"电视台，将其记者驱逐出境，同时严管国内媒体。然而，谷歌埃及公司主管古奈姆挑头，用社交网络"革命"把穆巴拉克赶下了台。之后，古奈姆在其撰写的新书《2.0 革命》中写道："公民记者和网络媒体在向世界通告解放广场发生的一切时起了重要作用……成千上万脸书账户和推特都在散发新闻。"

在利比亚，卡扎菲政权为了切断西方媒体的舆论宣传，采取了断网和控制报纸、电视台的方法，但是，反对派方面不断推出的"爆料"吸引了利比亚民众，正是这种舆论使卡扎菲的倒台成了"命中注定"。

叙利亚反对派的人员构成和背后支撑力量也受到质疑。叙利亚驻华大使伊马德·穆斯塔法博士说："所谓的'反对派'，这些人领着卡塔尔的工资，在土耳其接受训练，然后被送往叙利亚打仗。他们中既有叙利亚人，也有外国人，他们不仅袭击叙利亚政府军，而且还破坏

---

① 参见邱永峥、刘畅《西方搞舆论战强攻叙利亚》，《环球时报》2012 年 3 月 16 日。

② 《俄罗斯称西方媒体使用可疑消息来源对叙利亚进行报道》，环球网，2012 年 2 月 26 日，http://world.huanqiu.com/roll/2012-02/2471293.html。

发电厂、油气厂、自来水厂以及其他各类厂房，这些人不是反对派，而是由外国资助和武装的恐怖分子。这些恐怖团体只听从资助与武装他们的外国势力的命令，不服务于叙利亚人民的利益。我们每天都在叙利亚抓获正在作战的卡塔尔人、利比亚人、也门人、索马里人，甚至还有科索沃人、科威特人。西方媒体称之为'叙利亚反对派'，这是对叙利亚人的污蔑。"①

回顾近年来的中东乱象，不难发现西方国家已经形成一套战争模式：先是西方媒体担任先头部队，抓住某些国家内部出现的动荡局势，抢占舆论的制高点，夸大或污蔑某一国拥有大规模杀伤性武器或政府屠杀民众；接着西方政府粉墨登场，通过联合国安理会形成决议对该国进行制裁干预；如果安理会通过相关决议，西方会趁机变相扩大制裁内容；如制裁决议遭否决，他们也会以单边方式强行动武。②

第四节　关于"基地"组织与本·拉登的报道

一　"基地"组织的前世今生

要了解"基地"组织和塔利班、本·拉登，先要从1979年的阿富汗战争说起。

1973年，阿富汗共和国（社会主义体制）成立后获得了苏联的支持，使得阿富汗在政治、经济等方面完全依附苏联，历届阿富汗政府

---

① 《叙驻华大使吁民众勿信西方媒体报道　称其系谎言》，《广州日报》2012年12月24日。
② 参见李明波《从叙利亚报道看媒体话语权之争》，《广州日报》2012年2月27日。

都曾试图改变这一状况，但均以失败告终。1978 年，受苏联支持的激进政党——人民民主党推翻了阿富汗政府，暗杀了第一任领导人，组建新政府，并由党总书记努尔·穆罕默德·塔拉基出任革命委员会主席，但在 1979 年 9 月又被其副手——部长会议主席哈菲佐拉·阿明所取代。同年 12 月 27 日，苏联支持的另一名左翼分子巴布拉克·卡尔迈勒在政变中上台，但卡尔迈勒推行的俄化政策遭到国内的武装反对，于是，他要求苏联出兵镇压反对派。1979 年 12 月末，苏联军队进入阿富汗，阿富汗其他党派和民间武装对苏联军队进行了抵抗，导致阿富汗爆发长达 10 年的战争。

阿富汗合法政权被推翻后，阿富汗人民为了获得独立解放与苏联和傀儡政权进行了斗争，塔利班就是阿富汗国内抵抗苏联入侵和反对卡尔迈勒政权的一个政党，属于宗教势力党派中的年轻温和派，全称是"伊斯兰学生运动"。

面对强大的苏联，民间武装组织力量显得十分薄弱，于是就有了国际援助。以美国为主的国际力量为了援助阿富汗反苏力量，组建了一个国际拥兵组织——"基地"组织，这个武装组织成员不仅来自阿富汗，更有阿拉伯世界的志愿者。最初这个组织是由美国中情局策划和组建的，本·拉登和他的几个亲信就是第一批招募和培训的人员。中情局对这批人进行了彻底的洗脑，灌输了很多极端思想，之后"基地"组织就以伊斯兰"圣战"为号召，以此做动员，招募阿拉伯各国青年参加抵抗苏联。

因为有着共同的目标，塔利班与"基地"组织联合打击苏联的侵略。但作为温和派的塔利班在接纳了"基地"组织后发现，其极端思想是要消灭一切非伊斯兰信仰，认为这不符合伊斯兰教中正和平的基本理念，但又欲罢不能，因为反苏反傀儡政权还要依靠"基地"组织，因而两者分歧很大。

10 年后，随着国际局势和阿富汗国内形势的变化，苏联撤兵，美

国势力介入，阿富汗人民又开始了与美国人的斗争。可以说，"9·
11"事件就是第三世界阿拉伯民众与以美国为主的西方政治霸权之间
的政治较量。其结果是可以想象得出的：美国出兵阿富汗、伊拉克，
"基地"组织的根据地被摧毁，本·拉登被击毙，塔利班被牵连，阿
拉伯人民处于水深火热之中。

"9·11"事件后，由于国际社会的"反恐"高压及阿富汗战争对
"基地"组织根据地的毁灭性打击，其组织体系已从相对集中的金字塔
形权力结构转为分散、各自为战的武装势力集合体，并且早已不再是一
家独大，但本·拉登作为该组织的精神领袖，号召力与影响力还是很
强。本·拉登在世时，尚能整合内部各种支系及外部各股分散势力，但
他的暴毙给"基地"组织内部造成了一定混乱，组织不成体系。美国充
分利用本·拉登之死，大肆宣扬任何"恐怖"组织胆敢对美国公然发动
袭击，其头目就会像本·拉登一样被穷追不舍直至最终消灭，并借机进
一步加大对"基地"组织的打击力度，不断针对其重要头目实施"斩
首"与暗杀行动，进行心理震慑，使其士气受挫、一蹶不振。

虽然，本·拉登被击毙了、"基地"组织和塔利班被消灭了，但
阿拉伯人民反美的情绪更加高涨，可是，面对西方强大的政治、军
事、经济、文化力量，阿拉伯人民普遍又陷入了极其悲观的情绪中，
致使"基地"组织和极端思想有国际化蔓延的趋势，直至目前阿拉伯
—伊斯兰世界遍地狼烟，战火不断。

二　西方媒体与"基地"组织的报道与反利用

这大概就是"基地"组织和塔利班的前世今生吧！那么，它们在
西方媒体中又是被如何描述的呢？

"基地"组织被《纽约时报》定义为"恐怖主义"组织，认为其
有四个特征：一是具有"圣战"极端思想；二是具有先进专业的作战
技术；三是具有跨国多元的资金来源；四是属于美国在全球范围内的

打击目标。在报道"基地"组织的消息时,《纽约时报》是通过引用官方信源和利用不同的话语策略,成功地传达出一些特殊的倾向性和偏见,表现出一种国家立场。

对《纽约时报》关于"基地"组织的相关新闻报道,我们从不同的角度分别分析其偏见和所持的意识形态。从话语实践角度来分析认为,新闻的类型,在复杂的国际政治背景和新闻生产过程中信息来源严格受美国政府的限制,以及参与报道的记者的身份(作为华盛顿"圈内人"的白宫记者和专家型的驻外记者)等因素,直接导致了新闻报道在生产过程中带有较强的国家立场;从社会语境的角度来分析,认为《纽约时报》的经济属性、政治立场,以及媒体所有权和其所代表与服务的社会阶层都对新闻报道的倾向性具有影响;从文化冲突的角度分析,则认为《纽约时报》在揭露"拉登之死"报道中表现出的对恐怖主义和伊斯兰国家的偏见根本上是源自于西方文化和伊斯兰文化的对立。①

在伊斯兰教的经典《古兰经》中,"基地"组织的极端思想其实是有悖于伊斯兰教精神的,不属于中正和平的伊斯兰教。但在美国及其他西方国家媒体的渲染下,整个伊斯兰世界均被不同程度地塑造成了"恐怖主义"的滋生地,而产生于特殊政治背景下的个别极端主义组织的"圣战"宣传反过来又给西方媒体提供了口实,加剧了西方媒体对这一主题的强化。双方处于敌对状态,妖魔化对方在所难免,舆论战一直在升级和加剧。

新闻媒体传播力具有强大的传播效应,"基地"组织就是借用这一力量扩大其恐怖威力。"基地"组织从西方媒介的报道中得到一个启示,认为新闻媒体所制造的"恐怖效应"远远超过他们自己所实施

① 参见刘峥《新闻语篇 CDA 研究方法初探——纽约时报拉登之死案例研究》,硕士学位论文,清华大学,2012年,第63页。

的具体打击，因此，他们期待着实施下一次袭击。新闻媒体自身的逻辑推动了"恐怖事件—媒体传播的恐怖效应—下一次恐怖事件"这样一个循环，只要恐怖分子的目的没有达到，这个循环就会继续下去。而且，恐怖分子似乎从媒体制造的恐怖心理中看到了另一种打击的方式，即只要他们通过新闻媒体宣称要实施打击而不必实施真正的打击，打击的效应马上就能体现出来：被打击对象花费巨大的财力和人力防范，人人处于恐惧之中。自从"9·11"事件以后，"基地"组织并没有真正实施过一次针对美国本土目标的大规模恐怖行动，但是他们却通过像"半岛"电视台这样的国际性媒体，进行过多次"录像打击"和"录音打击"，如本·拉登和扎瓦赫里的声音或图像本身就是一种恐怖袭击。所以，布什把"半岛"电视台称作"奥萨马电视台"①是很有道理的。这种录像带或录音带袭击从美国进攻阿富汗以后，基本上都通过伊斯兰世界的国际性传媒进行。尤其是"半岛"电视台，每次电视播出恐怖组织的录像或录音，都会引起美国方面的高度紧张，也在民众中造成一次又一次的恐慌。②

恐怖分子利用西方媒体的全球实力和话语霸权借力发力，通过制造恐怖活动为西方媒体提供新闻报道内容，从而实现制造社会恐慌、进入社会议程的目标。在经历了一系列恐怖事件之后，他们在"战争中学习"，现在已经能够熟练地运用这种卑劣的传播方式或宣传手段，不断采用熟练的技巧来欺骗媒介把关人，通过一些恐怖性行动和煽动性话语使自己受到万众瞩目，使大众恐慌万状。恐怖主义行为的社会效果由媒介传播来体现，而媒介传播效果则由恐怖主义事件的发生得到彰显。③

---

① 本·拉登的全名是奥萨马·本·拉登。
② 参见邵志择《恐怖主义与西方媒介的关系》，《新闻记者》2006年第5期。
③ 参见邵培仁《媒介恐慌论与媒介恐怖论的兴起、演变及理性抉择》，《现代传播》2007年第4期。

三　本·拉登被击毙的媒体呈现

"9·11"事件之后，整个阿拉伯世界似乎都停止了思考，陷于"圣战"与"反恐"的二元对立当中。在"基地"组织反美"圣战"的极端思想和美国"反恐"民主同化政策的双重压力之下，阿拉伯世界无从抉择，在你死我活、非此即彼的"圣战"对抗"反恐"的二元对立氛围之下，支持"圣战"就意味着支持恐怖主义，支持反恐就意味着背离伊斯兰。"基地"组织的"圣战"宣传将以美国为首的西方世界描绘成"异端"，而西方新闻媒体的"反恐"宣传，又刻板地将伊斯兰教描绘成"恐怖与暴力的温床"。而与此同时，西方媒体关于拉登之死的报道铺天盖地。

以下为本·拉登去世后世界几大媒体报道的摘选。

美国《时代》周刊（2011年5月20日）：标题为"本·拉登的末日"。奥萨马·本·拉登，终于迎来了自己的末日。在近15年来的美国现代政治中，追捕拉登是少数几个被各方坚定贯彻执行的努力之一。而击毙拉登的突袭行动，也显示了奥巴马总统的决心、耐心和力量。拉登之死让美国走出了十年来的低谷，让坚信自己能完成任何艰难使命的美国人松了口气。

美国《商业》周刊（2011年5月9日）：标题是"为什么拉登输了"。美国并非建立在伟大光辉之上，也不是历史的必然产物，《独立宣言》明确表示国家的存在只是为了让国民安全、自由和追求幸福。这是美国不断胜利的原因，也是拉登输掉的原因。因为美国让世界看到了迄今最成功的国家组织原则，其实是建立在简单理念之上。

英国《经济学人》（2011年5月7日）：标题为"现在，干掉他的梦想"。拉登的死，对渴望世界更安全的人们来说不是任务的终结，而是更明确了当前的任务，那就是让他所代表的"圣战"从此与世隔绝。拉登之所以成功，第一是他处心积虑地使用暴力，激起了穆斯林和西方世界的相互仇恨；第二是他将自己挑起的争端包装成文明的冲突。不过，拉登思想的式微，已是不争的事实。多年来西方民主思想和生活方式正在影响穆斯林社会，而拉登靠暴力实现拯救自己心目中世界的梦想，也引发伊斯兰世界对他的厌恶。像阿拉伯世界的民主革命运动，便在摒弃拉登极端主义思想的同时，谋求宗教和世俗和平共存的良机。如何推动这种变化？第一，不能降低反恐力度；第二，要让伊斯兰世界自己来粉碎拉登的"圣战"运动；第三，西方国家应该支持阿拉伯革命运动。拉登的死正值阿拉伯世界的新思潮时期，这一时机不容错过。

德国《明镜》周刊（5月9日）：标题为"'基洛尼莫'秘密行动"。在长达18年的时间里，美国一直在寻找恐怖主义教父拉登，甚至不惜动用航母、卫星和无人侦察机。这一史上规模最大的搜捕行动现在终于有了结果，一个杀人无数的凶手得到了应有的下场。让"基地"组织头目倒霉的是来自关塔那摩监狱的信息。打死拉登让人松了一口气，但也招致各方批评。[①]

从中，我们可以清晰地看出，拉登之死的话题已成为西方媒体大肆渲染的民主工具。击毙本·拉登是美国政府十年反恐取得的最重大的成果之一，该事件对美国的国家安全和政府的外交、反恐政策都会产生重大影响，它甚至还影响了奥巴马总统的连任。加之此事又发生在"9·11"事件十周年前夕，因此它在美国民众中间引发了巨大反响。"拉登之死"作为美国反恐行动的一个重要胜利果实，它的影响

---

① 参见《西方媒体热评拉登之死　让"圣战"与世隔绝》，中国新闻网，2011年5月12日，http://news.qq.com/a/20110513/000249.htm。

波及各方——美国的全球战略、国际恐怖主义的延续，美国同阿富汗、巴基斯坦等国的关系等，因而美国媒体对此的报道无疑体现了它们对事件的解读，代表了其背后利益集团的所知所感。[1]

尽管美军击毙拉登看似是一件反恐新闻，但是事件发生的时间、地点却将其置于了一个更加复杂的国际、地区背景中，相关报道因此受到不同意识形态冲突的影响，表现出多种不同的倾向性，但是其核心立场还是"美国国家立场"[2]。

但是，随着时间的流逝，近几年来，"反恐"与"圣战"这种二元对立的思维模式正在逐渐消解。奥巴马在就任美国总统之后便开始致力于尽快结束阿富汗和伊拉克战争，为多年的反恐战争寻找出路，重塑美国在穆斯林世界的形象。他在 2009 年访问埃及时在开罗大学表示："我来到这里是为了寻求美国和全世界穆斯林之间一个新的开始，一个基于互利互敬的新的开始。"随着本·拉登的离去，奥巴马又在宣布本·拉登死讯的讲话中强调，美国的反恐战争并不针对伊斯兰世界与伊斯兰教，本·拉登并不代表伊斯兰，他不过是广大伊斯兰信众中鼓吹暴力的异端。之后美国媒体也开始大量宣传这一观点。2016 年新年伊始，美国总统奥巴马作为国家元首首次造访美国一座清真寺，呼吁美国各方要团结一致。他对穆斯林说："我们是一个美国大家庭。"在感谢美国穆斯林对美国贡献时，他承认由于个别极端分子制造的暴力事件，美国穆斯林不得不承受着人们对他们"非常扭曲"的负面印象，以及遭受的攻击和指责，同时，奥巴马也对一些政治人士的反穆斯林言论进行了抨击。奥巴马说，去年11 月巴黎恐怖袭击和 12 月加州圣纳迪诺的恐怖袭击之后，人们大多时候把恐怖主义和整个宗教信仰联系在一起，"当然，最近我们

---

① 参见刘峥《新闻语篇 CDA 研究方法初探——纽约时报拉登之死案例研究》，硕士学位论文，清华大学，2012 年，第 3 页。

② 同上书，第 53 页。

听到一些不可原谅的攻击美国穆斯林的政治言论，这种言论在我们国家行不通"。

第五节　哈马斯与黎巴嫩真主党的媒体呈现

关于哈马斯和黎巴嫩真主党的问题，要追溯到巴以冲突的由来。

一　奥斯曼帝国的瓦解与以色列建国

自 16 世纪起，奥斯曼土耳其帝国发展为横跨欧、亚、非三洲的大帝国，统治着西亚、阿拉伯半岛、两河流域、北非诸国和东南欧广大的地区，面积约 550 万平方公里。第一次世界大战时期，奥斯曼土耳其帝国加入了同盟国一方，战争结束后作为战败国，奥斯曼帝国疆域内的很多地区成为英、法等列强的殖民地，或者在列强的干预下独立建国。至此，奥斯曼帝国土崩瓦解，在这块土地上形成了十多个国家或地区。奥斯曼帝国的分裂直接导致了中东的格局变化：一是形成了现今的阿拉伯—伊斯兰世界，二是增强了英、法等西方资本主义列强在中东的影响力。

其实在第一次世界大战前，英、法等资本主义列强早就在觊觎中东广袤的土地，第一次世界大战期间，英、法等协约国就签订了多个秘密协议，计划瓜分奥斯曼帝国。

在奥斯曼帝国统治时期，阿拉伯人和犹太人均不同程度地受到了民族压迫，都在为民族独立寻求出路。为了赢得这两个民族的支持，英国人一女几嫁，将巴勒斯坦同时许诺给犹太人和阿拉伯人，鼓励他们在这块土地上建国。

战时，英国就巴勒斯坦的去向做出了三个互相矛盾的承诺：英国通过联络官托马斯·爱德华·劳伦斯承诺，一个覆盖中东阿拉伯大部分地区的联合国家即将会取得独立，以换取阿拉伯人对英军的支持；侯赛因—麦马汉文件则同意阿拉伯地区的望族——哈希姆家族将可获得区内的统治权，以换取他们支持阿拉伯起义；而《贝尔福宣言》又承诺会促成一个犹太人的家园，以取得犹太人的经济支持。其中，《贝尔福宣言》的大致内容是：1917 年 11 月 2 日，英国外交大臣 A.J. 贝尔福致函英国犹太复国主义者联盟副主席 L.W. 罗斯柴尔德："英王陛下政府赞成在巴勒斯坦建立一个'犹太人的民族之家'，并愿尽最大努力促其实现；但应明确理解，不得做任何事情去损害目前巴勒斯坦非犹太人的公民权利和宗教权利，或者损害其他国家犹太人所享有的权利和政治地位。"

第一次世界大战结束后，国际联盟允许英国托管美索不达米亚（伊拉克）及巴勒斯坦，允许法国托管叙利亚及黎巴嫩。有了巴勒斯坦托管权后，英国决定利用犹太复国主义，攫取巴勒斯坦，进而控制中东地区。

《贝尔福宣言》中的"犹太人的民族之家"，被犹太人理解为"犹太国"，于是，许多犹太人在第一次世界大战时期在巴勒斯坦地区大量购买土地并定居。第二次世界大战时期，由于德国纳粹的迫害，又加速了犹太人往巴勒斯坦的大量流入，引发了就业等一系列的社会问题，并且使这里的人口结构发生了变化，犹太人人口开始大幅增加，这引起了世世代代在这里居住的阿拉伯人的不满，他们举行了多次大规模的游行抗议，这一地区的社会动荡加剧。至此，阿拉伯民族主义及犹太复国主义两个对立阵营营造了一个让英国人无法解决的状况。

犹太复国主义为了达到在巴勒斯坦建国的目的与英国人和阿拉伯人展开了生死较量。英国人认为，《贝尔福宣言》中的"犹太人的民族之家"是居住区而不是国家，而犹太人认为这是英国人玩弄文字游戏，是失信和欺骗。于是，犹太人通过在第一次世界大战和第二次世界大战时期组成"抵抗型恐怖主义"组织——"哈加纳""帕尔马赫""伊尔贡""斯特恩帮"，针对英国人和阿拉伯人进行了一系列的恐怖袭击，主要袭击英国在巴勒斯坦的机场、火车站等军用和民用基础设施，许多英国军警和官员被炸死，1946 年 7 月 22 日，著名的大卫王酒店爆炸案就是其中一案，炸死 91 人，其中有英国重要的行政官员、军官和军情五处的很多特工，这一恐怖事件类似于 2001 年的"9·11"事件。于是，英国人对犹太恐怖组织和犹太复国主义进行了血腥的镇压，而犹太人则使用更加血腥的恐怖袭击予以回击。由于英国在第二次世界大战后处于强弩之末，国家实力大减，又背负这样的国际舆论压力，于是，在 1948 年托管巴勒斯坦期限一结束就撤出了巴勒斯坦地区。所以，很多学者甚至认为，"是恐怖分子把以色列送给了犹太人"。这也许是现代恐怖主义建国的典范。

鉴于犹太人与阿拉伯人之间的暴力冲突不断升级，联合国成立了"巴勒斯坦专门委员会"，1947 年 11 月 29 日联合国大会表决了《1947 年联合国分治方案》，33 国赞成，13 国反对，10 国弃权。该方案将巴勒斯坦地区分为两个国家，犹太人和阿拉伯人分别拥有大约 57％和 43％的领土，耶路撒冷被置于联合国的管理之下，以期避免冲突。方案还规定，把巴勒斯坦总面积的 57％划给占 32％人口的犹太人（原本只拥有 7％土地），犹太人分得的土地是肥沃的平原，而分给阿拉伯人的是贫瘠的丘陵，而且三段首尾不相连。这项决议案对阿拉伯人极为不公平。

1948 年 5 月 14 日，在英国的托管期结束前一天的子夜，以色列国正式宣布成立，当天为以色列的国庆节，美国当即宣布承认以色列国。因为阿拉伯人反对《1947 年联合国分治方案》，因此，未建立巴勒斯坦国，也不承认以色列国。

二　五次中东战争与阿拉伯反抗组织的媒体呈现

以色列建国的第二天，即 1948 年 5 月 15 日，阿拉伯联盟在致联合国的信函中重申反对《1947 年联合国分治方案》，但遭到拒绝，于是，埃及、黎巴嫩、叙利亚、约旦及伊拉克五国联合进攻被以色列占领的划给阿拉伯国家的区域边界，第一次中东战争爆发。由于美国的偏袒和支持，以及阿拉伯联军自身的问题，以色列打败阿拉伯联军，侵占了划归巴勒斯坦的 6200 多平方公里的土地和西耶路撒冷，至 1948 年 12 月，以色列已占据约旦河以西巴勒斯坦 77% 的土地，战争中 96 万巴勒斯坦人逃离家园，沦为难民。这次战争激化了阿拉伯国家和以色列、美、英的矛盾。

1956 年 10 月 29 日，第二次中东战争爆发，历史上又称苏伊士运河战争。苏伊士运河是埃及境内一条国际通航运河，是沟通欧、亚、非三洲的要道，战略位置十分重要。运河自开通以来，一直为英、法所控制，1882 年，英国占领埃及，在运河区建立了它在海外最大的军事基地。1936 年又签订了英埃条约，肯定了英国在苏伊士运河区的驻军权。第二次世界大战后，埃及领袖纳赛尔倡导的泛阿拉伯民族主义解放运动风起云涌，反对殖民主义对第三世界人们的掠夺，1956 年 7 月 26 日，埃及政府宣布将苏伊士运河公司收归国有，公司全部财产移交埃及。英、法为重新控制苏伊士运河，策划召开多国会议讨论运河"国际管制"，但未能实现，后又将苏伊士运河问题提交联合国安理会讨论，也遭否决。于是，英、法与以色列联合，于 1956 年 10 月 29 日对埃及发动军事行动，战争的结果是以色列占领西奈半岛全境，英、法占领西奈半岛运河区，埃军惨败。英、法、以三国的行动遭到国际社会的普遍指责，美、苏两国均介入此事件，并对三国施加压力，在强大的国际压力下英、法、以三国停火并撤军。这场战争也标志着美国和苏联两个超级大国成为真正主宰中东乃至全世界的力量。

　　第三次中东战争，又称六日战争。由于以色列与叙利亚和埃及两国在边境问题上存在一些军事摩擦，1967年6月5日清晨，以色列单方面同时对埃及、叙利亚等阿拉伯国家的军事基地发起进攻，一小时之内摧毁了埃及和叙利亚的空军，打败了阿拉伯国家，占领了埃及的西奈半岛、加沙地带、叙利亚的戈兰高地、约旦河西岸和耶路撒冷的圣殿山，战后数十万阿拉伯平民被以色列赶出家园沦为难民。这场战争只打了6天，使以色列的国土面积扩大了3倍。

　　第四次中东战争发生于1973年10月6—26日。起源于埃及与叙利亚等阿拉伯国家欲夺回第三次中东战争中被以色列夺取的西奈半岛和戈兰高地，而以色列则依靠美国强大的后援和先进的武器装备，使战争处于胶着状态，后在联合国调解下双方停火。这场战争使阿拉伯国家认识到他们无法在军事上击败以色列，因此与以色列展开了和平谈判。

　　第五次中东战争，又称黎巴嫩战争。由于以色列驻英国大使被巴勒斯坦武装组织暗杀，1982年6月6日，以色列出动陆、海、空10万多部队，对黎巴嫩境内的巴勒斯坦解放组织和叙利亚军队发动了大规模的进攻，几天时间就占领了黎巴嫩的半壁江山。这是自四次中东战争以来，以色列和阿拉伯国家之间最大的一次战争，战争期间，出现了以色列恐怖组织对巴勒斯坦难民的贝鲁特大屠杀。这次战争，以色列的主要目的是消灭巴勒斯坦解放组织，企图在黎巴嫩建立一个亲以政权，赶走叙利亚在黎驻军。

　　从五次中东战争可以清晰地看出英、法、美、苏等大国对中东国家的操控和影响。正因为国际政治秩序的不公平和阿拉伯国家的五次惨败，以及美国的偏以压阿，催生了巴勒斯坦、阿拉伯社会许多的民族解放组织。

　　巴解组织——巴勒斯坦解放组织。1964年5月在耶路撒冷成立。参加巴解组织的民族主义组织和游击队有：巴勒斯坦民族解放运动

（简称法塔赫）、解放巴勒斯坦民主阵线、阿拉伯解放阵线等共 7 个组织。巴解组织最高权力机构是巴勒斯坦全国委员会，执委会主席自 1969 年以来一直由阿拉法特担任。

哈马斯——伊斯兰抵抗运动。该组织成立于 1987 年，是巴勒斯坦的一个伊斯兰运动组织和政党。哈马斯的主要目标就是"将以色列从地图上消除"，并在现以色列、约旦河西岸及加沙地带等地区建立国家，为实现这一目标，哈马斯不惜诉诸武力。该组织的活动主要是进攻以色列，在以色列占领区经常组织和策划反对以色列的示威和恐怖活动，并制造自杀性爆炸事件，不时绑架或暗杀以色列居民，另外也从事巴勒斯坦难民的救助慈善事业，因此，被穆斯林视为反以英雄，被亲以色列的西方人士视为恐怖组织。

哈马斯的胜利当属通过针对以色列的自杀性炸弹袭击，迫使以色列撤离约旦河西岸和加沙地带，建立了独立的巴勒斯坦国。以色列从加沙地带的撤军被哈马斯视为是自己军事策略的重大胜利。哈马斯自成立以来，就一直活跃在巴勒斯坦及以色列政治与社会的各个方面，成为其支持者和反对者都不能忽视的政治力量。

1989 年，以色列宣布哈马斯为非法组织，并将其精神领袖亚辛逮捕入狱，2004 年 3 月 22 日，亚辛在以色列发动的空袭中身亡。"9·11"事件后，美国和欧盟先后宣布哈马斯为"恐怖组织"。

2008 年 12 月 27 日，以色列空军向加沙地带的哈马斯目标发动大规模的空袭，致使至少 230 名巴勒斯坦人死亡，780 多人受伤。

2014 年 7 月 27 日哈马斯再次攻击以色列，以军随即轰炸加沙，以色列的军事打击，至今已夺走超过 1000 条性命。

截至 2011 年 12 月，哈马斯声称共有 1365 名以色列人在哈马斯发起的行动中死亡，另有 6411 名以色列人受伤，哈马斯"卡桑旅"总计发动 1117 起针对以色列人的行动，包括 87 起自杀式袭击，24 年间，哈马斯向以色列发射火箭弹总计 11039 枚。

　　加沙地带、约旦河西岸的巴勒斯坦民众对被占领土问题迟迟得不到公正解决而不断累积的怨恨与绝望，使他们没有选择地支持哈马斯。对于巴勒斯坦人而言，宗教只是手段，不是目标，他们真正的目的是国际社会公正解决领土问题，只要巴勒斯坦问题得不到公正解决，哈马斯的武装斗争就会得到阿拉伯—伊斯兰世界的支持。哈马斯的出现和发展壮大，标志着中东地区政治伊斯兰运动在巴勒斯坦逐步生根。

　　黎巴嫩真主党成立于1982年，是黎巴嫩人为了抵抗以色列侵占该国南部，在伊朗的帮助下成立的什叶派伊斯兰政治和军事组织，目前是黎巴嫩最大的政党。1982年，以色列大举入侵黎巴嫩，占领了黎巴嫩半壁河山，将近60万穆斯林被驱赶出家园，这些人一夜之间沦为难民涌入首都贝鲁特南郊，他们时刻渴望返回自己的家园。于是，在伊朗精神领袖霍梅尼的支持下，真主党在黎巴嫩首都贝鲁特的南郊诞生了，他们打出的旗号是开展武装斗争，将以色列占领军赶出黎巴嫩南部，帮助难民早日返回家园为政治目的。

　　真主党自成立以来受到伊朗的大力援助，且与伊朗同样强烈反对以色列，由于这种渊源，伊朗为真主党提供了政治、军事和财政支持。此外，长期以来，黎巴嫩真主党和哈马斯武装互为盟友，相互支援，联系密切，两者有着共同的命运和战斗目标——夺回被以色列掠夺的土地，重返家园。

　　1991年阿以和谈开始后，真主党频繁袭击以色列在黎巴嫩南部设立的"安全区"。因此，以色列视真主党为"恐怖组织"，并将其作为重点打击和报复的对象，多次袭击其基地。1992年2月，真主党总书记穆萨维在以色列的空袭中被炸身亡。2000年5月，以色列从黎巴嫩南部地区撤军后，该地区实际上由真主党控制，但以色列并没有从黎巴嫩、叙利亚和以色列交界地区有争议的萨巴阿农场撤军，真主党还坚持着对以色列的武装斗争。

但是，在西方媒体的新闻报道中，复杂的殖民历史和以色列的侵略暴行，以及国际政治的不公平等因素被割裂，随意界定恐怖组织，将政治问题曲解为宗教问题，甚至把战争的罪恶推给阿拉伯人民。在西方媒体的报道中，阿拉伯人民的正义斗争被描述成了另外一幅画面，这里，我们只摘取一两个案例管中窥豹。

　　2014年7月，哈马斯与以色列发生冲突，双方交火不断升级，以色列对平民区进行了攻击，造成加沙地区大量平民伤亡。而《华尔街日报》把责任推给了哈马斯，新闻报道认为，哈马斯将战斗人员和武器隐藏在高人口密度的平民区域，称正是由于这一点，哈马斯才是应该为平民伤亡负主要责任的一方。

　　德国《明镜》周刊也在2014年7月21日称，加沙处于痛苦之中，而哈马斯武装人员隐藏暗处，他们是隐形战争的制造者。

　　与西方媒体针锋相对的是阿拉伯世界的舆论。卡塔尔"半岛"电视台谴责西方媒体在加沙冲突中的偏袒立场。报道称，正是一些标榜"记录真实、新闻自由"的西方媒体故意歪曲和片面报道巴以冲突，导致以色列对巴勒斯坦狂轰滥炸、血腥屠杀之时，西方国家对这里的惨剧不闻不问，甚至采取纵容的态度。对死伤惨重的巴勒斯坦平民而言，这样的报道无异于"沾满鲜血的另一只手"。

第五章　国际强权政治下的文化误导

西方媒体经常在炒作恐怖主义是伊斯兰教的特属，如果你信以为真并受其影响，那就错了，因为恐怖主义与极端主义产生于公元前2000多年，那时伊斯兰教还没有兴起，其真正的原因是"大隐隐于朝"的国际金融家和富豪们不仅利用财富左右了美国的政治、经济，还控制了新闻媒体，其"大道无形"的深远目的是通过妖魔化伊斯兰，改造中东传统的政治制度，建立亲美的西方民主政治体系和以石油为依托的美元货币体系。

第一节　国际强权政治下的中东地区

第一次世界大战结束后，奥斯曼帝国瓦解，初步形成今日之中东的政治与地缘格局。当下，阿富汗危机重重，伊拉克满目疮痍，埃及自身难保，叙利亚和利比亚几近消亡，伊朗怨声载道，沙特亲美，中东局势一片混乱。

中东也称西亚北非，是指地中海东部与南部区域，从地中海东部到波斯湾的大片地区，总面积约1300多万平方公里，人口总数约3.5亿。中东地区联系亚、欧、非三大洲，沟通大西洋和印度洋，欧洲和亚洲，自古以来就是东西方交通枢纽，位于"两洋三洲五海"之地，战略位置极其重要。

中东不属于正式的地理术语。一般说来包括巴林、埃及、伊朗、伊拉克、以色列、约旦、科威特、黎巴嫩、阿曼、卡塔尔、沙特、叙利亚、巴勒斯坦、阿联酋、也门、土耳其和塞浦路斯等，共 17 个国家和地区。中东地区以阿拉伯民族为主，阿拉伯语为统一语言，绝大部分人信奉伊斯兰教，因此，有统一的文化和风俗习惯。美国的"大中东计划"又将北非的利比亚、突尼斯，中亚的阿富汗等国加入其中。

众所周知，在 21 世纪美国有三个假想敌：伊斯兰世界、俄罗斯、中国。三者相较，伊斯兰世界国力普遍虚弱、问题错综复杂，因此，成为首个打击目标。目前，中东地区宗教纠纷、民族恩怨和领土争端错综复杂，政治动荡，国情千差万别，政体复杂多样，现代政治制度发育欠完整，经济和社会发展不平衡。

中东地区是犹太教、基督教和伊斯兰教的发源地，三大宗教之间存在深远的历史矛盾，伊斯兰教内部宗教派别也矛盾重重。该地区生活着阿拉伯人、波斯人、犹太人、土耳其人、库尔德人、普什图人等，殖民统治和帝国主义曾制造了复杂的民族矛盾和领土争端，如巴勒斯坦与犹太人、塞浦路斯岛上希腊与土耳其两族间的矛盾多是由前殖民者一手制造的，伊朗与伊拉克、伊朗与阿联酋、埃及与苏丹等许多领土争端也与殖民统治有关。冷战期间，美、苏在该地区争夺激烈，导致数次大规模战争。冷战后，美国在该地区施加强大影响，目前又极力推行大中东计划，致使地区局势动荡。①

第二次世界大战前，多数中东国家的政体是君主专制或君主立宪制。战后，许多原来君主制国家转而实行资产阶级共和制，但不

---

① 参见《美国大中东战略和中东局势》，百度文库，2015 年 3 月 14 日。

少国家的共和政体仍带有比较浓厚的传统色彩、宗教色彩并实行事实上的总统终身制。其他政体还有君主立宪制（如约旦、科威特、卡塔尔和巴林）、君主专制制及酋长制（如阿联酋）等。总体看，该地区政治制度发育相对不成熟，容易引发动荡。另外，不少国家腐败严重，经济发展失衡，两极分化严重，有些人把伊斯兰教义看作摆脱困境、实现"社会公正"的希望和出路，伊斯兰教传统势力与西方国家、封建保守势力展开了较量，导致政局不稳。

一 美欲控制石油而推动"大中东计划"

美国前国务卿基辛格有句名言："如果你控制了石油，你就控制了所有国家。"世界著名经济学家、地缘政治学家威廉·恩道尔，在分析研究国际政治、经济、世界新秩序逾 30 年后，对基辛格的看法极为赞同，他认为控制了石油，也就意味着稳住美元霸权。

众所周知，大中东能源储备和产量充足，地理位置重要，历来为兵家争夺之要冲。大中东对世界能源市场的影响举足轻重，素有"世界油库"之称，全球目前已探明的石油储量为 1 万亿桶，其中 62.1％蕴藏在大中东核心地区；该地区的石油产量约占世界总产量的 2/5，出口量约占世界总出口量的 2/3；石油开发条件优越，油层厚，油田大且分布集中，距海近，运输方便。该地区是亚、欧、非三洲的接合部，素有"五海三洲之地"之称，周围环绕着黑海、红海、阿拉伯海、里海和波斯湾等国际海域，沟通上述海域的博斯普鲁斯海峡、达达尼尔海峡、苏伊士运河、曼德海峡和霍尔木兹海峡等，是重要的国际轨道。如放大至阿富汗、南亚和巴基斯坦，则整个大中东地区涉及西亚、北亚、中亚、南亚，辐射欧洲、苏联地区、东南亚和整个非洲，沟通大西洋、印度洋和太平洋，具有极端重要的战略价值。①

---

① 参见《美国大中东战略和中东局势》，百度文库，2015 年 3 月 14 日。

控制了整个中东就控制了石油，便会"携天子以令诸侯"，因此，美国在"9·11"事件后出台了《大中东计划》。这个计划是由美国前总统布什在 2002 年 6 月 24 日提出的，意在改革中东及阿拉伯 22 个国家的政治、经济、社会和文化。2003 年 11 月，布什曾表示，美国将制定一项旨在推动阿拉伯世界民主改革的重大计划。2004 年 1 月 20 日，布什在国会发表国情咨文时指出，中东地区仍然存在"继续产生威胁美国及其盟友安全的个人和活动"，因此，美国将推行"在大中东地区促进自由的前进战略"，2 月初，布什正式提出宣扬西方式民主和资本主义的"大中东计划"。

　　布什政府的"大中东计划"包括一系列外交、文化和经济举措。据美国媒体透露，"大中东计划"的设想主要是：美国和欧洲将在大中东地区推动和帮助自由选举，扶持新的独立媒体，培养"有文化的一代"，仿照欧洲战后模式建立大中东发展银行，把西方名著译成阿拉伯文，为小企业主尤其是女性提供 5 亿美元贷款等。这一计划要求八国集团协调行动，与中东"改革派领导人"建立伙伴关系。在政治上，帮助中东国家实施公民教育、建立独立选举机构和选民登记制度、催生独立的利益集团和非政府组织；在司法上，帮助这些国家建立法律援助中心；在教育上，到 2008 年之前培养 10 万名女教师，到 2010 年将文盲率降低一半，为学校提供计算机，培养"有文化的一代"；在经济上，八国集团建立"大中东金融公司"，为私营企业提供贷款等。这些内容涵盖广泛，堪称美"改造中东"战略的纲领性文件。

　　从战略理论看，"大中东计划"与美国此前倡导的"改造中东"战略一脉相承，或者说是前者的延续和深化。自"9·11"后，美国一直在调整中东战略，"改造中东"战略逐渐浮出水面。这一战略的形成大致经历了三个发展阶段：第一阶段，从"9·11"事件到伊拉克战争爆发前，美国决策层初步形成"改造中东"共识。典型事件是

2002年9月，美国发表的《国家安全战略》；第二阶段，从伊拉克战争到2003年11月布什发表民主化演讲，表明"中东改造"战略开始局部试点。最典型的事件是美国发动伊拉克战争和伊拉克战后民主改造；而从布什提出"大中东计划"至今，标志着美国"改造中东"战略进入了全面启动阶段。

2002年11月，布什宣布"推进自由战略"后，美国"中东伙伴计划"和"千禧账户计划"已实行一段时间。另外，伊拉克战争结束后，美国与中东国家筹建自由贸易区、推动中东国家加入世贸组织、建立"中东电视网"、改组"半岛"电视台等政策，均与"大中东计划"大同小异。

但"大中东计划"还是让世人看到某些新内容。一是明确了美国"民主改造"对象，即包括所有22个阿拉伯国家，外加土耳其、以色列、阿富汗、巴基斯坦。将以色列、土耳其等国纳入该计划，显示出美国"改造中东"并非仅仅针对伊斯兰"反美"国家；二是使美国"改造中东"战略更富多边主义色彩。这一新计划试图"克隆"1975年西方阵营与苏东阵营签订的《赫尔辛基协定》，借由"西方"这个"集体"共同与中东国家打交道，以仿效和平演变苏东的模式，推进中东的人权、自由和民主。从而在一定程度上"软化"美国咄咄逼人的单边主义形象。[①]

但该计划出台后遭到阿拉伯国家的强烈反对和拒绝。埃及总统穆巴拉克明确表示，反对任何国家打着"改革"的旗号"将外部世界的意志和方案强加于他人"。阿盟秘书长穆萨指责这一计划无视巴、以之间的流血冲突，避而不谈伊拉克问题。欧盟国家也对计划中忽视伊拉克和巴以问题表示不满。

---

① 参见达巍、田文林《美国推出"大中东计划"　全面启动"改造中东"战略》，中国网，2004年3月5日。

二　美推出"大中东计划"意欲何为？

一般来说，美国政府在选举年一般难有作为。布什在距大选只有8个月的时候突然提出这一长期计划，其"美化"布什国内外形象，着眼于选战的意味十分明显。布什当政几年，尽管凭借处理反恐问题树立起"危机总统"的形象，但新保守主义过于进攻性的色彩也让布什的形象严重受损。

首先，从美国国内看，布什政府的单边主义外交政策在2004年民主党初选中饱受攻击，克里批评布什的外交政策过于"鲁莽"，让美国陷入了伊拉克战争，丢掉了盟友。

其次，从中东地区看，美国发动伊拉克战争，以及偏袒以色列的政策遭到中东国家所有阶层的一致抨击。2003年10月，白宫"公共外交"专家委员会发表的报告曾惊呼，阿拉伯世界中的"反美敌意已经达到令人震惊的程度"。这不仅使美国难以迅速稳定伊拉克形势，更可能使美国在中东推行民主，消除中东反美情绪的努力付之东流。

最后，从盟国角度看，此前，美国因发动阿富汗和伊拉克战争，在重建问题上一意孤行，使欧洲盟友对美国日益疏远。而美国维持其在全世界的"领导地位"需要欧洲国家的支持，其反恐战争以及"改造中东"战略在金钱上、人力上、道义上也需要欧洲帮助。因此，美国急需弥合与欧洲盟友的关系。对布什政府来说，适时推出"大中东计划"可谓一举三得：缓和国内压力、改善中东形象、弥合与欧洲的关系。

为确保"大中东计划"落到实处，美国外交攻势不断升温，重点工作对象便是中东和欧洲盟国。其实，自2003年年底开始，美国当局便频频与欧洲和伊斯兰国家探讨此事。2004年2月，鲍威尔再次与北约新任秘书长、法国和土耳其外长商议该计划，从3月初开始，美国副国务卿格罗斯曼到中东进行"穿梭外交"，与摩洛哥、埃及、巴林、约旦和土耳其及这些国家的私人组织讨论"大中东计划"。为此，美国还许诺种种条件，如扩大政治交往、增加经济援助、为其入世提供便利、建立安全伙伴关系等，以诱使目标国接受该计划。[①] 此外，为了推进"大中东计划"，美国还力图把北约盟国拉进来"共蹚浑水"，召开八国集团、北约和欧盟首脑会议，正式提交该计划，以寻求整个西方世界的支持。

美国介入中东的历史由来已久。第二次世界大战以后，美国认识到中东地区丰富的石油资源在美国经济发展中具有举足轻重的作用，遂将中东政策置于对外战略的显著位置。冷战期间，美国将中东的地缘政治价值与遏制苏联战略紧密结合，致力于阻止苏联在中东的影响。后冷战时期，美国利用冷战结束和海湾战争中重新结构的中东地区环境更进一步介入中东事务。"9·11"事件以后，在本地区采取军事行动成为美国最关心的问题，它通过战争推翻了阿富汗和伊拉克政权，进而致力于按照西方标准来改造中东地区。

十年的中东战争，美国政府虽然赢得了战争的胜利，却在经济上损失惨重，发生了震撼世界的金融危机。这迫使美国政府放慢了落实大中东战略的脚步，暂缓了对伊朗的侵略，开始了在伊拉克和阿富汗的撤军。在十年的大中东战略里，美国政府真正的胜利是海湾国家和北非的一些国家投入了美国的怀抱，成了美国政府的盟国，为美国政府继续进行的大中东战略打下了有利的基础。

美国政府所谓的大中东战略就是把盛产石油的欧亚大陆的结合部——中东、海湾、北非、西亚的石油经济国连成一体，使这些国家政权都变成亲美的政府，使美国政府彻底控制大中东地域的政治，进而真正控制世界，同时，遏制中国的发展，看住俄罗斯。

---

① 参见达巍、田文林《美国推出"大中东计划" 全面启动"改造中东"战略》，中国网，2004年3月5日。

第二节　话语霸权下的伊斯兰世界

一　被扭曲的文明

基于"大中东计划"的需要，美国媒体积极配合其国家战略，展开了强烈的宣传攻势，大多数伊斯兰国家被贴上了类似的标签：独裁统治、文盲率高、贫富不均、腐败成风和严重的裙带关系。人权状况、社会福利制度、全民教育、民主、自由、现代性这些被奉为圭臬的现代文明的价值标准也被媒体解读为与伊斯兰的思想格格不入。在西方媒体的宣传中，欧美现代文明优于伊斯兰文明、基督教"仁爱"而伊斯兰教"残酷"、耶稣基督代表"真理"而穆罕默德则代表"欺骗"、基督徒"品行端方"而穆斯林"暴力、放纵"。媒体将伊斯兰描述成一种"犯罪文化"，在许多西方人眼中，伊斯兰被视为一股无政府与无秩序的势力。对照西方媒体一直以来不遗余力塑造的基督徒"仁慈善良"的形象，使得许多人都很难对伊斯兰文化给予正面的认识。总之一句话，西方代表的是"先进、文明"，而伊斯兰代表的是"落后、愚蒙"。因此，不论穆斯林为此付出多么惨痛的代价都是不值得同情的。

因为这些误解，使得全世界的穆斯林都被迫对非穆斯林进行解释和辩论。面对铺天盖地、由来已久的误解，一些穆斯林自己给出的解释是他们的国家元首大多是西方国家的傀儡，他们牺牲了自己国家的政治权利和经济利益而换取西方的武器和庇护，使得国家陷入了殖民主义的境地。因此，他们的首要任务不是民主、自由、现代性这些西方的价值观，而是如何捍卫自己的信仰和领土、主权的完整。

伊斯兰世界至今依然没有摆脱殖民主义的阴影，其文化与政治依然受到西方的影响。然而，尽管有如此重重困难障碍，应该看到有许多国家，如埃及、伊朗、巴基斯坦、土耳其和孟加拉国等已经毅然决然地走上了寻求解放的道路，试图用他们自己的方式建设独立自主的国家，增强文化自信，创造一个文明的社会，如埃及的纳赛尔提出的"民族主义"思想和1979年的伊朗"伊斯兰革命"。

历史走到今天，我们很不情愿地看到两大世界性的文明如亨廷顿所预言的那般不幸地走上了全面冲突对抗的道路，其中的一方来自信仰伊斯兰教的阿拉伯—伊斯兰世界，而另一方则来自信仰基督教的欧美国家。

为求简便，我们暂时忽略其中人种、地域、历史的复杂性与多样性，将其笼统称为伊斯兰和西方之间的对抗。这种波及全球的"文明冲突"，使生活在地球上任何一个角落的人哪怕并不隶属于这两大文明体系者都很难置身其外。原因很简单，如果这种对抗继续在战争和暴力的牵引下向前发展的话，无论其中的一方在战场上曾经取得多么压倒性的优势，最终的结局必然是玉石俱焚、同归于尽。

这种判断一方面来自伊斯兰和西方庞大的人数，另一方面基于现代文明高度发展的今天，人与人、国与国之间斩不断的联系。全球政治霸权主义主导下的不对称的单边战争往往会成为恐怖袭击、暴力仇杀的温床。爱因斯坦曾被问及第三次世界大战何时以何种方式爆发？爱氏答道："第三次世界大战何时爆发我不知道，但第四次世界大战一定会以石头和木棒为工具而进行。"这个答案足以引起我们的警醒，人类文明发展至今，先进的科技和武器足以在一瞬间把一切推倒重来。这种场景已在巴勒斯坦上演多年：全副武装的以色列坦克驶向手执石块的巴勒斯坦儿童。很多悲观人士已经开始用大难临头、末日将至的论调来看待伊斯兰世界和西方之间的冲突。如果再寻找不到合适的对话途径，人类文明的前途的确堪忧。

基督文明对于伊斯兰文明的误解由来已久。早在十字军东征之前的几百年里，欧洲对伊斯兰教就没有什么兴趣。当然，也没有多少人为此付出真正的努力，在欧洲，几乎所有的文学作品将穆斯林描绘成与基督教世界不共戴天的敌人。穆斯林在早期的记述中通常被称为撒拉逊人，也就是亚伯拉罕（易卜拉欣）妻子撒拉的子孙——他们只是另外一种令人讨厌、需要被容忍的"野蛮人"。基督徒不无骄傲地认为对方是在神的帮助下被打败的人。直至今日，很多犹太人和基督徒仍然固执地认为，伊斯兰教之所以能以秋风扫落叶之势迅速传遍世界并不在于教义和穆圣的吸引力，而是早期的穆斯林信徒"一手持剑、一手持经"武力传播的结果，这种说法遭到古今中外许多学者的抨击。对于早期的战争而言，失败不仅意味着失去尊严和生命，而是所有财产都将作为战利品进行重新分配，这其中包括他的家眷。因此，加入胜利一方的阵营显然是有利可图的。但总体而言，这还是一种以偏概全的浅表化的认识，真正的原因在于，穆斯林所信奉的伊斯兰教在一个比较长的历史时期内战胜了基督教。

　　其实，基督教、犹太教与伊斯兰教本为"同根生"。三大宗教都坚定地认为是神创造了世界，之后神创造了人，创造的第一个人是亚当，他们都是亚当的后代。伊斯兰教承认犹太教和基督教的众先知，在伊斯兰教的先知中，排在第一位的是阿丹（亚当），之后是努哈（诺亚）、易卜拉欣（亚伯拉罕）、易司玛仪（以实玛利）、易司哈格（艾萨克）、叶尔孤白（雅各布）、优素福（约瑟夫）、穆萨（摩西）、艾优卜（约伯）和尔撒（耶稣），而这些先知也是基督教和犹太教的先知。

　　从血缘上来说，犹太人称自己是亚伯拉罕的儿子易司哈格的后裔，而阿拉伯人则自称是亚伯拉罕（易卜拉欣）的另一个儿子易司玛仪的后代。伊斯兰教、犹太教和基督教都信仰造物主的独一，都相信人类的末日清算，人类只是暂居在大地之上，与后世的永恒相比今世微不足道，如果说后世才是人生正剧的话，那么今世充其量只是一个过门和序曲，而作为前奏的今世的善恶功过的修行将成为后世永享安乐或永居火狱的唯一标准。

因为同出一脉，所以伊斯兰教从来就不排斥犹太人和基督徒，相反一直视他们为"有经人"而礼敬有加。《古兰经》说："对于宗教，绝无强迫。……我们信仰真主和我们所受的启示，与易卜拉欣、易司玛仪、易司哈格、叶尔孤白和各支派所受的启示。与穆萨和尔撒受赐的经典，与众先知受主所赐的经典；我们对他们中任何一个，都不加以歧视，我们只归顺真主。"①

对于本是同根生的易卜拉欣（亚伯拉罕）宗教一花开三枝的局面，穆斯林有更具包容性的理解。"《古兰经》里有时把'穆斯林'一词通指一切服从安拉的人而言。所以凡顺服安拉，服从历代先知者，统称穆斯林。易卜拉欣、尔撒、穆罕默德的信徒都称为穆斯林。"② 穆罕默德从未要求犹太教徒或基督徒改信伊斯兰宗教，除非他们自己愿意，因为他们已接受过属于他们自己的真正启示。《古兰经》不认为其启示排斥以前先知的信息和洞见，相反更强调人类宗教经验连续不断的重要性。

强调这一点很重要，因为今日许多西方人不认为容忍是伊斯兰的美德。但是，事实是从一开始，伊斯兰文化就不具有排他性。他们认为，神对人类的启示通过四个阶段有序进行：首先，真主通过易卜拉欣启示了一神论的真理，强调了真主的超越性和独一性，让人类意识到自己在造物主面前的受造性；其次，真主通过穆萨（摩西）启示了十诫，强调了人的自律和人间的秩序；再次，通过尔撒（耶稣）启示了博爱的情怀，具体而言就是爱邻如己。但正如毛泽东所言："为什么人的问题是一个根本问题，原则问题。"人心的丰富性和人性的复

---

① 《古兰经》第2章136条，中国社会科学出版社2013年版，第9页。
② ［埃及］艾哈迈德·爱敏：《阿拉伯—伊斯兰文化史》，纳忠译，商务印书馆2001年版，第76页。

杂性早在几千年前就已经提出，"人心如海，岂是善恶二字所能统摄"。人应该博爱，应该爱邻如己，但如何去爱？显然前面出现的圣人们并没有给出更具体、更行之有效的指导。因此，至仁至慈的主才有了最后一次对穆罕默德的启示。通过《古兰经》给出明确而清晰的指示。今日许多人对伊斯兰不宽容的谴责，并非都来自对神看法的敌对，而是有其他的来源或原因。《古兰经》并没有把其他宗教传统斥责为错误或不完整，相反，是把每个先知的见解予以肯定与发扬，依据伊斯兰传统的说法，共有"十二万四千个先知"被派遣到地球上，这是象征无限的数字。因此《古兰经》不断重复指出，它并未带来任何新的信息，而穆斯林必须强调他们与旧有宗教间的血缘关系。①

　　犹太人一直视伊斯兰教为头号敌人，但历史上对犹太人迫害有加的却是日耳曼人和罗马人。第二次世界大战时期，犹太人在纳粹铁蹄下的命运众人皆知，无须详述。单看犹太人在西班牙前后命运的遭遇再清晰不过地表明谁是朋友，谁是敌人。在 15 世纪，把犹太人赶出西班牙的是基督徒而不是穆斯林，犹太人在伊斯兰教治下曾经享受了黄金时代。13 世纪之前，西班牙为阿拉伯帝国统治，当时西班牙有许多犹太人，他们取了阿拉伯名字，使用阿拉伯语，不论是担任政府高官、学者、医师、农民、商人或劳工，在社会各阶层都非常活跃，伊斯兰教对他们宽容优待。然而在 14 世纪时，西班牙成为基督教国家后，亦即基督教徒开始了迫害犹太人的历史，逼迫犹太人选择"改变宗教或处死"，并掠夺或屠杀他们。此外，为了让"隐藏的犹太人"现身，当局暗中调查是否有人不吃猪肉、遵守斋戒习惯，嫌疑者不但会被拷问、没收财产，还可能被放逐、处死。15 世纪末，西班牙彻底天主教化，对所有犹太人发布驱逐令，此时有 10 万—20 万名犹太人

---

　　① 参见［美］休斯顿·史密斯《人的宗教》，刘安云译，海南出版社 2013 年版，第 177 页。

离散到欧洲各地。

纵观历史，穆斯林在公元 7 世纪时就建立了横穿中东和印度、跨越北非直抵西班牙的庞大帝国，相较而言，基督教则花费了很长的时间才获得了政治上的均势，耗时数个世纪才有立足之地；而犹太教徒的命运尽人皆知，他们找到栖身之所已经是 20 世纪的事情了。

从历史可以看出，文明的冲突不是问题的根本，更不是民族渊源和宗教意识形态的差异，而在于政治势力的强弱与基于历史上对阿拉伯民族统治的仇恨和嫉妒。正如黑提（Philip Hitti）所言："闪耀着那属于世界征服者的光环，在兴起一个世纪之后，这个民族就成为一个从大西洋岸延伸到中国边境的帝国的主人，一个比罗马鼎盛时期还要大的帝国。在这史无前例的扩张时期，他们同化许多异族，他们用信仰、语言与生活方式所同化的异族，在数量上空前绝后地超过任何其他族群，包括希腊人、罗马人、盎格鲁-撒克逊人和俄国人。"[①]

二　伊斯兰文化对世界文明的巨大贡献

当下的历史阶段，伊斯兰文化被误导误读几乎是全方位的，而且具有复杂而深刻的国际政治、经济、文化等原因和背景，为了正本清源，我们对伊斯兰文化进行简要的介绍。

伊斯兰文化博大精深，在世界文化体系中，伊斯兰文化与中国文化、印度文化、欧美文化齐名，是世界思想史和文化史上极为重要的人类文明。我国著名学者季羡林先生就认为，人类纷纭复杂的文化，根据其公共之点共可分为四个体系：中国文化体系、印度文化体系、阿拉伯—伊斯兰文化体系，自古希腊、罗马一直到今天欧美的文化体系。

---

① ［日］21 世纪研究会：《民族的世界地图》，冷蒟冰译，国际文化出版公司 2004 年版，第 198—199 页。

伊斯兰文化是对以《古兰经》和圣训思想为内核的由信仰伊斯兰教众多民族共同创造的精神文明的统称。伊斯兰文化是众多民族的穆斯林以伊斯兰教的原则和精神标准，发扬阿拉伯人固有文化中的合理成分，汲取波斯、印度、希腊、罗马等民族文化的精华，提炼、融合、发展、创造而成。

　　伊斯兰文化以伊斯兰教为核心，包括哲学、政治、法律、经济、文学、社会管理、历史、艺术、科技、生活方式等，其六大信仰五项功课构成了完整的哲学体系，既关照了个人修养，又兼顾了社会秩序，为人类历史的发展做出了巨大贡献，有力地推动了人类文明的进步。

　　伊斯兰哲学是以伊斯兰基本信仰为前提，以安拉创世说为中心，融会穆斯林各民族多样性文化的世界观和方法论。伊斯兰哲学是中世纪阿拉伯帝国科学文化和宗教斗争的产物。9世纪后，阿巴斯王朝组织了大规模的翻译运动，希腊哲学思想引起穆斯林思想家的重视，由此，使教义学的争论上升到哲学的高度。所以说，伊斯兰哲学根植于《古兰经》和圣训，同时也与以古希腊为主的东西方哲学思想、自然科学的宇宙结构学说和自然观有一定渊源关系。由此可以看出，以基本教义为前提，与自然科学相结合，与宗教和政治斗争相联系，是伊斯兰哲学的重要特点。伊斯兰哲学由经院哲学、神秘主义和自然哲学三部分组成。经院哲学是探讨伊斯兰基本信仰和教义的哲学思想；神秘主义学说即苏菲主义，是以经训中的某些内容为依据，在新柏拉图主义和其他宗教神秘主义思想影响下形成的哲学派别；自然哲学是一批受亚里士多德哲学影响，精通各门自然科学并谙熟伊斯兰教义的学者所创立，是伊斯兰哲学的世俗派别，它对伊斯兰哲学的发展起了一定的推动作用，在欧洲以至世界哲学发展史上的影响均较为深远。

　　在天文学领域，伊斯兰文化对世界天文学的发展做出了突出的贡献。阿拉伯民族素有观察星象的习惯。伊斯兰教兴起，特别是阿拉伯帝国建立后，随着疆域的扩展，经济、宗教生活对天文学的需要日益重要，穆斯林科学家不仅开始对其他民族天文学典籍的学习和翻译，而且更加重视天文学领域创造性的研究工作。哈里发马蒙时期，帝国设立了专门的天文官员，并在撒马尔罕（今乌兹别克斯坦）、巴格达、大马士革、开罗、科尔多瓦等地建立了一系列天文台，制作了许多精密的天文仪器，包括浑天仪、地球仪、象限仪、天象仪、星盘等应有尽有，其中的太阳钟，可用来确定太阳的位置和时间；量角器直到17世纪还应用于航海。通过使用这些仪器，穆斯林天文学家取得了一系列重要成就，如发现了太阳系各行星的运行；论证了地球是圆形的，提出地球绕太阳运转的学说；发现了太阳黑子及日、月食的规律；测定了地球的体积和圆周长等。如今，西方语言中大多数星宿的名称和大量天文术语均来自阿拉伯语，这是中世纪穆斯林天文学成就的生动写照。

在历法方面，穆斯林创制了太阴历和太阳历。太阴历亦称希吉拉历，比当时西欧使用的公历要精确许多。著名土耳其天文学家白塔尼（858—929），富有独创精神，纠正了托勒密的许多错误，修正了太阳和一些行星轨道的计算方法，较精确地计算了黄斜角和回归年，他编制的《萨比天文历表》曾被译为拉丁文，传到欧洲，在哥白尼著作《天体运行论》中，多处引用其天文观测数据。还有出生于中亚的比鲁尼（973—1050），著有《古代遗迹》和《麦斯欧迪天文学和占星学》，曾论证了地球自转的理论和地球绕太阳运转的学说，并精确地测定了地球的经纬度。我国元朝和明朝就曾聘请阿拉伯国家的天文学者司天监，掌管历法。

在数学方面，伊斯兰文化对人类数学科学的最大贡献就是阿拉伯数字。阿拉伯数字并不是阿拉伯人的发明，而是印度人的创造。哈里发马蒙时代，中亚大数学家花剌子米曾在其著作中首次介绍了印度数字并评介了其突出优点。由于1202年意大利人刊行此著，是阿拉伯数字传入意大利的开始，欧洲人通过花剌子米才知晓印度数码，所以称之为阿拉伯数字。当然，阿拉伯数字虽非阿拉伯人创造，但传播推广之功毋庸置疑。除此，穆斯林科学家通过汲取希腊数学精华，建立起别具一格的阿拉伯数学，在代数、几何、三角、算术等方面，为世界数学宝库增添了不少光彩。花剌子米在《积分和方程计算》一书中，提出了两种解方程的基本方法——"还原"和"对消"，系统论证了六种类型的一次方程和二次方程的解法，提出了方程根的几何证明，阐明了代数式的运用法则。此书在 12 世纪译被为拉丁文，欧洲各大学将其作为数学教科书，直到 16 世纪。花剌子米因此被称为"代数之父"。埃及穆斯林学者艾布·卡米尔（850—930），继承和发展了代数学，其代表作《代数书》，详细研究了不同类型的方程式，并指出多种解法，表现了高超的技巧。在三角学方面，穆斯林数学家发现了各种函数关系，建立了若干三角公式，制定了很多三角函数表，使三角学脱离天文学成为独立的科学。在几何学方面，穆斯林数学家研究了面积、体积，并把多边形与代数方程式联系起来，成功地计算出 π 的具有 17 位准确数字的值，打破了中国数学家祖冲之保持了 1000 年的纪录。

　　医学在伊斯兰文化中最为突出。伊斯兰教认为，人对自己的身体只有按照安拉的旨意加以珍惜、爱护的义务，绝无作践、摧残的权利，无病应预防，有病须早治，因此，伊斯兰教极为重视医疗卫生事业。中世纪，伊斯兰文化与各民族科学文化进行了广泛交融，伊斯兰医学从希腊、波斯、印度的医学著作中汲取丰富营养，得到了迅速发展，成为伊斯兰文化中对人类文明贡献最大的一门科学。早在 10 世纪中叶，阿拉伯帝国境内就建有 34 所医院，且分科很细，除外科、内科、骨科、眼科外，还有专门的神经科和妇科，有的大医院还有急救中心，医院均设有药房。此时临床医疗技术已经达到很高水平，诊断病情时询问、检验、切脉等多种方法并用，治疗中首创酒精消毒和麻醉技术，并能开刀、割痔、拔牙、切开气管，用猫肠线缝合伤口。穆斯林绑扎大动脉止血技术比欧洲人早 600 年，对伤寒、霍乱等传染病的有效防治比欧洲人早 700 年。由于对光学颇有研究，在眼科疾病的治疗上很有成就。伊本·易司哈格的《眼科十论》，是 8 世纪以前欧洲眼科医生的必读书。哈里发马蒙实行医师、药剂师考核办法，931 年巴格达医师考核，860 多人获得行医资格，不少庸医被淘汰，名医层出不穷。在世界医学界享有盛誉的巴格达医院院长拉齐医道精湛，医德高尚，著述等身，最著名的有《天花与麻疹》和《医学集成》，后者被认为是中世纪阿拉伯文医学百科全书，是欧洲医学专家在长达 400 年的时间内不可或缺的参考书。再如杰出的医学专家伊本·西那，他在医学理论和临床方面成就卓著，对疾病治疗，他主张应采取养生、药物和手术兼施并用，他的著作颇丰，《医典》是一部百科全书式的巨著，分 5 卷约 100 万字，1—2 卷论述医学原理，3—4 卷介绍治疗方法，第 5 卷讨论药物，代表了当时医学最高成就，出版后成为欧洲各大学医学教科书。再如艾布·卡西姆·宰赫拉维（936—1013），是阿拉伯外科之星，所著《医学宝鉴》总结了当时的外科知识，在欧洲影响极大，是欧洲外科学的基础之一。

在地理学方面，由于阿拉伯—伊斯兰帝国幅员辽阔，为了加强统治和收取赋税，以及便于各地穆斯林校正礼拜朝向和选择朝觐道路等，地理学的研究成为帝国官方和民间都很重视的事业，因而这方面人才辈出。生于阿巴斯王朝初年的叶尔古比，是阿拉伯历史上第一个地理学家，足迹踏遍中亚、印度、西亚、北非，所著《地方志》，是阿拉伯地理著述之开山鼻祖。花剌子米（约 780—约 850）是中亚著名的天文学家和数学家，曾奉哈里发马蒙之命，在对托勒密的地理著作深入研究的基础上，编写了一本名为《地形》的地理著作，并绘制了一幅有详细文字说明的全球大地图，不仅比托勒密的《地理学》更为精确，也更接近地理学家的测算，成为后人研究地理的重要基础。

此外，伊本·胡尔达才白（820—913）所著《省道志》、阿卜杜拉·麦格迪西（？—990）所著《各地区的最佳分类》等，对伊斯兰世界各地的历史、传说、政治、税务及珍闻佚事和名胜古迹记载极为详尽。波斯商人苏莱曼于 851 年用阿拉伯文写成关于印度和中国的见闻录《历史的线索》，深受西方学者重视，我国在 20 世纪 30 年代才有此书汉译本，名为《中印见闻录》。12 世纪阿拉伯学者伊德利斯（1100—1165）曾周游各国，他制造的地球仪和地图，撰写的《世界地志》，在西方享有盛名。我国人民熟悉的伊本·白图泰（1304—1378），曾奉命出使中国，归国后写成游记 4 卷，1985 年宁夏人民出版社出版了马金鹏翻译的《伊本·白图泰游记》。

在历史学方面，伊斯兰文化体系中有着比较丰富的内容。伊斯兰教兴起之前，阿拉伯半岛没有成文的历史著作。《古兰经》记载的古代历史故事，如先知与帝王的传说、也门萨巴人的离乱、阿拉伯各部落的变迁、反击外族人的入侵等，引发了穆斯林探索历史的兴趣。早期的研究，是以先知传记为基础进行的。麦地那人伊本·易司哈格（704—约 768）的《先知传》是伊斯兰教第一部历史著作。穆萨·伊本·欧格伯（？—758）和瓦基迪（747—822）的《武功记》，记载了伊斯兰教早期征服史。阿巴斯王朝后期，穆斯林对各国的历史地理知识日益丰富，编年通史类著作应时而生。波斯人泰伯里的《历代先知与帝王》，从创世纪叙述到公元 915 年，取材丰富，规模宏伟，文笔典雅流畅，在伊斯兰世界影响深远。伊拉克人麦斯欧迪（？—957）的《黄金草原》4 卷本，只是原著的纲要，内容也很丰富。第 1 卷记述包括我国唐代历史，后 3 卷记述伊斯兰教兴起至 947 年的阿拉伯帝国兴衰史。这部著作被译为多种文字，广泛传播，1998 年青海人民出版社出版了耿昇的译本。另外，伊拉克人伊本·艾西尔（1160—1232）所著《历史大全》、突尼斯人伊本·赫勒敦编写的《伊本·赫勒敦历史》等，在世界史学史上有重要地位。

在文学方面，最值得推崇的伊斯兰文学杰作是安拉的语言——《古兰经》，它既是伊斯兰教的最高经典，又是一部文辞优美、语言凝练、韵律自如的文学巨著，对伊斯兰文学乃至伊斯兰教诸多民族的文学艺术的发展产生了重大影响。阿拉伯散文是伊斯兰文化中的一朵奇葩，如《一千零一夜》就是一部脍炙人口的世界性文学名著，所刻画的人物涉及社会各个层面，以朴素的现实主义和浪漫主义相结合的方法，歌颂了劳苦大众的高贵品质和美好感情，揭露和鞭挞了社会的黑暗及不平，其特有的艺术魅力和平民性，使其在世界各国广泛流传。阿拉伯文学在形式、内容和写作风格上，对欧洲文学都有广泛的影响。波斯穆斯林文学界更是人才辈出，创作繁多，其中以费尔多西的巨幅史诗《列王记》最为著名；欧麦尔·赫亚姆的四行诗《鲁拜集》享誉世界；萨迪的《果园》和《蔷薇园》、莫拉维的《玛斯那维诗集》，以及哈菲兹的《哈菲兹抒情诗集》都是蜚声世界诗坛的不朽之作，不仅表现了作者对人间真善美的追求，也反映了伊斯兰教所主张的人文道德哲理。

在绘画艺术方面，伊斯兰教禁止画人体和动物，因而人体与动物绘画艺术作品不多见，但也因此促进了书法艺术、建筑工艺、装饰艺术及手工艺术的发展。历代艺术家创作了不少精湛优美的书法和花纹艺术用于装饰建筑和美化生活。

一项民意调查显示，大部分美国人认为伊斯兰教和伊斯兰世界"很少"或者"根本没有"可钦佩赞美的东西。但是，只要稍稍上溯历史就会看到，假如没有阿拉伯人的科学成果，诸如花剌子米的代数学、阿维森纳详尽的医学教导和哲学、伊德里西永恒的地理学和绘图法以及阿维罗伊严谨的唯理论，就无法想象西方的文明。比成果更加重要的是阿拉伯人做出的位于当代西方之核心的整体贡献——让人们认识到科学能够给人类带来征服自然的力量。① 大文豪伏尔泰有这段文字："继罗马帝国衰落、分裂以后，在我们所处的野蛮无知时代里，我们的一切——天文学、化学、医学，特别是比从希腊人和罗马人那里得知的更为温和、更为有益身体的药物，几乎都是来自阿拉伯人。代数是阿拉伯人的发明，甚至我们的算数，也是由他们传来的。……在诃伦统治时期，原来已经采用印度数目字的阿拉伯人把这些数字传到了欧洲。在德国和法国，我们只是使用了阿拉伯人的方法才认识日月星辰的运行。'历书'一词，就是另一个证据……化学和医学是由阿拉伯人创立的。我们今天发展完善了化学，但化学原来是由他们传授给我们的……代数是阿拉伯人的一个发明……总之，西方基督徒肯定从穆罕默德的第二个世纪开始，就拜穆斯林为师了。"②（穆斯林）作为征服者，他们既英勇无畏又谦逊节制，而且在这两方面，他们一度超越了作为自己对手的民族。他们远离家乡故土，却热爱他们认为是真主赐予的土地，并且努力尽其所能加以装饰润色，为人类谋求幸福。他们在一套睿智平等的法律体系上建立自己的权利，勤奋耕耘艺术与科学，推动农业、制造业与商业的发展，因而逐渐形成一个帝国，其繁荣昌盛非任何基督教帝国所能望其项背。

就在阿拉伯文化取得巨大成就之时，此时的欧洲还整体处在落后蒙昧之中。中世纪时期的伦敦和巴黎都只是一些小城镇而已。在欧洲的任何其他地方都没有值得一提的艺术、文学、图书馆。他们可以拿出手的东西多是拜穆斯林所赐。以致伊本·阿卜顿警告说："你们绝不能把科学书籍卖给犹太人和基督教徒……因为他们会把这些书翻译

---

① 参见［美］乔纳森·莱昂斯《智慧宫》，刘榜离等译，新星出版社 2013 年版，第 7 页。

② ［法］伏尔泰：《风俗论》（上），梁守锵译，商务印书馆 1994 年版，第 305—306 页。

过去，并把这些书归到他们自己及其主教的名下，而实际上这些都是穆斯林的作品。"① 而穆斯林统治的西班牙则别有洞天。它创造了强大而繁复的文明体系，秉承着种族与宗教和谐的明确观念。人们钟爱的是爱情诗，讨论话题最多的则是柏拉图和亚里士多德。如若对时间和历法没有精确的掌控，社会的理性组织将是难以想象的；科学、技术和工业的发展以及人类摆脱自然的束缚，也将是难以想象的。阿拉伯人的科学和哲学帮助基督教世界从愚昧无知中解脱出来，并且使真正的西方思想得以形成。

中世纪的阿拉伯地理学通常将世界分为七个区域。位于中间的第三和第四区域是今天的阿拉伯世界、北非，伊朗及中国的部分地区是当时最稳定和谐的地区。北边的第六区域是斯拉夫人、突厥人及欧洲基督徒的故乡，欧洲的基督徒在阿拉伯人看来只不过是些法兰克人（Franks），这三种人好战尚武、卑鄙丑恶，并且有背信弃义的倾向。法兰克人都来自北方，这使他们显得不大稳定，性事放荡，普遍带有暴力倾向也是他们所具有的显著品质。②

在科学研究方面，阿拉伯人其实是名副其实的先行者。阿拉伯人认为对科学技术和理念的学习并不是真正的模仿，信仰要求人们应该探索一切科学知识。科学不分东方还是西方，所有的科学发展仅仅是连接人类理性的链条。所有的科学家都是在前人的基础上进行探索的，科学无国界。对于科学的认识是经过一代代人，经过一个个文明阶段，不断推理归纳，循环往复。所以，不能单纯地说，科学成就属于某个时期或某种文明。只是在某个国家的繁荣鼎盛时期，它对于科学基础的建立做了更多的贡献而已，在历史的长河中，应该被合理地分享。曾经，穆斯林的文明比西方繁荣，许多革命性的技术传入西

① ［美］乔纳森·莱昂斯：《智慧宫》，刘榜离等译，新星出版社 2013 年版，第 231 页。
② 同上书，第 22 页。

方，奠定了现代科学的基础。尽管如此，贾比尔·本·哈彦在化学领域的伟大发现也没被命名为"阿拉伯人"的科学。虽然花剌子米和阿尔巴塔尼论证了代数和三角学，却没有因为他们是穆斯林，而把代数和三角学描述成是"穆斯林"的科学。无论他们是否会说英语，所有的科学成就都是属于全人类的。①

在伊斯兰文化传入整个阿拉伯社会后，传统的部落组织逐渐被新的文化所取代。在伊斯兰文化中，个人及其家庭成为社会和政治生活中的主角。这为人们认可的现代城市的兴起开辟了道路。于是，在现代城市中素不相识、不同种族的人们开始按照公认的法律和社会行为准则进行交往。在这种新的超越部族的交往模式中阿拉伯人从封闭走向开放，从沙漠走向了城市。怀着对文化的敬意，一些新兴的大型城市出现了。阿拉伯帝国阿巴斯王朝的第二代哈里发曼苏尔兴建的新都巴格达城与大唐帝国的长安城是那一时期世界上最为繁荣发达的城市。巴格达距离印度洋贸易航线不远，拥有活跃的多民族文化，远离拜占庭希腊人传统上的军事威胁，地理位置安全。千百年来这些因素使得巴格达成为世界上最繁荣的贸易、商业、知识和科学交流的中心。各地的能工巧匠、商人和见闻广博的百姓都蜂拥而至。当时的巴格达沿底格里斯河两岸扩展，其强大的经济、军事实力和帝国势力，促使该城迅速发展壮大，财富的增长令人难以想象。来自叙利亚的玻璃器皿、印度的燃料和香料，中国和波斯的丝绸和奢侈品以及非洲的黄金和中亚的奴隶，都通过巴格达的市场使该城的商人获得了丰厚的利润。大约在曼苏尔去世百年后，史学家亚库比对这位哈里发留下的"和平之城"的生活做了令人屏息的描述："我首先提及巴格达，不仅仅因为它是伊拉克的心脏，而且因为它是世界上无与伦比的，不论是

---

① 参见［巴］穆罕默德·阿萨德《通往麦加之路》，孔德军等译，甘肃民族出版社2009年版，第275页。

在东方还是在西方，没有哪座城市能与其匹敌。这座城市的面积最大，最为重要，也最为繁荣，拥有最丰富的水资源和最宜于健康的气候。"为了使他的这一主题更有感染力，他又刻意列举了该城居民的许多高尚的品质："巴格达的学者所受的教育更好，那里的专家在传统方面更有见识，文法家在句法上更为可靠，歌手的歌声更为柔顺，《古兰经》读者思想上更为坚定，医生更为老练，书法家更有能力，逻辑学家思维更为清晰，苦行僧更富有热情，地方官员更懂法理，传教士也更有口才。"[①]

伊斯兰文化的博大精深和强大的社会组织凝聚力以及政治制度的实用性，使一个又一个的征服者和被征服者皈依，更加广泛地传播开来。阿拉伯帝国的强大绕不开奥斯曼、萨法维和莫卧儿三大王朝。在那个时代，无论是经济文化上还是政治力量与影响力方面，这三个王朝都是超级大国。莫卧儿帝国在其顶峰时期曾经囊括印度、巴基斯坦、孟加拉国、伊朗、阿富汗及缅甸的部分地区的6个今天的亚洲国家，而这些国家的人口总数占据全世界人口数的1/5。

阿拉伯人还把理性和科学精神带给了西方世界。9世纪的哲学家肯迪曾明确表示阿拉伯思想家是想把希腊人的聪明才智发扬光大，使其适应穆斯林文化的需要，"继续坚信我们在所有论著中一直遵循的原则是合适的，这就是说，首先要完整地将古人所说的一切有关这一话题的言辞记录下来。其次要根据阿拉伯的用法、我们这个时代的习俗和我们自身的能力，把古人没有完全表述的观点补充完整。"古希腊的精神和文明是在阿拉伯人手中被传播和发扬光大的。其中阿拉伯思想家阿威罗伊对亚里士多德思想的传承和解读，即使最傲慢的西方哲学家也不能不投去敬意的目光。

---

① ［美］乔纳森·莱昂斯：《智慧宫》，刘榜离等译，新星出版社2013年版，第93—94页。

阿拉伯人为西方的贡献还可以从英语中吸收伊斯兰的概念（阿拉伯语和波斯语）而产生的大量的词语中窥见一斑。例如：炼金术、几何、酒精、蔗糖、顶点、零、暗号、杏仁、碱、橙子、果冻、睡衣等，从"方位角"到"顶点"，从"代数学"到"零"，包括航海术语如"旗舰""单桅帆船""季风"等。

　　弗兰克在《世界大历史》中指出：尽管基督教赢得了伊斯兰教的地盘，更为先进的伊斯兰文化却影响了西班牙和整个西欧，而不是反过来。收复失地运动的一个重要表现在于基督徒、穆斯林和犹太人之间持续不断的相互适应和文化融合。人们津津乐道于讨论基督教西班牙对伊斯兰世界的文化影响，主要原因在于学者们可以轻松地从这一时期文化发展的标志物上寻找到欧洲基督文明的痕迹。然而，伊斯兰文明却从物质文化，如建筑、艺术、服饰、武器制造和精神文化两个方面对伊比利亚各个领域，包括哲学、神学和文学产生了全面而深刻的影响。其中，产生重要影响的是12世纪和13世纪出现的一些中世纪翻译作品。这些主要居住在托莱多城的学者把大量阿拉伯文撰写的科技和哲学著作翻译成拉丁文。其中有一些是穆斯林在东征西讨时得到的古希腊和古罗马时期的重要著作，于是，西班牙穆斯林便扮演起输欧文化使者的角色。

　　在中世纪，伊斯兰教为我们展示的是人类全部历史中最可观的景象之一，其帝国从波斯湾延伸到印度河和中国边境，从咸海延伸到尼罗河上游。伴随着伊斯兰文化的传播，一个无与伦比的文学、科学、医学、艺术和建筑的兴起，大马士革、巴格达与埃及的辉煌，以及在摩尔人统治下西班牙的灿烂。伊斯兰教的哲学家和科学家如何把知识之灯保持明亮，点燃在长期的沉睡中醒来的西方心灵。穆罕默德在其短暂的一生中，"不论资源如何缺乏，在一个当时只是地理名词的地区唤醒了一个从来未曾统一的民族，复兴了一个宗教文化，在这片广袤的土地上维持了统一和稳定，创立了一个帝国的基础，很快就把当时文明世界中最耀眼的部分都拥抱到它广阔的疆界中去了"①。如此看来，哈特把穆罕默德排在了《历史上一百名最有影响力的人》的第一位不是没有道理的。他写道："尘世的和宗教的影响之空前结合，使得穆罕默德被认为是人类历史上最有影响力的一个人。"

三 伊斯兰教"和平""中正"的精神价值

所谓"伊斯兰"，其本意是和平，还有顺从的意思。"伊斯兰之释义：曰顺，曰安。顺者，顺乎主者也；安者，顺乎主而获安者也。夫既顺乎主，故凡一切偶像及物象自不足萦其心矣；夫既顺乎主而获安，故凡一切祈神拜佛，妄思远祸戈福之行动，自不足摇其志矣。"②

伊斯兰教对于穆斯林个人的修养可以表述为：只有当一个人完全顺从了真主，和平就会降临，放弃个人对现实的欲望、贪欲，真正做到对任何顺逆得失无动于衷，并获得内心的解脱，进而奋发有为，维护社会的公平公正。

一个把顺服作为行事准则的信仰群体又怎么会是一个极端的民族呢？可以说伊斯兰教的核心精神就是中正平和。《古兰经》中有"要做中正的民族""谨守中道"的教诲。《圣训》中也记道："你们谨防宗教上的过激，你们之前的民族就因为宗教上的过激而灭亡。"③

不可否认，很多初次接触《古兰经》的非穆斯林大都会留下这样一个印象，相较于《新约》和《旧约》始终围绕的精神层面的话题，《古兰经》所讨论的话题显得琐碎和平凡。每个人应缴纳天课的数目，遗产的划分，对鳏寡孤独的抚恤，不能放高利贷获利等。什么该做什么不该做，举凡人类生活的方方面面都有着尽可能详尽的规定。关于

---

① ［美］休斯顿·史密斯：《人的宗教》，刘云安译，海南出版社 2013 年版，第 218 页。

② 马邻翼：《伊斯兰教概论》，转引自［英］卡莱尔《英雄与英雄崇拜》，辽宁教育出版社 1998 年版，第 83 页。

③ 丁俊：《当代伊斯兰"中间主义"思潮述评》，《阿拉伯世界》2003 年第 2 期。

这一点误解，由基督教转信伊斯兰教的阿萨德先生有着精彩的认识和解读。"起初《古兰经》涉及的事情让我感到有些吃惊，不仅是有关精神的事情，还有许多看起来琐碎、平凡的生活方面的事情。但很快我开始明白，如果人是真实的自己——他的生活没有哪方面因为太琐碎而不能进入宗教的范围。所有这些，《古兰经》从不让其追随者忘记，今世的生活仅仅是人类通向更高道路上的一个阶段，最终目标是一种精神实质。《古兰经》说物质富足是可取的，但不是目的。因此人的各种欲望尽管是合理的，但必须由道德意识加以限制和控制。这种意识应该不仅与人和上帝的关系相关，也与人和他人的关系有关，不仅与个人的精神完美有关，而且与这样的社会条件的创造有关——有利于所有人的精神发展的社会条件，使所有人完整地生活。"其实，穆斯林对此有自己的解释，认为这是真主的启示，我们每个人的生活都是由琐碎的细节构成，穆斯林通过对经典的遵从而规范自己的言行，进而全美自己的精神。

外界对于伊斯兰教六大信仰之一的"前定"也存在误解。许多非穆斯林认为"信前定"是彻底取消了人的主观能动性的机械决定论。实际上，伊斯兰教六大信仰中的"信前定"主要是针对过去而非将来，绝非否定人的主观能动性，目的是将已经发生的既定事实看作真主的安排和考验，从而避免对在往事的悔恨和遗憾中迷失自我，戕害灵性。伊斯兰信仰中人与造物主之间没有必不可少的中介，在真主面前神职人员和普通信众一律平等，因此不需要专门的神职人员，这就使得每个穆斯林在礼拜时，都能真正感受真主的存在并能与真主进行真切的沟通。伊斯兰中不提倡神秘，主要以平凡和现实示人，因此每个理智健全的成年穆斯林都是真主在现实的"代治者"，都可以履行任何宗教和社会职责，无论是带领集体礼拜，还是主持婚礼或是埋葬亡人，人人都有发挥其主观能动性的作用，没有谁会被"委任"而为主服务。

　　误解还在于西方人对穆斯林的信仰虔诚度，很多局外人对其无法想象，因而充满忧虑。布拉肯说道："西方人很难理解亚洲人在宗教、种族和领土纠纷问题上所投入的感情。国家内部的混乱和问题，一经大众传媒煽风点火或受到寻找国外替罪羊的政治逻辑驱使，就可能很快蔓延到整个地区，并跨越国界。这样，国家领导人就可安然退至光线照不到的墙角了——对于那些拥有并可任意处置原子弹的人群来说，这也是危险的地方。"

　　穆斯林追求"两世吉庆"，即今世与后世的平安吉祥。生活在现实中的人，如果一味沉溺于物质的享受固然不妥，但完全忽略人生今世的职责以后世的归宿为唯一的处事原则显然又走向了另一个极端。简而言之，穆斯林认为不能因为今世而忘却后世，但同时也不该为了后世而忽略今世。穆斯林理想的生活模式就体现在他们互相问候的那一句祝福语上，"愿真主赐予你两世的吉庆"。

　　伊斯兰教不以财富和尊贵论社会阶层，没有传教士这一特殊阶层，其宗教文化的核心在于六信五功（六信为信真主、经典、光知、天使、前定与后世，五功为念、礼、斋、课、朝），每一个穆斯林都可以在平凡的六信五功中与真主保持精神上的沟通，也可以直接接触到经典，更可以以先知穆罕默德为榜样为人处世，体认造物主的奥妙。伊斯兰的入教仪式也极其简单：只要真心诚意地读一句清真言宣告信仰即可。这使得每一个刚刚皈依者都和其他穆斯林一样，能真切地感觉到伊斯兰属于自己。正是这种简单易行才阐释了其久盛不衰的原因。和基督教相比伊斯兰并没有那么多的宗教术语，而是一种朴实的生活方式。在《古兰经》中我们没找到任何人类需要"救赎"的字眼，没有原罪说，因为，每一个人都要为他自己的行为负责，"各人犯罪，自己负责。一个负罪的人，不负别人的罪"[①]。

------

　　① 《古兰经》第 6 章第 164 条，中国社会科学出版社 2013 年版，第 73 页。

伊斯兰教把个人战胜私欲视为最大的功修，称为"吉哈德"，其道德观具有现实意义。古闪米特人中有一个流传很广的关于天使哈鲁特和马鲁特的故事。他们自炫为上帝从光上造化而来的天使，到处吹嘘自己无可比拟的纯洁，尤其看不起被欲望驱使的人类。后来他们接受上帝的考验来到人间，仅仅一晚在美色的诱惑下他们就犯下了谋杀与通奸的双重大罪，只能在无比的悔恨中接受今世的惩罚。这个后来被伊斯兰化了的故事很好地传递了伊斯兰教最核心的教义精神：道德的作用就是帮你在对错之间做出选择，失去诱惑考验的抽象道德和意义只能沦为口头禅，实际上是没有任何意义的。有一句现代流行的自嘲语言可以从反面做一个例证，"除了诱惑，我什么都能抵制"。确实如此，在没有诱惑的世界里，人可以极尽想象地驰骋自己的道德，高推自己的境界。问题是我们生活在一个处处充满诱惑的世界，我们最需要抵制的不仅是外在世界的诱惑，更有内心的欲望。在外是诱惑，在内是欲望，二者一拍即合，一旦相遇，任何事情都有可能发生。人类所能做的不是对这二者假装看不见而刻意拔高自己的境界，而是平心静气地接受上天赋予人的所有的本质，追求肉体的享乐刺激和冷静的理性反思与观察。正如阿萨德所说："可怜的哈鲁特和马鲁特却没有认识到这些。因为天使从未面对过诱惑，所以一直先入为主地认为自己远比人类纯洁高尚，却未认识到，正是由于诱惑的存在，由于选择的可能，才使人能成为一个被赋予了灵魂的道德高尚的人，而无视人类客观存在的生理需要将间接否定人类道德的全部价值。"基于这种认识，伊斯兰教首创性地将灵魂视为人性的一个方面，不与之割裂开来。所以对穆斯林而言，精神力量的增长与人天性的其他方面是息息相关的，而生理需要也是这种天性的一个组成部分，是有积极意义的，是造物主赋予的，是可以用合法的方式去满足的，而不是所谓的"原罪说"的结果。从此，人类的问题不再是如何去压抑本能的需要，而是如何将其与精神需要协调起来，过上充实而正直的生活。

这种特有的概念源于伊斯兰人之初、性本善的观点，这与中华文化有相通之处。《古兰经》中说："我确已把人造成具有最美的形态，然后我使他变成最卑劣的，但归信而且行善者，将受不断的报酬。"①这段话的意思是：真主的被造物——人，是完美的赤子，但在现实生活中由于受物欲等世俗影响而产生一些劣迹，只有具有虔诚信仰和不断行善者，将独善其身、全美精神并受到真主的奖赏。而印度教认为人最初是低劣而污浊的，须痛苦地经过世世轮回才能接近完美，基督教却认为人生来就是罪恶的。

关于被误解最多的穆斯林女性地位和权利问题。实际上伊斯兰文明在人类历史上是最早赋予了女性极大的权利和宗教保护的。在公元7世纪，伊斯兰教就规定妇女有财产继承权、离婚权、家事和公共事务上的发言权，有权利做生意，也有权获取知识信息。以继承权为例，伊斯兰降世之前，在阿拉伯国家中唯有男子有继承权，典型的父系社会的男权至上主义，阿拉伯妇女和同时期其他文明一样，都被排除在继承权之外。然而，《古兰经》强调了个体成员尤其是妇女的继承权，这些权利是对早前的一些规矩的补充添加。穆斯林经常指出，西方社会直到20世纪才开始这样的平等措施，而伊斯兰教法中自7世纪就有了这样的规定。

一直以来，穆斯林一夫多妻制备受诟病。在伊斯兰教法中，一夫多妻是有条件的。在社会处于动荡或战争年代等特殊时期，由于妇女和孤儿的救助与抚养问题，穆斯林社会提倡一夫多妻，这样可以减轻社会负担，避免妇女堕落，多妻的丈夫既要救助妻子还要抚养孤儿，而且伊斯兰教还规定，即便是在这种特殊的时期，多妻也不能超过四

---

① ［巴］穆罕默德·阿萨德：《通往麦加之路》，孔德军等译，甘肃民族出版社2009年版，第114页。

个，四个妻子之间没有高低贵贱之分，丈夫在对待四个妻子时必须一视同仁，如果厚此薄彼，妻子有权利依据伊斯兰教法维护合法权利。伊斯兰文化中不但强调了这一点，而且还提倡这么做。在战争、饥荒和社会动荡的环境中，对于一个妇女来说，能够获得安全有尊严的婚姻，而且无抚养子女的顾虑等问题，远比一贫如洗甚至出卖肉体要好得多。可以说，在特殊时期，这一制度既维护了妇女的尊严，又维护了社会的稳定。由于教法规定比较严格，一般人很难做到，因此，在阿拉伯国家，作为丈夫理想情况是娶一个妻子。

伊斯兰文化的"和平""正义"意味穆斯林有责任创造一个正义公平的社会，使穷人与老弱妇孺都能受到良好的照顾。《古兰经》的早期社会道德观认为，囤积财富和积蓄私产是"为富不仁"的做法，而把财富的固定比例用于救济穷人，公平地和社会分享则是合法的。因此，伊斯兰教对穆斯林有明确的社会责任要求，念、礼、斋、课、朝五项功课，规定了穆斯林的个人功修和社会责任，念诵经典、礼拜真主、斋戒、朝觐天房四项是基于宗教的个人修养，而课即天课则是要求每个穆斯林对社会负责。伊斯兰教规定每个穆斯林每年将自己的财务做一次统计，全年收入按一定比例出散社会，用于扶老济弱、资助社会弱势群体以及公共事业等。天课制度年年为继，一视同仁，济贫作为宗教功修被规定，是每个穆斯林的责任和义务，强化了穆斯林的社会意识，富人不应因救济穷人而沾沾自喜，穷人也不必因接受富人的施舍而自卑，因为，伊斯兰文化认为，财富属于真主，不属于个人，个人财富是真主让他在今世具有暂时的保管权。也可以说，天课制度是穆罕默德先知所教导的由崇拜一神所产生的社会主义伦理。伊斯兰教把信仰加入政治，宗教加入社会，彼此之间是不可分割的。[①] 穆斯

----

① 参见［美］休斯顿·史密斯《人的宗教》，刘云安译，海南出版社 2013 年版，第236 页。

林不认为政治是宗教生活以外的东西，他们承诺要执行安拉的旨意建立一个公平正义的社会。

第三节　被放大的激进主义者

一　媒体宣传与历史事实

今天，穆斯林群体分布在人类足迹所到的任何一个角落，全世界伊斯兰国家数量达到了 50 多个，穆斯林人口超过了 16 亿。"与伊斯兰教诞生之初的阿拉伯人相比，现代的阿拉伯人早已大不相同。虽说如此，在伊斯兰教由阿拉伯半岛向现在的巴勒斯坦传播的过程中，埃及人、叙利亚人等非阿拉伯人亦借由改信伊斯兰教、学习阿拉伯语而加入伊斯兰共同体（Umma）成为阿拉伯人的一分子。……随着伊斯兰世界版图的扩大，所谓'阿拉伯'的意涵亦扩而大之，意指共同组成伊斯兰共同体、同操阿拉伯语的人们。因此，阿拉伯人与其说是一个民族的名字，不如说是一个文化概念还更贴切。"[1]

由于历史和政治等多重原因，一直以来许多非穆斯林把伊斯兰教描述为"穆斯林一手拿剑，一手拿《古兰经》传教"的结果。而《古兰经》云："对于宗教，绝无强迫。"同时还说："你们有你们的宗教，我们有我们的宗教。"穆斯林相信如果一定要在某种程度上令人信服，劝人改宗，那么就必须通过辩论和讨论的方式，而不是武力胁迫的方式。

---

① ［日］21世纪研究地编：《民族的世界地图》，张明敏、黄仰霁译，国际文化出版公司 2004 年版，第 27 页。

历史上，穆斯林并未要求犹太人或基督徒皈依伊斯兰教，而是允许他们在伊斯兰统治下尽臣民之责，纳税服役。阿拉伯民族是一个商业民族，在其统治稳固期间，伊斯兰文化处于绝对主流的态势下，帝国的经济利益高于文化利益，对异教徒征收高额的利税有利于经济发展，在强大的经济利益驱使下，宗教文化的归属不是帝国发展的主因，因而，基督徒和犹太人在伊斯兰统治下有数百年安然生活的历史，但是穆斯林和犹太人在基督教的欧洲世界却无容身之处，15 世纪西班牙被天主教统治后，穆斯林和犹太人都被驱逐出了这片土地。

曾几何时，伊斯兰世界的一切都被媒体渲染成保守、落后，甚至暴力、残忍，似乎与现代社会格格不入。现代社会淡化信仰追求世俗，讲求速度与激情，而伊斯兰强调信仰坚定，主张平衡稳定的生活节奏；现代社会媒体聒噪，追求时尚与消费，物质世界让人眼花缭乱，而伊斯兰强调平心静气、沉思参悟和生活简朴；现代社会传统家庭受到冲击，家庭成员追求个性解放，而伊斯兰强调家庭的社会作用，主张不惜一切代价保护家庭。[①]

当今世界几乎在任何一个穆斯林居住的地区，非穆斯林对穆斯林都有一种莫可名状的恐惧，这种恐惧一方面来自对这一群体的误解和臆想，媒体的重复渲染已经让很多人相信穆斯林崇尚暴力、品行不端，且目无法纪。另一方面来自历史记忆的相互之间的不信任。在以色列人心目中，来自巴勒斯坦的威胁被无限放大。以色列是一个拥有各类核武器的超级军事强国，后面还有美国撑腰，然而，在面对那些手持棍棒、投掷石块的近乎原始武器的巴勒斯坦难民的时候，竟然会心生恐惧。这种恐惧从何而来？有人就认为，这必然是对于古代穆斯

---

① 参见〔美〕阿克巴·艾哈迈德《今日伊斯兰》，冶福东译，甘肃民族出版社 2013 年版，第 284—285 页。

林战士的一种隔代遗传的恐惧；也有人认为，是以色列人抢占了巴勒斯坦人的土地而心虚；还有人认为，以色列人是通过恐怖主义手段建国，因此也恐惧巴勒斯坦人用同样的方式夺回国家。这是深刻而且复杂的心理恐惧，如果想要消除，就必须面对。①

这种对异质文明的抹黑并非空穴来风。在西方国家有组织地颠覆和抹黑以及媒体的传播攻势下，伊斯兰世界的种种弊病和个别人的激进行为被无限放大到了整个世界。在妖魔化的误导中，伊斯兰被贴上了与教义完全不相符的标签，穆斯林的形象一落千丈。取而代之的是：绑架、暴力、极端、恐怖组织、自杀式炸弹袭击。充斥在新闻媒体上的一幅幅关于伊斯兰世界的画面，不遗余力地将穆斯林渲染成一个好斗的、血腥的、愤怒的形象。这一切都要归咎于媒体。媒体的提线木偶角色在这里表露无遗。奥斯瓦尔德·斯宾格勒在《西方的没落》（*The Decline of the West*）一书中写道："没有哪个驯兽师指挥的动物，比媒体指挥得还好。……只要对那些大众读者一声令下，他们就会涌塞街道，一根筋似地奔向指定的目标……这简直是我能想象的最令人惊奇的关于思想自由的讽刺画了。从前一个人不敢自由地去思考，现在他敢了，却已无能力思考。他对于思考的意愿，其实仅仅是愿意对别人的命令做出响应而已，却让他感觉自己获得了思想自由。"这段话用在当下对穆斯林的集体抹黑并做出反应的受众上再恰当不过。

伊斯兰世界和西方世界纠缠几个世纪的政治、军事、文化等历史恩怨使得双方对彼此都没有什么好感。根深蒂固的仇恨记忆、阿拉伯帝国的土崩瓦解、十字军东征的戕害、西方强制输入民主与自由的政治变革，以及近代对中东地区的殖民掠夺，都是导致今天伊斯兰世界

---

① 〔美〕阿克巴·艾哈迈德：《今日伊斯兰》，冶福东译，甘肃民族出版社2013年版，第222页。

和西方社会对抗的原因。在当今民族主义与宗教复兴运动的文化背景下，我们没有理由认为宗教、文化差异本身会让不同文明之间发生不可避免的冲突。在这样一个多元的社会中，对于差异，我们不仅需要宽容也必须加以理解。一方面我们应该看到通过极端手段来实现利益诉求的极端组织（如 ISIS 之流）在伊斯兰世界毕竟只占极少数，但同时不应忽视，如果西方社会继续以强权政治和霸权外交干涉别国政治，持续妖魔化异质文明，那么，伊斯兰世界和西方世界日益加深的误解和曾被鲜血浇灌的仇恨将愈加的难以弥合，最终滑入战争对抗的边缘。

媒体的助纣为虐陡增了穆斯林与非穆斯林之间的敌意，甚至是激化了矛盾，媒体越是妖魔化，穆斯林越委屈、越不平、越愤怒，社会矛盾越来越严峻。穆斯林反美、反西方意识的情绪就连西方人自己也意识到"达到了惊人的程度"。面对国际政治秩序的不公平，以及西方强大的国家机器和外科手术式的精确打击，个别人绝望之余，最终走上了极端或激进的道路，报复媒体和社会。法国《查理周刊》事件即是典型案例。这也许是西方人认为他们为伊斯兰世界送去了"民主"而不被领情和西方国家"反恐"越反越恐的原因吧。但绝大多数的穆斯林在西方强大的媒体攻势下保持了缄默，以中正和容忍来包容冲突，他们并没有以牙还牙地叫嚣去诋毁其他文明。正如阿克巴·艾哈迈德所说："在如此的喧嚣和误解之中，有一些人的声音被淹没了。他们是一些安静的男女，过着普通人的生活，热爱和平与宽容的思想。他们依然在那里，但是他们的声音却很少被人们听到。之所以很少被人听到，是因为媒体从本质上来说是不允许这些人发言的。媒体喜欢大嗓门的人，所以上节目、出风头的正是这些人——让他们挑起争端，在穆斯林和非穆斯林中发起辩论。要做一个好的穆斯林就要接受自己的命运。神圣的《古兰经》一再地约束他们，告诫他们不可以高声嚷嚷。《古兰经》很尖锐地说，最大的声音就是驴子的声音。"①

一些穆斯林面对铺天盖地的侮辱和谩骂，委屈和愤怒无处宣泄，敌视西方国家与媒体是不可避免的，个别人用对抗或反抗的方式发泄不满，甚至出现比较激进的情况，这些内容又被媒体放大，再一次印证了伊斯兰教的"激进"与"极端"。

妖魔化异质文明与极端对抗都不是解决问题的办法，反而会使矛盾越来越激化。2016 年 3 月，美国总统奥巴马在一次讲话中提到："侮辱穆斯林并不会让美国更安全。"并在之前走访了美国的一个清真寺，这也许是一个信号，美国人也意识到了，对伊斯兰文明无论是来自国家层面的还是来自媒体的侮辱，都不是文明的行为，只会增加民族仇恨，让美国乃至西方世界陡增恐怖气氛和不安全，是两败俱伤的做法，因而要停止侮辱。

二 政治压榨与"逼上梁山"

有学者坦言，只要国际霸权主义和强权政治不停止，谁也不知道下一个步阿拉伯后尘的国家将是哪一个！张承志曾言，1492 年欧洲人打败了穆斯林，将穆斯林从西班牙赶出欧洲，开始了大航海，于是世界人民的悲剧就开始了：北美洲的印第安人被种族灭绝、澳大利亚的土著人被杀尽、非洲人被当作奴隶贩运到美洲、中国人被鸦片毒害、中东地区被殖民、财富被掠夺。……连强大的苏联都在美欧的操纵下解体了，试问面对美国咄咄逼人的全球战略谁能置身事外？

面对如此复杂的国际局势只有壮大自己才是硬道理，我们常说"弱国无外交"，其实弱国非但无外交，弱国的任何自主行为都必须看人脸色、仰人鼻息，否则会招致无情打击。何新先生曾用一个寓言来

---

① ［美］阿克巴·艾哈迈德：《今日伊斯兰》，冶福东译，甘肃民族出版社 2013 年版，第 302 页。

说明这种情况，"在一个既存在狼也存在羊的世界上，如果羊群为自己建一些特别的篱笆和墙，试图把自己保护起来，那并不是由于他们在观念上不够开放，而仅仅是为了设法不被狼吞掉。但从狼的观点看，也许会认为这些篱笆是不必要的，甚至是挑衅的，因为它妨碍了自己随意地进出"。

当西方媒体将脏水泼向穆斯林群体的时候，人们甚至连历史也忘却了。很多穆斯林义愤填膺地指出：多少个世纪以来在伊斯兰教统治下，印度、西班牙与近东，基督徒、犹太教徒以及印度教徒都平静地生活在自由之中，就算是在最坏的统治者之下，基督徒和犹太教徒也占据有影响力的位置，并且一般而言也保留了他们的宗教自由。反过来再看，是谁以"和平王子"之名号召十字军东征？是谁建立了宗教法庭？发明了拉肢拷问台和十字架火刑来作为宗教的工具，把欧洲卷进破坏性的宗教战争？中正客观的历史学家对这个问题一致认为，伊斯兰教至少在使用武力的记录上绝不比基督教更为黑暗。

其实，这是穆斯林的"错"，在赤裸裸的丛林法则下，以羊的哲学观审视狼的行为肯定是自己世界观存在局限性。穆斯林想不通，为什么坏事都是别人干的，却让我们来背黑锅？为什么从西方"民主""自由"的思想传入的那一刻起，我们平静的生活就完全被打破了？取而代之的是无休止的边境战争和种族仇杀？为什么我们敞开怀抱款待落难之人，最后竟被反客为主，从主人摇身一变成了丧家之犬？所有发生在他们身上的一切都不是一句认命就能坦然接受的。尤其是穆斯林最为敏感和看重的宗教，他们希望能够按照伊斯兰的教义过传统的生活，这其中包括谨守拜功，体恤贫寒和封斋等，然而，连这些最起码的要求在当代文明的冲击下也遭到质疑和污蔑。如西方媒体多次对伊斯兰教及其先知穆罕默德的侮辱，还有美国拍摄的电影《穆斯林的无知》，他们已经没有了退路，一步步被逼上了反抗之路。

许多穆斯林持这样的观点：伊斯兰世界以其庞大的人口和丰富的

资源，完全有可能成为这个世界存在的主体。然而，几乎所有伊斯兰国家的政局都动荡无常，以致西方观察家会轻而易举地为伊斯兰国家集团贴上"危机弧形带"或"伊斯兰危机新月带"的标签，他们挑出一些伊斯兰国家，并且穿越亚洲或是非洲，把它们拽在一起，于是中亚、阿富汗、伊朗、伊拉克与土耳其形成一个新月。媒体把这些国家和地区宣传成是造成当今世界动荡和不安的主要根源，而根本不提其动荡的后殖民主义时期的政治经济原因和幕后黑手，一旦被媒体贴上这样的标签之后的任何利益诉求都会被看作该文明或族群无意识的无事生非。

以巴勒斯坦青年为例，半个多世纪处在绝境中，生不如死的生活使他们愤然萌发了为正义求死的渴望。今生既然难求正义，后世永生则绝不可错过。以卵击石、同归于尽的自杀式袭击，既是出世精神的身心投入，也是对国际社会政治不公平的宣誓与灵魂的解脱。现世中的叫天天不应，叫地地不灵的走投无路，只能激起他们对后世更多的渴望。所以，巴勒斯坦人才会选择如此惨烈悲壮的方式，"以恐怖活动来求得后世的生存"。其实，这种绝望的悲剧复仇方式在其他民族中也存在，近现代犹太人采用恐怖主义手段打败英国殖民主义者而建国即是典型。第二次世界大战后，在美国的支持下，以色列国父本·古里安公开宣誓，用"血腥的恐怖"和"持续的野蛮暴力"，摧毁英国在巴勒斯坦的统治。他们"袭击英国军警和行政机构，破坏铁路、公路、桥梁和通信设施，偷渡移民，走私军火，后来甚至暗杀了英国的中东大臣莫因勋爵，炸毁了在耶路撒冷的英军司令部——大卫王饭店"[①]。

应该看到，前赴后继的激进分子层出不穷的另一个原因和席卷全球的城市化进程有关，城市化进程不仅冲击伊斯兰文化，而且使穆斯

---

① 左文华、肖宪：《当代中东国际关系》，世界知识出版社 1999 年版，第 77 页。

林沦为城市贫民。阿拉伯人早就习惯了游牧生活，然而，就在过去的半个世纪里，伊斯兰国家现代化城市范围横跨北非和大中东，那些游牧民族或高原沙漠上的绿洲居民摇身一变成了城市居民，混迹于拥挤破旧的都市民居中。而城市生活的人情淡漠，更助长了宗教情感的加深。在古老的村庄，宗教是广义的大家庭之间日常传统和生活的自然延伸，但向城市迁移的过程中，穆斯林逐渐走进了贫民窟式的生存环境。为了保持家族的凝聚力，让年轻人不致滑向犯罪深渊，宗教必须经过重新改造，或具有更强烈的意识形态色彩。国家的职能因此被削弱了，或至少让它三分，有时甚至不得不容忍极端的民族主义和宗教行为，这些都是城市化推进的后果。①

西方的评论人士往往自以为是地认为，只要穆斯林走上了民主和现代化的道路，他们就会像大多数西方人一样，最终在他们的生活中将宗教和世俗分离开来。然而，穆斯林坚定认为，穆斯林要么是穆斯林，要么不是穆斯林，这是一个非此即彼的二元对立的命题。在这个问题上无法摇摆，如果他们真的摇摆了，那么就彻底变质了。传统与现代、精神与物质、公平与效率，是摆在人类社会的永恒主题。不管怎样说，不尝试改变，用听之任之的消极态度处事或者简单复古，或主观臆断地将自己的文化模式强行输入他国都很难解释今天年轻人比老年人、妇女比男性更强烈、更激进的"原教旨主义"复兴。

普通的年轻穆斯林才是伊斯兰的未来和希望，他们需要坚定自信地扬弃父辈的激进立场和论调，以更加博大的胸怀和高超的智慧寻找对话的可能，而不能在怒气和激情的操纵下无视伊斯兰的平等与仁慈的教诲，走向简单地以暴抗暴的悲剧性道路上去。中东国家因为不拥有先进的军事技术和大规模杀伤性武器而在正面战场上占不到便宜。

---

①　参见［美］罗伯特·D.卡普兰《即将到来的地缘战争》，涵朴译，广东人民出版社2013年版，第141页。

但这些国家的文化和宗教传统很容易衍生出一些次生国家军队，在特定环境的战斗中，他们比国家军队更具杀伤力。南黎巴嫩的真主党，斯里兰卡北部前泰米尔猛虎组织，巴基斯坦西北部的亲塔利班组织和其他普什图族部落集团，阿富汗塔利班本身，以及2006—2007年内战期间伊拉克境内多如牛毛的民兵组织等，都是特定地形条件下的次生国家军队日益显著的例子。

"伊斯兰复兴主义""伊斯兰振兴""伊斯兰运动"，这些都是当代特有的新名词，这些术语和伊斯兰的历史一样久远。《古兰经》强调"宗教不应有所强制"。穆斯林认为伊斯兰教不强迫其他宗教，而其他宗教也不应强迫伊斯兰教。战争在《古兰经》中是被厌恶的，明确指出"枉杀一人，如杀全人类"，并严禁杀害妇女儿童和俘虏以及针对平民的恐怖袭击。在《古兰经》中，正义的战争乃是面对外族入侵的自我防卫战争，而这种正义的战争，在伊斯兰文化也仅仅被视为"小吉哈德"①，真正的"大吉哈德"是穆斯林要与自己的私欲、妄念做长久不懈的斗争。

那么，是什么让这样一个谨守伊斯兰中正和平教义和经典的民族，宁可背负"离经叛道"的嫌疑而走向偏执呢？这是值得深思的！

三　恐怖主义与西方"反恐"

央视评论员张召忠将军曾言："霸权主义和国际强权是恐怖主义的根源！"因此，如果美国再不改变其全球战略，恐怕最乐观的预测者也看不到恐怖主义消失的迹象。

"恐怖主义"于美国而言，其实就是一顶想扣就扣想摘就摘的帽子，完全取决于心情。从20世纪50年代初的朝鲜战争开始，对自己看不顺眼的国家挨个打，朝鲜、越南、伊朗、也门、利比亚、叙利

———————————

① "吉哈德"是阿拉伯语的音译，为穆斯林的功修之一，意为尽力、努力、奋斗。

亚……现在又把手伸向了乌克兰和中国。然而，现实是美国在全球的"反恐"越反越恐，"恐怖分子"越反越多，已遍及中东、欧洲、美洲和亚洲。谁反美，谁就是恐怖主义。今天美国想打击谁，谁就是恐怖主义，明天不想打击谁，谁就不是。美国这种随心所欲、反复无常的强盗逻辑一目了然，然而却使得奉真实为圭臬的新闻媒介集体失去操守，一边倒地站在美国政治立场上为之张目，明目张胆地执黑为白，真是让人齿冷。

正如哈桑·图拉比所说："首先必须弄清楚恐怖主义的概念。法国人民反对德国占领时，你们有一个尊贵的名称——抵抗运动，而巴勒斯坦人民反对占领他们的领土时，却被你们称为恐怖主义。"在抱怨西方的双重标准之余，这些为独立而奋斗不息的人民终于认清了国际政治的游戏规则和底牌：西方社会不愿意看到穆斯林运动的成功并建立独立统一的国家。

有人说，穆斯林自从告别弯刀快马的时代就没有胜利过。这是事实，近现代以来，小亚细亚的太阳陨落了，伊斯兰世界落伍了，几个世纪以来被西方列强政治、经济、文化殖民，积贫积弱，以致在五次中东战争中惨败，这意味着西方世界对伊斯兰世界的巨大胜利和穆斯林的失败，再一次证明了"落后就会挨打"的至理名言，同时也说明，政治上的失败就是文化上的失败。"覆巢之下焉有完卵"，试想，一个强大的帝国被瓦解，弱小政体被控制，经济被掠夺，文化又怎能独善其身不被侵蚀和污蔑呢？

正义的天平彻底失衡，正面战场力量悬殊的对比、正义诉求的充耳不闻、妇女儿童的大量死亡，换来的却是国际社会的集体冷漠和咎由自取的责难。真可谓叫天天不应，叫地地不灵。当穆斯林有朝一日发现自己的所有努力和存在本身早就淹没在了贴好标签的臭水沟中的时候，不禁发出了"正义安在？人权何存？"的感喟。正如张承志在《投石的告白》中所说："使用石块难道能进行战争么？不，这不是战争手段，而是心情的传达。巴勒斯坦人用这样的语言，呼喊着公正，呼喊着最古典和最底线的良心。投石的语言是神奇的：它超越了障壁唤起了良知和同情，也为非武装的民众反抗，做了痛苦而警醒的定义。自从1987年的巴勒斯坦人民第一次起义以来，这种达乌德—大卫式的象征行为以及这种石块迎击坦克的声音就没有停止。孩子的石块不可能打败坦克，所以这是象征，这是一种语言表达而不是战争手段。孩子们的石块说出了巴勒斯坦民众抵抗的正当性。孩子们用石块说：'我们没有武器。我们用石块呼喊。'人们，你们听见了吗？"

既然阳光大道走不通，那就不惜一切代价前赴后继地奔向旁门左道甚至是歪门邪道。"恐怖主义"和极端主义者的残忍做法当然不见容于一个文明社会的价值体系，但其背后强国为自身利益所一手导演的"逼上梁山"的悲剧的深层根源也不应被忽视。在国际正义与公平丧失的背景下，"原教旨主义"推动伊斯兰复兴运动突飞猛进。对此美国著名学者萨义德有着深刻的理解："几乎每一种奋斗前进的现代运动都会在某个阶段诉诸恐怖活动，南非曼德拉的非洲民族议会是如此，犹太复国主义也不例外。"①

不可否认，政治体系的涣散和思想体系的瓦解也是宗教极端思想抬头的因素。冷战结束后，中东各国受西方资本主义社会唯利是图、拜金主义、消费主义的价值观影响，传统的信仰体系在侵蚀下轰然崩塌，阿拉伯人民在享受了现代文明带来的技术便捷和精神与肉体无拘束的畅快之后，心灵异常空虚，开始寻找传统的宗教和文化归宿，这也许是民族主义伊斯兰复兴主义抬头的诱因之一吧。阿拉伯世界，从政体转换到文化变迁，从宗教礼仪到男女平等，从家庭结构到生活方式，方方面面的现代化具有极其丰富的探索内容，同时也产生了许多

---

① ［美］萨义德：《遮蔽的伊斯兰》，阎纪宇译，（中国台湾）联经出版事业公司2003年版，第238页。

歧见。因此，在缺乏统一的政治思想统领的状况下，各种不同观点的分歧在所难免，谁都可能在任何方面进行探索，谁都有权根据自己对教义的理解独树一帜，乌玛、迁徙加"圣战"，激进激发更激进，极端刺激更极端，甚至出现了曲解圣意、师心自用、过度阐释的情况。叙利亚复兴党人阿弗拉克就认为，"伊斯兰教是为革命者才能理解的宗教"①。霍梅尼更进一步认为："伊斯兰是追求自由、独立者的宗教，亦是奋勇反抗帝国主义者的学堂。"②

基于国际政治的全球化和不公平，宗教教义的解读也日趋政治化，更多表现出的不是消极出世而是积极入世，不是不问政事的冥思潜修而是执意干预政治和改造社会的战斗姿态。教义解读的多样化导致的直接结果是宗教形态的多样化。正如王小强先生所说："席卷全球的伊斯兰复兴，从世俗政府到恐怖极端，也可以从沙特、阿联酋、摩洛哥的部落君主，伊朗、苏丹的政教合一，土耳其、埃及的资本主义民主，叙利亚、伊拉克的社会主义集权，马来西亚、印度尼西亚的东亚模式，一直数到阿富汗炸大佛的塔利班……加沙的自杀炸弹哈马斯，黎巴嫩明火执仗的真主党，车臣、库尔德没完没了的独立运动。"③ 伊斯兰复兴运动从温和到激进，从官方到民间，根据不同主张、利益分配组成了各种各样的组织。然而这一切的一切都涵盖在"伊斯兰"这简单的三个字下面。

什么是"宗教激进主义"？为什么所有激进的新型组织都打着这个旗号？为什么它会在当今世界政治博弈中占据一席之地？我们不容易给这一概念下一个明确的定义，但他们几乎无一例外都是反对所谓伊斯兰世俗化的产物。他们认为当下很多穆斯林受西方世俗主义和拜

---

① 吴云贵：《近现代伊斯兰教思潮与运动》，社会科学文献出版社 2000 年版，第 217 页。

② ［英］凯伦·阿姆斯特朗：《为神而战》，王国璋译，（中国台湾）究竟出版社 2003 年版，第 369 页。

③ 王小强：《文明冲突的背后》，（中国香港）大风出版社 2004 年版，第 153 页。

金主义思想的影响，沉醉于现世的享受而忘却了两世吉庆的准则，这是对伊斯兰正道的背离，要想重建一个真正的伊斯兰秩序就必须回归传统，直接从伊斯兰教法中寻求启迪，用传统的、正宗的伊斯兰法度取代当前从西方思想演变而来的民法与刑法的标准。他们认为西方的意识形态必须受到谴责，而现代化的科学与技术则是可以接受的，但是必须纳入伊斯兰信仰的框架之下。穆斯林并不排斥现代文明和文明的多样性、丰富性，穆斯林认为，现代技术不是西方人的专利，而是真主对整个人类的恩赐，他们不反对科学技术，不反对现代文明，更不反对犹太人和基督徒，他们反对的是打着文明旗号的文化沙文主义和殖民主义以及犹太复国主义。一方面，他们承认基督徒和犹太人是有经人，区别于那些纯粹无信仰的人；另一方面，他们又认为这些人与西方的殖民主义、犹太复国主义沆瀣一气，成为不信道者。

应该看到在政治全球化背景下，传统文化和信仰体系的轰然崩塌带来的是全球信仰危机。然而，霸权主义和强权政治对自己的贪得无厌、蛮横无理毫无察觉，而对其刺激下产生的"恐怖主义"穷追猛打，被打击的民族为了维护领土的完整与保护传统文化的纯洁性，顽强地走上了反抗的道路，这也是美国的反恐越反越恐的深层根源。

第四节　拒绝对话的政治强权

在政治全球化背景下，西方世界与东方世界的强弱格局已然形成，霸权主义和强权政治者不希望第三世界觉醒、崛起，也不容许第三世界人民从他们的既得利益中分出一杯羹来，因此，使用强势的国家机器和媒体话语霸权极力打压对方以维护世界霸主地位。

一 政治全球化下的各方博弈

虽然，美国哈佛国际和地区问题研究所所长塞缪尔·亨廷顿的《文明的冲突与世界秩序的重建》著述从发表之日起就受到了激烈的批评和诟病，但受此观点的影响，时至今日仍有很多人将伊斯兰世界与西方世界之间的冲突归结为文明之间不可避免的冲突，而不愿去仔细追究背后的深层根源。在这方面王小强先生的论著《文明冲突的背后》有着非常深刻、精彩的阐释，但遗憾的是，理性反思的声音无论在国内还是国际社会都很快被淹没在了主流媒体强大的话语霸权中去。

亨廷顿的逻辑是：文明间的冲突有"先进文明"和"落后文明"之分，而欧美代表的是"先进文明"，伊斯兰文明或东方文明自然处于"落后文明"的境遇。"先进文明"有责任带领"落后文明"走向先进，"落后文明"也有义务放弃自己落后的文化和生活习惯，努力学习"先进文明"的生活方式和意识形态的理念。由于任何一个由落后走向先进的文明都不是一蹴而就的，有的时候难免发生流血冲突，这些不值得大惊小怪，这是历史发展的必然代价。因此，在面对"先进文明"的时候非但不能抵抗而且要敞开胸怀拥抱，必要的时候要用武力捍卫"先进文明"的理念。这一观点赤裸裸地彰显了全球化政治霸权的态势。

在"文明冲突"的大旗下，美国可以轻而易举地推行其全球战略，可以公然地入侵主权国家，可以打着民主自由的旗号或明或暗地推翻任何一个于自己不利的政府，可以随意掌控石油资源的走向进而建立以石油为依托的美元货币体系，还可以在任何两个冲突国家中充当和事佬，在捞足好处后分而制之。

"毁其名，攻其势"是西方将全球化强权政治玩弄于股掌之间的伎俩。2003年的伊拉克战争，媒体被当作武器，成了不逊于海、陆、空的第四战场。以美国为首的西方国家成功地控制了全球媒体，来自阿拉伯一方的传媒被彻底封杀，伊拉克人遭遇了一场连对手都没看清的可悲的大屠杀。萨达姆被塑造成"当代希特勒"、专制、独裁、暴君的形象，于是电视屏幕上演了一场事关"人类正义"与"非正义""先进文明"和"落后文明""民主"与"专制"之间的媒体单边战，舆论压倒性地倾向了西方世界，西方媒体打了一场漂亮的战争。

　　在这场媒体战争中，媒体非但没有代表正义反而在战争中扮演了全球政治强权帮凶的角色。对此阿克巴·艾哈迈德感叹道："在这样一个电视画面冲击、原声剪辑播出的媒体时代，穆斯林还没有找到充分表达自己的方式。他们的领导人，无论是卡扎菲还是萨达姆，都过度依赖群众集会演讲和对电视节目的控制，这在西方看来都是虚假的，毫无效果。此外，语言翻译工作做得很差。在穆斯林城市中的群众集会上讲话时用一些夸张的修辞方式，什么将敌人从地球的表面抹去、战斗之母会杀敌成千上万之类的话，可能没有什么不妥，但是在国际媒体大众对这些话语的翻译确实糟糕。穆斯林领导的形象要么是军事独裁者，专门下令砍手剁脚和鞭笞穷人，要么就是部落暴君，再就是社会主义独裁者①。而事实的真相却是，以美国为首的世界上最强大的多个西方国家绕开联合国，在子虚乌有的理由下联手摧毁了一个充其量算作第三世界的强权政治国家，犹如四五个武装到牙齿的军人暴打一个体弱多病的穷汉，而这一做法不仅严重违反了联合国宪章，而且有失人道。

　　而对于中东世界，面对西方强大的"文明"攻势，为了拒绝同化、反抗文化污染，穆斯林对来自西方世界的一切都开始持怀疑、反对的态度。他们意识到裹在糖衣下的一定是各种各样的炮弹，因此对于萨达姆、卡扎菲、巴沙尔甚至本·拉登这样的人物，穆斯林从情感

---

　　① 参见［美］阿克巴·艾哈迈德《今日伊斯兰》，冶福东译，甘肃民族出版社 2013 年版，第 286 页。

上而言是有不同的看法的，但因为他们都站在了美国的对立面，那么从立场上就应给予支持。正应了那句话——"敌人的敌人就是我们的朋友"。以萨达姆为例，其实他就是西方国家 20 世纪 80 年代一手扶植起来的遏制伊朗伊斯兰革命的政治代表，但是当他调转枪头开始反抗美国及西方世界的时候，人们还是毫不犹豫地走上街头以示支持。

自 19 世纪以来，伊斯兰世界受到西方世界太多的羞辱和侵略，肚子里有太多的怨气，反抗意识与生俱来。方兴未艾的伊斯兰复兴运动一步步从温和到激进，从官方到民间，根据不同主张、利益和专业领域组成各种国际伊斯兰组织。虽然这些组织之间矛盾重重，有些主张甚至大相径庭，恰如亨廷顿所言："就政治表现而言，伊斯兰复兴运动与马克思主义有某种相似之处，它有经文，是对理想社会的描述，执着于根本的变革，拒绝现行政权和民族国家，以及有从温和的改良主义到暴力革命的不同主张。"[①] 但在对待美国为首的西方阵营的态度上则毫无二致。

眼下，恐怖主义与极端主义集中于中东地区，当全世界的人们都把异样的目光投向了这块土地或文明时，恰恰忽略了一个更应该受到谴责的对象——不道德的全球化政治、霸权主义和强权政治。因此，问题的根本并不是什么文明的冲突，也不是宗教的冲突，而是政治利益与经济利益的冲突，它甚至超出了伊斯兰世界和西方世界之间冲突的范围。从这种意义上讲，我们可将之称为世界大战，不是第三次世界大战，而是第四次，也是唯一的真正的世界大战，因为战争的赌注就是全球化政治本身。……恐怖主义是不道德的，"9·11"事件是不道德的，它们所针对的全球化也是不道德的。[②]

---

① ［美］塞缪尔·亨廷顿：《文明的冲突与世界秩序的重建》，周琪等译，新华出版社 2002 年版，第 112 页。

② 参见反恐怖研究中心《恐怖主义与反恐怖斗争理论探索》，时事出版社 2002 年版，第 57 页。

二　"全球战略"的祭坛

1997 年，布热津斯基发表《大棋局》阐述美国的首要地位及其地缘战略，核心思想是："在欧亚大陆的地图上加强和永久保持地缘政治普遍的多元化符合美国的利益。这促使人们重视纵横捭阖，以防止出现一个最终可能向美国的首要地位提出挑战的敌对联盟，且不说防止任何一个特定国家试图向美国挑战的微弱的可能性。"①

无独有偶，2005 年伦敦共济会所讨论的"盎格鲁·撒克逊计划"已经设计了一套对地球上有色人种进行清洗的战争方案。这个文件是 1995 年彼得伯格俱乐部旧金山"费尔蒙特饭店会议"精神的扩展。国际共济会的终极目标是建构共济会国家统治下的"世界新秩序"。其前提是要减少地球上的"垃圾人类"，对之进行清除和隔离。共济会要统治世界——不是要把自由、民主、富裕、繁荣给予世界，而是要建立一个金字塔式的统治制度，让 20％的"共济会精英"统治 80％的"愚民"。

为了保护和实现美国的全球战略，美国支持本·拉登打苏联，支持萨达姆打霍梅尼，与专制君主结盟，为腐败的部落酋长而战。对此王小强说道："在统一大国支持各种理由的人民公决，'人权高于主权'地制造国家分裂，在分散小国维护各种形态的专制腐败，'神圣主权不容侵犯'地破坏民族统一，是不当帝国的帝国主义处理国际事务的基本逻辑。所以在民主选举的南斯拉夫，是'人权高于主权'。到了部落酋长的科威特，就成了'神圣主权不容侵犯'了。只要油田管线分布不对，科威特过去是伊拉克的一个县也不行。一方面，以色列几十年如一日，霸占的全是主权国家不容侵犯的神圣领土；另一方

---

① 〔美〕布热津斯基：《大棋局》，宋以敏等译，上海人民出版社 2007 年版，第 259—260 页。

面，阿拉伯民族统一的强烈诉求被妖魔化成'泛阿拉伯主义'的痴心妄想。双重、多重标准的口号，变幻莫测的旗帜，翻云覆雨的理由，找到找不到的证据，背后始终不变的是不当帝国的帝国主义美国的利益。"

老布什曾经毫不讳言地表达了美国的目标："美国并不是一个需要扩张的帝国，也不准备建立一个乌托邦。我们没有领土野心，没有建立一个帝国的企图。我们的国家是为了自己与他人的自由而奋斗的。"事实真是这样吗？这个打着"为了自己与他人的自由而奋斗"旗号的国家到底都干了些什么：伊朗民主选举出摩萨台，因为主张石油国有化，被美国中央情报局插手推翻，代之以亲美的巴列维国王的独裁专制；危地马拉民主选举出阿本斯，因为主张比较激进的土地改革，被美国中央情报局插手推翻，代之以阿马斯的独裁专制；智利民主选举出阿连德，因为主张社会主义，美国故技重施，以独裁的皮诺切克取而代之；印尼民选的苏加诺变成了专制的苏哈托，这也要拜美国所赐。美国在中东的朋友，包括沙特、阿联酋、科威特、卡塔尔、巴林、阿曼，全是不学美国的一夫多妻、穿长袍、蓄胡须的部落酋长家族世袭统治。而美国在中东的对头包括埃及、叙利亚、利比亚、伊拉克却都是土地改革、工业国有化、妇女解放、真的学习美国的政党民主选举。[①]那些听话的朋友，纵然实行封建世袭制也安然无事，而那些不听话的国家，即便是实行了民主选举也难逃被打击的下场。

政治全球化实际上是西方的全球化，是以美国为首的西方世界的"全球战略"在作祟。打着民主、自由旗号的全球化背后是荷枪实弹的美国大兵。而全球化带来的两极分化又必然导致战争私有化的惩罚。有数据表明，全世界每七秒钟就会有一个不到十岁的儿童死于饥

---

① 参见王小强《文明冲突的背后》，（中国香港）大风出版社 2004 年版，第 110 页。

饿。这些食不果腹、衣不蔽体的儿童不懂得什么价值、意义，他们只会为食物而战，一旦受到接济，满足了最低生活保障，他们将义无反顾地为某些组织源源不断地注入新鲜血液。这才是未来恐怖主义最让人担心的问题。一面是笙歌艳舞、香车宝马的资本主义的灯红酒绿，另一面是饿殍遍野、嗷嗷待哺的难民的痛苦呻吟。巨大的社会不公和两极分化从来就是恐怖主义滋生的温床，但要让自诩优秀富裕的美国人牺牲自己的利益分一杯羹给巴勒斯坦、叙利亚难民和非洲饥民则无异于痴人说梦、与虎谋皮。

　　资源是有限的，全球的资源也只够某些国家的国民过上奢侈的生活，多余的成本必然要由其他国家的人民来承担。1994年美国政府发表《国家参与和扩展安全战略》中说："从较长的时期来看，随着国内资源的逐渐枯竭，美国对外国石油的依赖程度越发严重。自第一次石油冲击以来，美国经济增长了大约75％，在此期间我们的石油消耗几乎没变，石油产量却下降了。这些事实表明，必须继续持久地依靠充分利用和节约能源，寻找其他能源资源。尽管采取节约能源措施，美国仍然对无障碍地获取这种重要的资源抱有极大的兴趣。"[①] 欧美反思国家资本主义带来的社会不公和两极分化的恶果，开始借鉴社会主义的福利制度以调和、缓解矛盾，但这种"均贫富"的成果也仅仅止于本国人民而不会让第三世界人民利益均沾。无独有偶，美国的老牌盟友在看到美国的尴尬处境后也极力避免步其后尘，纷纷探索新的发展路线。法国原计划署署长阿尔贝尔提出，冷战结束之后，德国、日本莱茵模式的资本主义，与美国模式的资本主义展开竞争。前者强调集体主义后者强调个人主义。[②] 英国的吉登斯强调，冷战结束后，欧洲社会民主党人应当继续坚持既非美国式资本主义，又非苏联式社会

---

① 参见安维华、钱雪梅《海湾石油新论》，社会科学文献出版社2000年版，第351页。
② 参见［法］米歇尔·阿尔贝尔《资本主义反对资本主义》，杨祖功等译，社会科学文献出版社1999年版，第17页。

主义之"第三条道路"的探索。①

　　兔死狐悲，殷鉴不远。伊斯兰世界反抗美国"全球战略"的一幕幕活剧值得中国人深思。没有领土要求，不要割地赔款，是美国与其他老牌帝国主义之间最大的也是最高明的标志性区别。新时代美国全球战略的特点是：不当帝国主义的帝国主义，只占帝国主义的便宜，没有帝国主义的负担，是比当帝国主义的英联邦殖民方式更自私、更不负责，从而更实惠、更赤裸裸的强盗逻辑，是当代帝国主义的高级形态。一方面，"美国被广泛地看作代表着未来，是一个值得钦佩和仿效的社会；另一方面，老师总是揍学生，而且是谁学得越好越有可能国强民富，老师就揍得越狠。在符合美国国家利益的时候，美国政府高举反专制、反侵略和民主自由的旗帜，与真诚的美国人民一道，为捍卫部落酋长的腐败专制而流血牺牲。在更多的时候，任何一个统一强大的国家或地区崛起，都是对美国世界霸权的挑战，遭到美帝国主义的遏制、阻挠颠覆，甚至发动战争。"② 对此美国政府毫不讳言："为保护和实现美国的利益，美国政府必须有能力影响其他国家的政策和行动。这就要求美国保持在国外的参与，尤其是那些使美国最重要的利益处于危险的地区。"③

　　穆斯林在美国的全球战略中从来就不是一种单一信仰的族群，更像是一组在诸多利益角逐中随时被祭出的改天换地的筹码，还是可大可小、可黑可红、变幻莫测的王牌。在全球"反恐"大潮中，扛着大旗四处摇唇鼓舌一副深受其害模样的欧美领导人恰恰是陷入战争泥沼无法自拔的最大受益者，其所极力丑化、抹黑的恐怖大亨们无一不曾是他们极力拉拢腐蚀的座上宾客，积极支持世界各地的伊斯兰复兴运

---

　　① 参见［英］安东尼·吉登斯《第三条路》，郑戈、渠敬东、黄平译，（中国台湾）联经出版事业公司1999年版。

　　② 参见王小强《文明冲突的背后》，（中国香港）大风出版社2004年版，第111页。

　　③ 参见周建民、张曙光《美国安全解读》，新华出版社2002年版，第291页。

动，从来都是其制造分裂、干涉别国内政的屡试不爽的利器。从中东到中亚、南亚、东南亚几乎所有的分裂组织、地方武装都是欧美迫不得已退出殖民统治又不甘心失去话语权，从而利用矛盾、制造矛盾的两败俱伤的结果。

一个好端端的阿拉伯世界被人为切割成20多个主权国家和一个永无宁日的巴勒斯坦地区，而这一切都是拜欧美所赐。就连被美国成功"斩首"的本·拉登和萨达姆，都是美国支持阿富汗反苏和对抗伊朗伊斯兰革命亲手扶植起来的。"本·拉登曾向外界透露，他本人的一个教官就是美国的'越战英雄'。"在整个20世纪80年代，美国极力支持本·拉登反对苏联。据有关资料披露，本·拉登曾在阿富汗接受美国中央情报局所谓半隐蔽行动领袖的训练，至1986年，美国给予这些反苏斗士们大量援助，其中包括专门对付直升机的"毒刺"便携导弹。据估计，在整个阿富汗战争期间，本·拉登集团获得的美国军事援助高达2.5亿美元。[①] "美国则公开表示支持一场伊斯兰教圣战，推动援助阿富汗伊斯兰战士的工作。根据今天获得证实的消息，以色列曾进入阿富汗境内实地参与，在一些美国人不愿意介入的情况中，支持顽强而极端的安排。"同样，伊拉克原总统萨达姆也和美国度过了一段"蜜月期"。两伊战争时期，1981年，美国通过以色列向伊朗出售几十亿美元军火用来抵抗伊拉克的进攻。装备了先进武器的伊朗在军事上取得了压倒性的优势，"伊拉克处于崩溃边缘"。里根政府"不能允许萨达姆·侯赛因被德黑兰这个激进的反美的伊斯兰政府打败"。美国急忙把伊拉克从支持恐怖主义国家的名单上删去，1983年时任总统特使的拉姆斯菲尔德亲赴巴格达，拜谒萨达姆，共同商讨"反恐"大计。1984年，美、伊两国恢复正常外交关系。1986年当美国正同伊朗进行秘密武器交易的同时，也同伊拉克秘密达成向

---

① 参见崔国平、郭瑞芳《21世纪战争透析》，河北科学技术出版社2003年版，第39页。

其提供美国侦察卫星拍摄的有关伊朗地面设施的协议。结果，这为伊拉克频频空袭伊朗目标提供了方便。① 我们在感叹国际关系朝三暮四、变幻无常的脆弱之余还会发出这样的感叹：这真是搬起石头砸自己的脚。然而让人义愤填膺的是美国自己翻云覆雨、玩火自焚也就罢了，还要求看客们选边站，并施以援手，碍于强权的看客们的尴尬处境可想而知。

美国一方面叫苦连天，因为仅伊拉克战争美军就损失了4000多名士兵和6万亿的庞大军费。美军劳师糜饷推翻萨达姆和卡扎菲的专制统治，希望按美国式的民主重建秩序，谁知竹篮打水一场空，倒是给"原教旨主义"复兴扫平了道路；另一方面又绝不退缩，把手伸得更长，把每一个不看自己眼色行事的中东政权一一推翻。最近冒出的极端组织ISIS，即是美国错误的中东战略的后果。

在美国全球战略的推动下，伊斯兰世界被构建为一个个相互对立的政权，更为怪异的是，面对陷入战争与恐怖主义泥沼的巴勒斯坦、伊拉克、阿富汗、科索沃、车臣、克什米尔等地区，没人去责怪西方国家对之实施的阴谋，反而指责这块土地上的人民所信奉的宗教，这就是在媒体的密切配合下西方国家的高明之处。

在成功瓦解了苏联、打够了伊斯兰世界后，如今，美国又虎视眈眈地注视着中国，在中国南海挑起了事端，对美国来说，中国的崛起强大才是其最强大的敌人。亨廷顿在其著述《文明的冲突与世界秩序的重建》中，毫不讳言地表达了中国带给美国的忧虑：竭尽全力促成中国分裂，符合美国的战略利益。不当帝国的帝国主义，逻辑十分清晰：无论中国如何反复重申不称霸，统一强大的中国就是对美国最大的威胁，继续发展就构成了美国满世界利益均沾最严峻的安全问题。换言之，中国只有像欧洲那样分裂成一个松散的联盟，才能真正化解

---

① 参见左文华、肖宪《当代中东国际关系》，世界知识出版社1999年版，第275页。

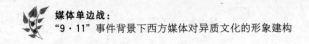
对美国安全的挑战，与美国相安无事。①

　　要解开如今伊斯兰世界的困局，除去对话和包容无路可走，这需要伊斯兰世界和西方世界二者必须同时付出巨大努力。首先，西方媒体应停止带有偏见与歧视的言论，终止那些混淆视听、颠倒黑白的报道，而应持真实、中正、平和、客观、全面、平衡、理解、包容的立场。在涉及中东问题的报道上要兼顾全世界十多亿穆斯林的感受，避免把一些局部、个体的事件无限放大，贴上标签，尤其是杜绝将某个个人或团体的行为上升为民族问题，甚至攻击其所信奉的宗教文化。其次，西方的知识阶层、精英阶层要秉承职业操守和道德良知，把一个真实的伊斯兰世界与伊斯兰文明呈现在世人面前，关于这方面的努力，我们已经看到了很多令人欣喜的成果，但还远远不够。另一方面，伊斯兰世界也应该在新闻媒体上发声，表达自己的观点和立场，正面阐释伊斯兰文明的精髓和对人类历史的巨大贡献，让世界人民知道有关一些穆斯林的报道是不真实的，穆斯林精英们还应通过现身说法以击溃流言和偏见；另外，第三世界的新闻媒体还应全面平衡地深度报道西方世界与第三世界的政治与经济利益矛盾，让世界人民宏观地认识所谓"文明冲突"的真实原因。

　　21世纪谁掌握媒体，谁就掌控了主流价值判断的风向标，在这一重要领域，第三世界的新闻媒体不应退却，应冲向舆论制高点发出自己的声音与西方媒体抗衡！

---

　　①　参见王小强《文明冲突的背后》，（中国香港）大风出版社2004年版，第271页。

第六章　新闻媒体公正报道
异质文化之对策

新闻媒体具有传播信息、监测社会、引导舆论的职责。因此，必须坚持真实、客观、正义、理性、深入、全面、平衡的传播原则，以营造公正、和平的国际与国内环境。如若媒体持主观、偏颇、感性的态度，或蓄意歪曲、或丑化某个民族和文化，则可能误导受众，使国家、民族、文化之间产生误解与矛盾；如果一个国家主流媒体的国际新闻报道缺乏鲜明的立场，则可能会使舆论导向模糊，或沦为某国或某个利益集团的传声筒，给本国政府与被诋毁国家的外交造成尴尬或障碍。为了预防在重大国际新闻报道中被大国主导的全球媒体设置议程和操纵而步入其报道框架，中国新闻媒体应该增加一手信源、信源多元化、选题多样化，提高国际新闻报道的质量，确保新闻报道的公正性、全面性和真实性。[①]

"9·11"事件后，中国媒体报道快速敏捷、内容丰富，一些报道准确呈现了事件发生发展的过程及其复杂的背景原因，但部分报道有偏斜之憾。首先，表现为信源单一，只选择西方主要媒体的报道，自采或选用阿拉伯世界媒体的报道少；其次，对西方媒体的报道在观点、态度等方面照单全收，鲜作解读，缺失鲜明的中国立场与观点，

---

① 参见李希光《谁在设置我们的国际冲突报道框架》，《中国记者》2002 年第 9 期。

使受众的认识趋同于西方的价值取向；一些报道只做到了现象真实与微观真实，缺乏本质真实与宏观真实，使受众未能了解复杂多变的国际形势；部分报道有损新闻真实与客观、全面与平衡的原则，使受众对当代激烈的世界格局角逐认识产生偏差；一些报道给某个宗教、民族贴上了标签，只选择负面信息，不选择其正面的内容，使受众对某种文化产生误解。

西方媒体由于国家实力的原因主导了国际话语权，为了达到霸权主义和利己主义的目的，偏狭的报道使得冲突、暴力、恐怖的新闻题材成为报道伊斯兰文明体系下的中东、北非、中亚、南亚的主要内容。那么，作为中国新闻媒体，在"一带一路"国家战略背景下，如何尊重与重视沿线67个国家中47个伊斯兰国家的文化与关系？在进行伊斯兰文明报道时，如何规避误导误读异质文明以及为中国政府营造良好的外交氛围，与伊斯兰世界进行友好的经贸与文化交流，实现中国与"一带一路"沿线国家的互利共赢，是摆在新闻媒体面前的新课题，需要探索出正确的报道对策。因此，本书认为，中国新闻媒体应当坚持客观、公正、全面、平衡的新闻原则，在报道异质文明时，除了克服信源与选题单一，增强鲜明的中国立场，加强宏观与本质真实报道外，还需要具备公共外交意识、民族意识、平衡意识和深度报道意识。

第一节　国际新闻报道的公共外交意识

西方媒体的实践证明，国家文化软实力的强大决定了国家的影响力和话语权。随着中国经济地位在全球的提升，新闻媒体的传播力也应有所增强，尤其是在"一带一路"战略背景下，新闻传播应加强公共外交的国际传播意识。

新闻传播与公共外交之间又有着极其密切的关系，而公共外交的核心载体又是国际传播。在全球一体化的今天，任何一个"村落"的新闻都可能成为国际新闻。因此，中国国际新闻的传播模式要从"被动应付"走向"主动设置"；信源采集要从"单一"走向"多元"；传播方法要从"转载翻译"转向独立的"判断与批评"，内容既要讲"政经利益"也要讲"文化交流"。

一　何谓"公共外交"

"公共外交"（Public Diplomacy）一词最早来源于 1965 年塔夫兹大学（Tufts University）弗莱彻法律与外交学院院长埃德蒙·格里恩（Edmund Gullion），是该学院爱德华·默罗公共外交研究中心成立时提出的概念。"公共外交"在英国被称为文化外交（Culture Diplomacy），在中国，过去常常被人们称为"国际交流"，由于该词出现的时间并不长，因此人们对它的理解也不尽相同。

一种定义认为，"公共外交"包含对内和对外两个维度。通常，一个国家公共外交的实现包含国内和国外两个方面。公共外交常常被一个国家用来影响本国和国外的公众，以达到通过舆论影响对方的目的。也就是说，公共外交所要完成的使命，一方面是要动员本国的民众支持该国政府的外交行动，另外一方面是促进国外的公众理解该国政府的外交政策，进而促使该国制定对自己有利的政策。

另一种定义认为，"'公共外交'是超越传统外交范围以外国际关系的一个层面，它包括一个政府在其他国家境内培植舆论，加强国内利益团体与他国的利益团体在政府体制以外的相互影响，借助传统如外交官和记者之间的沟通联系，达到对他国政策制定以及涉外事务处理施加影响的目的"①。公共外交旨在通过交流理解、信息沟通和影响

---

① 鲁毅：《外交学概论》，世界知识出版社 1997 年版。

外国的公众实现增进国家利益的目的。美国学者汉斯·N.塔克认为，"公共外交"的重点在于减少国家间的误解和猜疑，树立良好的国家形象，从根本上服务于国家外交战略的总体需要。

"公共外交"与传统的外交相比具有以下特点：第一，"公共外交"的行为对象是公众，不是政府，旨在通过公众舆论，为本国的外交争取支持，并影响外国政府的外交政策；第二，"公共外交"的行为主体依然是一国政府，当一国政府按照政府的意志向本国和外国公众、非政府组织提供消息、组织交流，影响公众支持本国的外交政策和外国政府的外交政策制定，才能算是公共外交；第三，"公共外交"具有明显的公开性特点。"公共外交"的主要目的是借助于舆论的力量，信息的提供者是政府，作用的对象是国内外的社会公众舆论。

二 新闻媒体与公共外交

大众传播时代，新闻媒体通过"议程设置"营造"拟态环境"，在"拟态环境"的传播范围内，大多数公众通过新闻媒体了解外部世界。因此，受众的认知和态度不完全是对客观环境的理解，而是对媒体提供或提示的"拟态环境"下新闻信息的反应。这个理论对于公共外交的意义在于：新闻媒体的国际传播决定了国家的影响力和信息内容会直接到达想要影响的受众。那么，新闻媒体特别是国家级的传媒机构，在为国际受众提供信息时，应当借鉴这一理论，"讲好中国故事"，对信息进行筛选、加工，营造有利于本国的国际舆论。现代社会，新媒体对于公共外交的影响力包括多方面。

（一）新闻媒体影响国家软实力

在国际政治领域，国家的软实力与公共外交的联系极其密切，新闻媒体的传播力无疑是国家软实力的一部分。如果一国的新闻媒体实力雄厚、国际传播能力强，那么，该国的意识形态、价值观和文化理念就能广为流传，就能影响世界，甚至占据舆论制高点或掌握国际舆论的话语权。相反，一国的软实力和国际传播力较弱，那么，该国即便有悠久而优秀的文明也不能被传播，不能被受众所认可。以美国为例，20世纪末时，美国学者布热津斯基明确提出，增强美国文化作为世界各国"榜样"的文化和意识形态力量，是美国维持其霸权地位所必须实施的战略。近几十年来，从冷战到现在，美国一直坚持做意识形态的输出工作，在一定程度上触发了"东欧剧变"和颜色革命。时至今日，美国不仅是经济、军事、高新技术、尖端科技的超级大国，在文化上也是强势传播国家。目前美国共控制了世界75％的电视节目和60％以上广播节目的生产和制作，占据了世界电影总放映时间的一半以上，总票房的2/3。①

进入21世纪，中国成为全球第二大经济体，但是，我国的文化软实力水平却与经济地位不相适应，在新闻传播与文化传播方面"西强我弱"的国际舆论格局制约着中国的国际影响力。

（二）新媒体的介入促成内政外交一体化

新媒体时代，由于信息传播的速度加快，国际公众对某一事件的参与性增强、所持态度的时间变短、影响力逐步扩大。每当一个国际重大事件发生，经过媒体的放大报道之后便成为国际政治领域的博弈。尤其是在互联网高度发达、信息传播呈几何速度增长的今天，小小的地区新闻事件都有可能被放大为内政、外交领域的政治博弈的筹码。如"香港占中"和"中国政府打击肯尼亚电信诈骗"事件，内政引发外交。事件本来是我国政府对违反本国相关法律者进行依法处理的个案，但迅速被境外炒作成"人权问题"，并以此作为外交问题对我国施压；又比如"钓鱼岛"事件，本来是外交问题，但由于互联网

---

① 参见叶皓《公共外交与国际传播》，《现代传播》2012年第6期。

的传播力迅速扩散成为网民表达民族主义的话题，外交事件转化为内政问题。

互联网时代，外交内政的边界越来越模糊，新媒体对内政外交的影响力不断加大。因此，无论是内政管理还是外交活动，都应高度重视舆论引导。

（三）新媒体成为民众参与外交的"新闻广场"

新媒体已经成为民众参与新闻事件的"新闻广场"。在这个"广场"中，民众通过新媒体对新闻事件进行评价发声，继而产生舆论，对外交环境、政策实施过程和结果产生影响。这使得外交工作由传统的政府对政府的"两点一线"转化为"多点多维"。因此，新闻媒体的国际报道应与时俱进，可以借助新媒体的"广场效应"进行"全通式"的互动。

（四）新媒体已成为公共外交竞技场

从"阿拉伯之春"事件的结果我们可以看出，新媒体凭借其强大的优势已经成为公共外交的政治博弈平台。由于网络等新媒体的传播具有开放、多元、瞬时、互动、无障碍等传统媒体难以企及的优势，因此成为直接干预外交议程和结果的工具。例如，奥巴马政府大力打造国务院的"E外交"、白宫的"Web2.0时代"、五角大楼的"网络司令部"三位一体的新媒体外交。在2009年伊朗大选中，美国政府通过支持Twitter，Youtube等社交网站，为伊朗反对派提供支持，引发了伊朗政局动荡。英国《卫报》称："伊朗危机证明了Twitter已成为一项强有力的政治工具。在此之前，美国一直找不到一种方式既可以影响伊朗，又不使自己过于陷入其中。"美国政府正投入7000万美元，以期打造一个"地下互联网"和"移动电话通信网"来帮助一些国家的反对派绕开所在国的主干网络和网络监控，实现与外界的"自由联络"。外交界甚至出现了一个新名词——"微博外交"。目前全球至少有 62 位首脑使用类似微博的网络平台进行互动。①

三　国际新闻的公共外交功能

著名传播学者施拉姆认为，媒体具有政治功能、经济功能和一般社会功能。对于新闻媒体的国际传播而言，就是通过传播一国的政治、经济、文化和价值观念，来争取特定国家和区域民众对该国外交政策和行为的认可、理解、支持，引导思维和行为利于自身利益，进而实现其社会功能。

一般而言，媒体对公共外交的功能分别为以下四点。

第一，信息发布。新闻媒体是向国内外公众发表本国政策、外交决定、立场观点的重要平台。具体渠道包括：政府记者招待会、新闻发布会、政府官员演讲、接受记者采访等。例如在"9·11"事件发生后，美国政府在第一时间立即召集主流媒体的负责人开会，要求媒体配合，不发表不利于美国国家安全的报道，并要求绝对"听从指挥"，导致媒体罕见地舆论一致，甚至一度成为美国政府宣传战争的机器。这就是美国政府借助媒体的力量，为自己的外交政策和行为寻求合法性依据。

第二，新闻议程设置。议程设置理论认为，大众媒介往往不能决定人们对某一事件或评论的具体看法，但是，可以通过提供信息和安排相关的议题来有效地左右人们关注某些事实和评论。受众会因媒介提供的议题而改变对事物重要性的认识，对媒介认为重要的事件首先采取行动。例如，伊拉克战争报道，其新闻议程设置是：美、英对伊拉克进行的是"正义"战争，解放"饱受压迫"的伊拉克人民和推翻萨达姆的"邪恶"政权，强调美国要帮助催生一个和平、民主的国家，使之成为伊斯兰世界的典范，并且怀疑伊拉克人的治理能力。因

---

① 参见叶皓《公共外交与国际传播》，《现代传播》2012 年第 6 期。

此，报道美化美英联军的入侵，信源大多采用美、英国家记者的稿件（占战地记者的 80%），他们的新闻素材选自与预制议题一致的内容，减少或不报伊拉克平民伤亡的消息。这正如美国学者菲利普·赛博所认为的那样："新闻机构远不只是信息发布系统……国际新闻是增进国家利益、增强软实力的一种重要方式。"

第三，引导舆论。著名传播学者沃尔特·李普曼曾就媒体对公众舆论的影响做过如下比喻："媒介就像是受众身后的火光，将其背后的事物投射到前面的洞壁上形成影像，人们借助这些影像去感知实际的存在，理解现实的社会，并据此做出反应。"以美国为伊拉克战争所做的舆论宣传为例，尽管事实证明萨达姆与恐怖主义或"基地"组织没有任何联系，伊拉克也没有大规模的杀伤性武器，但是，在涉及伊拉克的报道中，恐怖主义、"基地"组织、大规模的杀伤性武器等词语高居榜首，致使美国国内对伊作战的支持率很高。

第四，影响政策。新闻媒体往往通过"舆论引导"来影响外交政策，或延缓或加速一项政策的出台和实施。如 2015 年 9 月，一幅叙利亚难民儿童陈尸海滩的照片出现在世界各大媒体的版面上。由于叙利亚危机，自第二次世界大战以来最大规模的难民潮涌入欧洲，欧洲各国对待难民问题始终相互推诿。叙利亚难民儿童艾兰随家人偷渡，最终难民船沉没，小艾兰的尸体被冲到了海滩，摄影师拍下了小艾兰陈尸沙滩的照片，引发了媒体的大量关注，刺痛了全世界公众的心。艾兰的悲剧唤醒了世界对难民危机的冷漠，短短几日，联合国难民署等各大机构收到大批捐款。在强大的舆论压力下，英国调整政策，接收 1.5 万难民。在经过犹豫后，德国也正式宣布，将接收 80 万难民。德国、奥地利也开放边界，让上万难民入境。在这一事件中，一幅照片引发的欧洲对待难民的政策改变，之后新闻媒体使得事件舆论发酵，扩大影响力，再以悲怆和反思式的报道来引导公众舆论，最终使得欧洲的难民政策得以改变。

四　中国身份下新闻媒体的公共外交意识

新闻媒体在公共外交领域凸显的重要作用，引起了我国政府的高度重视。李长春同志在中华全国新闻工作者协会第八届理事会第一次会议上指出，要进一步提高对外传播水平和能力，努力营造客观友善、于我有利的国际舆论环境。作为公共外交核心载体的国际传播，其重要战略地位不言而喻，并必将成为今后公共外交工作的增长点和主要着力点。因此，新闻媒体特别是国家级的传媒机构，面对国内外受众，无论是引导国内舆论还是进行国际传播，在报道他国事务或是异质文明的过程中，其话语陈述需要树立起公共外交意识，不仅要尊重别国文化，还要考量本国的外交政策，符合本国的外交战略，另外，还需要构建一套符合国家利益的媒体公共外交话语，这样才能有助于我国在国际政治博弈中占据先导地位，才会赢得他国受众的认可和尊重。

（一）厘清中国外交形势　构建外交战略话语

自新中国成立以来，中国与伊斯兰国家或穆斯林人口占大多数的国家保持着良好的外交关系。1971 年，新中国重返联合国时，广大的伊斯兰国家对中国恢复联合国合法席位，做出过不懈的努力；巴基斯坦伊斯兰共和国是最早承认并与中国建交的国家之一，中、巴两国在和平共处五项原则的基础上发展睦邻友好和互利合作关系，而且经过两国领导人及人民多年的努力，现成为中国最坚定的盟友；2008 年汶川地震，沙特阿拉伯捐款 6000 万美元，成为外国捐款中最多的国家；随着中国经济的不断发展，对石油的依赖程度不断上升，中国与中东地区阿拉伯国家的合作日益紧密，外交关系也在不断上升。

2013 年以来，中国确定"一带一路"战略，而"一带一路"沿线67 个国家中有 47 个为伊斯兰国家或穆斯林占多数的国家，因此，尊重与重视伊斯兰国家的文化与关系十分重要。随着战略的进行,中国与这些国家和地区将会有更为频繁的互动交流,商贸、教育、投资、区域安全、文化等领域也会成为各方共同的话语平台。"一带一路"与这些国家、地区的战略对接,不仅能够促进该地区国家发展,而且还会使我国保持经济增长,改善周边安全态势,在此过程中,新闻媒体将会发挥不可替代的作用。

中国与西方世界在伊斯兰世界有着不同的国家利益、外交政策、战略和历史背景。因此,中国媒体面对伊斯兰文明体系下的国家和地区时,应该准确把握我国的外交政策和战略,对伊斯兰文明做出正确的解读,客观公正地构建穆斯林形象,准确解读这些国家的社会情况和宗教民族文化,切勿以"西方视角"看待问题,报道时务必厘清国际形势,以及"一带一路"战略与西方国家全球战略的关系,讲好"中国故事",表达出符合我国外交战略的话语。

(二)借鉴议程设置理论 讲好中国故事

国际传播是大众传播媒介进行跨越民族国家界限的国际信息传播及过程。国际传播共包括两个部分:即由外向内的传播和由内向外的传播。由外向内的传播是将国际社会的重要信息和变化传达给本国民众;而由内向外的传播是把有关本国政治、经济、文化等方面的信息传达给国际社会。

从外交层面来说,媒体做好议程设置可以拥有国际舆论的话语权,有助于在外交领域掌握主导权,并且能建构良好的国家形象,取得国际认同,提升本国在国际社会的影响力。特别是在报道异质文化时尤为重要。

以 2006 年到 2012 年间《纽约时报》和《泰晤士报》对伊斯兰世界的报道为例,两份报纸分别作为美国和英国主流媒体,在报道伊斯兰这一议题时,其中"《纽约时报》对伊斯兰世界的报道占头版的比例为 74.4％”，这凸显了对伊斯兰世界的报道是《纽约时报》重要的议程之一。而关于伊斯兰世界的新闻"大部分以消息为主"；"对伊斯兰教及穆斯林相关的背景介绍较少，对事件背后的分析和理解性的报道比较少，只停留在对事件本身的阐述上"；"政治议题、宗教议题等硬新闻"话题占据了大多数，然而伊斯兰国家经济、历史、文化、科技、教育的发展往往成为被忽略的对象；穆斯林女性问题也成为议题重点。从美、英国家两家大报的新闻议程设置上来看，两家媒体给受众传递的伊斯兰世界的形象是愚昧、专制、堕落、被边缘化的，引导受众以这样的议程去认知伊斯兰世界，把导致中东社会问题的根源无意间绑架到了伊斯兰文化上，这样的议程设置也使得伊斯兰国家和广大的穆斯林群体对英、美国家产生反感，从而极大地影响了大多数的伊斯兰国家对西方国家的外交关系。

因此，做好国际传播的议程设置，首先要承认文明的平等性，尊重文化的多样性。正如习近平主席在联合国教科文组织总部的演讲中所言，"文明是平等的，人类文明因平等才有交流互鉴的前提。各种人类文明在价值上是平等的，都各有千秋，也各有不足。世界上不存在十全十美的文明，也不存在一无是处的文明，文明没有高低、优劣之分"。其次，要掌握相应的技巧和方法，让国际传播具有越来越多的文化性、科学性主题，并通过故事性、艺术性的手段和具有非意识形态的客观表达，只有让客观、权威和公正的声音成为报道的主体，才能良性地塑造他者的文化形象和中国的良好国际形象。

（三）重视并积极引导国内舆论

全球一体化时代，致使国内新闻与国际新闻界限模糊。对于中国来说，伴随着日益强大的综合国力，中国对某一事实的态度渐渐为世界所关注并重视。中国国内的舆论本身也是全球舆论平台的一个重要组成部分，如果本国的舆论出了问题，公共外交和国际传播不但走不出去，可能还会帮倒忙。

例如：在针对"巴勒斯坦问题"上，2013 年 5 月，巴勒斯坦总统阿巴斯访华，中国国家主席习近平在与其会晤时提出了中方关于解决巴勒斯坦问题的四点主张，即："第一，应该坚持巴勒斯坦独立建国，巴、以两国和平共处这一正确方向。建立以 1967 年边界为基础、以东耶路撒冷为首都、拥有完全主权的独立国家是巴勒斯坦人民不可剥夺的权利，也是解决巴勒斯坦问题的关键。同时，以色列的生存权和合理安全问题也应该得到充分尊重。第二，应该将谈判作为实现巴、以和平的唯一途径。第三，应该坚持'土地换和平'等原则不动摇。第四，国际社会应该为推进和平进程提供重要保障。"

众所周知，巴勒斯坦问题一直是阿拉伯世界关注的焦点，也是世界上支持巴勒斯坦正义抗争的广大人民所关注的重要问题。在对待这个问题上，是美国与阿拉伯国家之间错综复杂的外交关系的焦点，美国媒体关于巴勒斯坦的报道违背了新闻专业主义，却符合美国政府"偏以压阿"的立场和态度，因此，这也是伊斯兰世界普遍仇视美国的重要原因之一。

中国与美国对此持有不同的立场，习近平主席所提及的主张属于中国对巴勒斯坦外交政策的核心，这也使得全世界广大受众对我国正义的国际形象的认可度增加，我国对巴勒斯坦问题所产生的舆论也影响着对方对我国的认知与态度。

但是在国内，近年来涉及中东的新闻报道中，网络舆论总会出现一些对穆斯林的恶意攻击，部分网民甚至公开攻击我国政府的外交政策，抨击中国媒体有关中东问题的报道立场，对客观报道巴勒斯坦问题的记者进行人身攻击，贬低巴勒斯坦人、穆斯林和伊斯兰教，对美国和以色列充满了同情、崇拜和支持。在国际社会对以色列侵略邻国的负面形象早有定论的同时，却在中国部分网民中很容易找到支持者，这固然与其世界观有关，但也与西方媒体控制和左右全球信息渠道有关，同时也与国内的舆论引导有关。因此，新闻媒体应该注重国际舆论的引导，让受众了解我国的外交政策与战略，营造良好的国际形象。

第二节　国际新闻报道的民族文化意识

民族文化是某一个民族世代相传的行为、习惯、思维模式、价值观，是其在长期共同生产生活实践中产生和创造出来的能够体现本民族特点的物质和精神财富总和。

报道异质文化是每一个国家的新闻媒体都会涉及的问题。对新闻媒体而言，增强民族文化意识就应当尊重民族文化的价值、历史与地位，要认识到人类的文明因多姿多彩才有交流互鉴的价值。因此，在新闻报道中应尽可能以尊重与欣赏的态度全方位地呈现异质文化，认识其文化的丰富性、多样性及对人类历史和文明的贡献，杜绝偏见和刻板印象。此外，媒体还应防止以"文化中心主义"视角审视不同于本国主流文化体系的民族文化，正确对待异质文化和少数民族文化中的传统风俗与宗教仪式，厘清宗教与迷信的界限，规避文化禁忌。

一　加强文化交流与互鉴，尊重民族文化的多样性

文明如水，润物无声。对待不同的文明、民族，媒体人需要宽阔的胸怀，应从不同文明中寻求智慧、汲取营养，为受众提供精神支撑和心灵慰藉。

目前，世界上有 200 多个国家和地区，2500 多个民族和多种宗教。如果我们只认可一种文明，一种价值观，一种生活方式，而歧视或不认可其他的文明，那是不可想象的。当今世界，人类生活在不同

文化、种族、肤色、宗教和不同社会制度所组成的国度里，各国人民形成了你中有我、我中有你的命运共同体。

2014年3月27日，习近平主席在联合国教科文组织总部发表的演讲中指出，文明是多彩的、平等的、包容的。"文明因交流而多彩，文明因互鉴而丰富。文明交流互鉴，是推动人类文明进步和世界和平发展的重要动力。"

第一，文明是多彩的，人类文明因多样才有交流互鉴的价值。一个国家和民族的文明是一个国家和民族的集体记忆。不论是中华文明，还是世界上存在的其他文明，都是人类文明创造的成果。文明交流互鉴不应该以独尊某一种文明或者贬损某一种文明为前提。中国人在2000多年前就认识到了"物之不齐，物之情也"的道理。推动文明交流互鉴，可以丰富人类文明的色彩，让各国人民享受更富内涵的精神生活，开创更有选择的未来。

第二，文明是平等的，人类文明因平等才有交流互鉴的前提。各种人类文明在价值上是平等的，各有千秋，也各有不足。世界上不存在十全十美的文明，也不存在一无是处的文明，文明没有高低、优劣之分。要了解各种文明的真谛，必须秉持平等、谦虚的态度。如果居高临下对待一种文明，不仅不能参透这种文明的奥妙，而且会与之格格不入。历史和现实表明，傲慢和偏见是文明交流互鉴的最大障碍。

第三，文明是包容的，人类文明因包容才有交流互鉴的动力。海纳百川，有容乃大。人类创造的各种文明都是劳动和智慧的结晶。每一种文明都是独特的。一切文明成果都值得尊重，一切文明成果都要珍惜。只要秉持包容精神，就不存在什么"文明冲突"，就可以实现文明和谐。①

国学大师季羡林先生认为，人类纷纭复杂的文化，根据其公共之

---

① 参见习近平主席2014年3月27日发表的《在联合国教科文组织总部的演讲》。

点，共可分为四个体系：中国文化体系、印度文化体系、阿拉伯—伊斯兰文化体系，以及自古希腊、罗马一直到今天欧美的文化体系。

中华文明具有 5000 多年的历史，是中华民族最深层的精神追求和独特的精神标识，为中华民族生生不息、发展壮大提供了丰厚的滋养。虽然，中华文明是在中国大地上产生的，但也是同其他文明不断交流互鉴而形成的文明。丝绸之路沟通了中国与西方世界的联系，既传播了中华文化，又引进了西方文化，佛教和伊斯兰教在中国大地上的繁衍发展，形成了以儒、释、道为主流的中华文化体系，同时，中国的四大发明在西方世界的传播也促进了世界文明的互鉴与发展。中国的造纸术、火药、印刷术、指南针四大发明带动了世界变革，推动了欧洲文艺复兴。中国哲学、文学、医药、丝绸、瓷器、茶叶等传入西方，渗入西方民众日常生活之中。同时，印度文化、伊斯兰文化、欧美文化传入中国大地，也丰富、推动了中国社会的进步与发展。

印度文明在众多领域的辉煌成就，以及它独特的价值观念和思想体系，在整个世界文明中占有极其重要的地位。印度是一个具有悠久科学技术传统的国家，尤其在天文、数学和医学领域，印度民族对世界文明的发展做出了重大的贡献。在公元 5—6 世纪就提出了惊世骇俗的日心说，而欧洲在 16 世纪文艺复兴时期才对日心说有所认识；吠陀时期就认识了人体的准确骨骼数目；阿拉伯数字的数字系统也源于印度古代数学。……此外，印度文明具有强大的辐射力，数千年来对亚洲乃至世界产生了十分深刻的影响，为人类社会的不断进步做出了卓越的贡献。印度曾产生了印度教、耆那教、佛教、东巴教和锡克教，其哲学理论、伦理道德，以及众生平等的理念，滋养了无数代人的心灵。佛教传入中国后，经过长期演化，同中国儒家文化和道家文化融合发展，最终形成了具有中国特色的佛教文化，对中国人的宗教信仰、哲学观念、文学艺术、礼仪习俗等产生了深刻影响。

伊斯兰文化以伊斯兰教为基础，其衍生的文化既是构成伊斯兰文明的核心要素，也是伊斯兰文明创造力的源泉。伊斯兰文化是一种兼容并蓄的多元性文化，主要包含阿拉伯文化、伊斯兰教文化以及波斯、印度、希腊和罗马在内的外来文化。早期的伊斯兰文化显示出开放性、兼容性、继承性、创新性和实践性的五大优势，并焕发出勃勃生机与活力。在哲学、宗教、历史、文学、地理、逻辑、数学、物理学、天文学、医学和建筑等各个领域对人类文明做出了杰出贡献。穆斯林通过持续百年之久的翻译运动，把阿拉伯学术的精华，其中包括阿拉伯人完整保存的希腊古代典籍等东方文化遗产，以及阿拉伯人对它们的发展和创新传给了西方世界，从而为欧洲文艺复兴提供了指路明灯；他们把印度的数字和中国古代四大发明传到欧洲，推动了世界文明的进步和发展。恩格斯曾在《自然辩证法》一书中指出："阿拉伯留下十进位制、代数学的开端、现代数学和炼金术。"这足以彰显伊斯兰文明的昔日辉煌。

西方文化或欧美文化是以古希腊、罗马文化为基础，糅合罗马帝国、天主教、基督新教等思想，经过千百年的发展，成为一个文化体系，包括工业主义、资本主义、帝国主义、现代主义、人文主义、科学方法、享乐主义、唯心主义、唯物主义等。古希腊、罗马文化中的民主、立法制度奠定了现代西方民主与法律体系的雏形，尤其是《民权大法》中规定的"公民的私有财产神圣不可侵犯"，成为后世西方法律中永恒的主题；古希腊人的"学园"教育，创造了健全的教育体制，包括初等教育和高等教育，这一体制一直延续到今天，成为各国教育的主体；提倡一夫一妻制、男女平等意识，关注核心家庭，而不是大家庭；西方文化注重科技创新能力，有力地推动了现代社会的进步；致力于科学与技术，善于创造新加工、新材料，形成新产品，如发明蒸汽机、发电机、电灯、电话、摄影、自行车、汽车、飞机、互联网、卫星、核电站……无疑，西方文化中的政治制度、经济制度、创新体系与工业革命，以及教育体制为人类历史的发展进步做出了巨大贡献。

二　认识民族文化的多样性，挖掘民族文化的积极性

在前面我们阐述过，无论是中华文明还是伊斯兰文明和西方文明，都是互鉴融合的结果。因此，各民族文化都具有多重文化的属性，如中华文化是吸收了印度文化、西方文化等文化后的成果；阿拉伯—伊斯兰文化是游牧文化与伊斯兰教文化交织融合下的文化。所以在新闻报道中，要对其多重文化身份背景有所介绍，让受众对这一民族文化进行多重认识。

例如，2015 年 7 月，中国各大新闻网站刊登了一条名为"沙特王子阿勒瓦利德'裸捐'320 亿美元做慈善"的新闻，这条新闻讲述阿勒瓦利德王子"裸捐"全部财产一事，并介绍了这位"中东富豪"王子的生活经历及发家史。这条新闻只是中国媒体报道的沙特阿拉伯的众多新闻事件之一。但长期以来，媒体对沙特阿拉伯的报道，使得普通受众对于沙特阿拉伯的印象为，"沙特是个阿拉伯君主立宪制国家，国家非常富裕，那里有伊斯兰教圣地麦加和麦地那，那里有无边的沙漠和无尽的石油；那里的社会治安非常好，严格禁止贩毒、吸毒和酗酒，并对小偷砍手。沙特是世界上最慷慨的国家，做过许多慈善事业"。但报道中，往往忽略伊斯兰文明中的慈善文化，伊斯兰教以宗教信仰的方式规定了穆斯林的慈善义务，在五功的"天课"中就明确规定了穆斯林的慈善是必备的功修，是义务。如果有钱人不把金钱用在救济穷人等正道上，那么伊斯兰认为他拥有的钱财是不洁净的，在后世还要受到真主的拷问。沙特阿拉伯地处伊斯兰世界的中心地带，拥有伊斯兰教两大圣地麦加和麦地那的监管权，其国王被称为"两圣地的仆人"，国民均为穆斯林，国家法律是以伊斯兰教经典《古兰经》和圣训为基础的伊斯兰沙里亚法，沙特阿拉伯王室备受伊斯兰世界关注，以王室为代表做慈善具有示范作用，意义在于带动伊斯兰世界慈善的普遍行为。中国汶川地震期间，沙特阿拉伯是向中国捐款最多的

国家。可以说，沙特阿拉伯是伊斯兰慈善文化的典型代表。

对于新闻媒体而言，挖掘伊斯兰文化的慈善源流，比简单报道沙特王子"裸捐"一事更有新闻价值，这一题材是值得深入挖掘的矿藏。在伊斯兰世界，慈善在广大的穆斯林群体中是很常见的现象，这源于《古兰经》："你要从他们的财产中征收赈款，你借赈款使他们干净，并使他们纯洁。"① 经文的意思表达得很清楚，就是要求穆斯林以"天课"清洁心灵，而"天课"就是伊斯兰五大宗教功课之一。伊斯兰教法规定，凡有合法收入的穆斯林家庭，必须抽取家庭年度纯收入的 2.5％用于赈济穷人或需要救助的人，所以"天课"又称"济贫税"。"天课"的阿拉伯语意思是清洁，为他人提供物质帮助之后，给予者的心灵变得纯净，在施出财物帮助他人的同时，自己也得到了陶冶，有一种精神上的愉悦。《古兰经》又指出："他们的财产中有一个定份，是用于施济乞丐和贫民的。"② 伊斯兰文化就这样一步一步把人引导向自愿地、诚心诚意地缴纳天课和社会慈善上，而受施者也无"感恩戴德"之负担，因为这是来自造物主的恩赐。这种独特的伊斯兰慈善，来源于宗教文化的滋养，并逐渐融入了各穆斯林民族的民俗之中。在穆斯林社会中，凡是虔诚富裕的穆斯林都会积极缴纳天课，出散财物，赈济贫民，帮助需要帮助的人。

媒体报道时，可以充分挖掘这类题材背后的文化属性，尤其应当深度挖掘其积极、优秀的文化因素，让受众全面系统地认知这一文化体系。

三 规避"文化中心主义"，理解文化的差异性

所谓"文化中心主义"是指任何社会群体的成员对外部群体或异质文化的偏见态度和敌对心理。持有"文化中心主义"者的特点、倾

---

① 《古兰经》第 9 章 103 条，中国社会科学出版社 2013 年版，第 99 页。
② 同上书，第 296 页。

向是将人类社会划分成层次不同的群体，在心理上以自我为中心，认同自己所属社会群体的社会特征，如价值观念、态度、习俗、传统、生活方式等，而不认同或歧视不同于自己的族群或异质文化。"文化中心主义"是把本民族的文化当作对待其他民族文化的标准来衡量。

国际新闻的选材主体来自世界文化体系。媒体工作者在采集、整理、编写新闻素材时应避免"文化中心主义"思想，切勿对某一民族文化抱有偏见式的报道，因为媒体的偏见会直接影响公众的态度和舆论。如果媒体对某一民族文化以自己的文化为标准进行评判，那么，就失去了公正与客观，使报道带有明显的主观性，受众在其长期的影响下也会对这一民族文化体系带有偏见，这种偏见甚至会从受众的认知层面发展到行为层面，从而会对这一民族文化体系的群体产生排斥，造成严重后果。

新闻具有舆论引导的作用，在潜移默化中改变人们对事实的认识和看法，因此，不可避免地会影响受众的思维和行为，因而，新闻报道需要慎重。长期以来，西方媒体对于东方文化的报道素有偏颇，不乏充斥着文化中心主义和西方中心论色彩，自"9·11"事件后，西方媒体将自己对异质文化的偏见肆意呈现，使伊斯兰文明遭遇了前所未有的不幸命运。如针对穆斯林妇女的报道，在生搬硬套西方女权主义理论"恶毒中伤和蓄意丑化"穆斯林妇女形象时，有关"反妇女论"的报道便应运而生。而美国学者 D. L. 卡莫迪反驳道："学者们一致认为，穆罕默德的启示对于妇女来说是给她们带来了相当大的好处，因为在伊斯兰教产生之前，阿拉伯妇女几乎还没有任何权利。"事实的确如此。西方传媒对伊斯兰妇女的攻击目标主要集中于多妻制和离婚制。《古兰经》反对男尊女卑的父权制和毫无节制的多妻制，还反对买卖婚姻与包办强娶。"穆罕默德倾向于赞成一妻制，但他被迫向先前无节制的多妻制做了妥协，这部分是因为无休无止的战争消灭了大批男性人口。"在前伊斯兰时代的阿拉伯半岛，不仅杀溺女婴的现象极为流行，而且妇女就像财产一样从她们的父亲手里转到她们的丈夫手里，在丈夫死后再转到儿子手里。对此，《古兰经》不仅强调残杀女婴者在末日审判时必遭严惩，还提倡妇女自愿的婚姻，更允许寡妇再嫁；同时，穆罕默德规定多妻的丈夫要一视同仁地对待每一个妻子，还要担负抚养孤儿的义务。这些在一定程度上就是对被压迫妇女挣扎于男权制度中不公命运的有力纠正。

由于主、客观的原因，《古兰经》的女性关怀思想却被西方女权主义者长期漠视，更被西方传媒肆意歪曲，甚至仅凭只言片语和表面现象就妄下论断。多妻制、离婚法和深闺制是批评者的主要目标。面纱变成了一个巨大的考验，妇女能够面对世界的程度成了测量进步的标志。

西方媒体在报道伊斯兰文化时，大多从"文化中心主义"视角出发，对异质文化加以自己的标准肆意评判，带有明显的偏见色彩，没有公正地呈现出异质文化，这样只能造成两种文化间的隔阂越来越深，从而加剧文明体系间的对立冲突。

四　厘清传统因素与宗教因素，传播正确的民族文化

文化并非是单一存在的，不同文化体系间有着交流与融合。在某些民族文化中，其传统民族文化与外来文化产生融合，这就要求媒体工作者在新闻报道中对此类文化有相应的知识储备，特别是面对一些民族文化当中的传统陋习时，应当分清其中的传统元素与外来元素，切勿造成对任何一方的误读。

例如，2014 年 7 月，一则"ISIS 强制要求伊拉克妇女行割礼"的新闻被曝出，该新闻首先经由西方媒体抛出，后在中国国内各大媒体中广泛传播。然而，经伊拉克记者证实后，这条新闻为彻头彻尾的假新闻。女性割礼与裹脚、束腰被认为是对女性身心的严重摧残。女性割礼产生于非洲某部落的原始习俗，阿拉伯地区历来无此

习俗，而且这一习俗严重违背《古兰经》"不得改变造物主原造"的规定，穆斯林认为这是"非法""叛教"的行为，这早已成为世界大多数人的共识。这条假新闻中报道 ISIS 颁布"宗教法令"强迫伊拉克摩苏尔地区的妇女接受割礼，显然这条由西方媒体制造出的假新闻，或许是为了迎合西方观众的情绪，但是却严重背离了伊斯兰文化的根本。

在这个假新闻的传播过程中，无论是媒体报道还是新闻转载，都显示出媒体从业者对异族民族风俗习惯和宗教信仰缺乏了解，无法厘清其文化陋习的归属。事实上，在伊斯兰教中割礼只针对男性穆斯林，无女性割礼的条款。而非洲某些部落信仰伊斯兰教的穆斯林对当地沿袭的女性割礼也发出了自己的反对声。历史上，在伊斯兰教传入的地区中，宗教信仰体系一直与被传入地区民族的传统风俗习惯结合，比如中国穆斯林女性的裹脚行为。女性的割礼习俗早在伊斯兰教之前的埃及法老时代就在非洲大陆存在，伊斯兰教兴起后逐渐在中东地区废除，目前只在非洲、中东等部分国家还保留着。2015 年 11 月，冈比亚总统贾梅宣布禁止女性割礼，认为此做法非伊斯兰教的要求。冈比亚总统宣布女性割礼不符合伊斯兰教，对于这个穆斯林人口占全国人口九成的国家而言，无疑是向人们澄清了割礼的宗教误读，为终结女性割礼扫清了文化障碍。

类似"女性割礼"的报道常有，特别当新闻事件发生在保留传统民族风俗的伊斯兰国家，西方媒体有意无意地把该陋习简单归结为伊斯兰教法的要求，未探究其根源，没有厘清这一风俗是属于民族陋习还是宗教要求，最终以简单粗暴的总结方式把这一风俗源头指向宗教，最终造成文化的误导误读。这应该是中国新闻媒体的前车之鉴。

五 尊重民族文化的差异性，规避民族文化的禁忌内容

禁忌文化，是民间传承极为普遍的一种文化现象，它属于人类精神文化中的民俗范畴。古往今来，不论是经济文化比较发达的民族，还是发展缓慢的民族，在他们的社会生活中都不同程度地存在内容和形式或相同或相似，或者完全相反的禁忌文化。禁忌文化按照类型来分又可分为宗教禁忌、饮食禁忌、服饰禁忌等。

媒体报道这类题材时，需要了解被报道文化体系的禁忌文化，避免因报道而引起文化间的对立冲突，由于一些民族基本上是全民信教，因此民族问题往往与宗教问题交织在一起。如果宗教信仰报道上出现偏差或失误，往往会被视为对其民族或宗教信仰的侮辱，从而引发群体性事件。

在避免禁忌文化上，中国媒体从维护民族团结的角度出发，对于民族禁忌文化处理十分谨慎，创造出了报道"范式"。

"民族宗教问题无小事"。因此，中国政府对于一些无聊、泄私愤、搜寻猎奇、有辱某个民族或某种文化的报道从不姑息，坚决严处，因而从未发生类似《查理周刊》那样极端的事件。

新华社多年来在新闻报道和文化禁忌用词方面起到了示范和规范作用，在《新闻阅评动态》第 315 期发表的《新华社新闻报道中的禁用词（第一批）》中规定了新闻媒体报道中的禁用词，其中对民族宗教类的禁用词规定就有 6 条，如下：

1. 对各民族，不得使用旧社会流传的带有污辱性的称呼。不能使用"回回""蛮子"等，而应使用"回族"等。也不能随意简称，如"蒙古族"不能简称为"蒙族"，"维吾尔族"不能简称为"维族"，"哈萨克族"不能简称为"哈萨"等。

2. 禁用口头语言或专业用语中含有民族名称的污辱性说法，

不得使用"蒙古大夫"来指代"庸医",少数民族支系、部落不能称为民族,只能称为"××人"。如"摩梭人""撒尼人""穿(川)青人""僜人",不能称为"摩梭族""撒尼族""穿(川)青族""僜族"等。

3. 不要把古代民族名称与后世民族名称混淆,如不能将"高句丽"称为"高丽",不能将"哈萨克族""乌孜别克族"等泛称为"突厥族"或"突厥人"。

4. "穆斯林"是伊斯兰教信徒的通称,不能把宗教和民族混为一谈。不能说"回族就是伊斯兰教""伊斯兰教就是回族"。报道中遇到"阿拉伯人"等提法,不要改称"穆斯林"。

5. 涉及信仰伊斯兰教的民族的报道,不要提"猪肉"。

6. 穆斯林宰牛羊及家禽,只说"宰",不能写作"杀"。

这几条规定中包含了部分民族文化上的禁忌,足可显示中国新闻媒体对民族禁忌文化的重视和谨慎。

但在西方新闻界却有执意触碰民族禁忌文化的事件。如2005年丹麦《日德兰邮报》刊登了一则标题为"穆罕默德的脸孔"的报道,里面有12幅讽刺漫画并附上注解,把伊斯兰教的先知穆罕默德的头巾画成炸弹形状,激起伊斯兰世界的愤怒,丹麦多家驻外使领馆受到围攻,大规模抗议引起骚乱,多人死亡。2006年,《日德兰邮报》就此事公开道歉,但是漫画已经广泛流传。为此,联合国秘书长安南2006年2月2日通过发言人发表声明,呼吁新闻界尊重所有的宗教信仰。安南在声明中说,他认为新闻界在行使言论自由权力时,必须时刻注意尊重各种宗教信仰和原则,他还强调,应通过和平对话与相互尊重的方式,消除不同信仰与文化传统的人们之间的误解与憎恨。

在伊斯兰文化中,禁止偶像崇拜和描绘人物画像,这是伊斯兰教的宗教禁忌,因此,在清真寺或穆斯林家中都没有任何人物的肖像。

西方媒体给伊斯兰教先知穆罕默德画像触犯了穆斯林的信仰底线，更何况是诋毁和侮辱受尊崇的圣人，因此激起穆斯林的强烈反应。西方媒体声称"新闻有言论自由"，但是言论自由不能伤害民族感情。所以，新闻媒体需了解被报道文化体系，避免触犯民族文化禁忌，规避由报道失误带来的冲突。

第三节　国际新闻报道的平衡意识

新闻媒体的平衡报道是新闻呈现事实真实性、客观性、全面性的关键，报道平衡要求新闻媒体站在公理的立场，公平、客观、全面、均衡地对待同一议题的各个方面，严格以事实为依据，以真理和良知为标准，决定报道的内容和方式，使报道准确、全面、平衡、公正而不含偏见，而不是有选择的爱一方恨一方，无限褒扬一方文化贬低另一方文明，夸大对方缺点遮蔽己方缺点。

一　新闻报道失衡的表现

平衡报道是对新闻报道真实性的要求，也是受众全面认识新闻事件的前提。如果新闻媒体的报道失去平衡，那么在失衡的报道中会出现偏见，势必影响公众的认识，对新闻事件的认识不全面，产生片面性甚至是偏见，并充斥在舆论中或付诸行动。新闻失衡的表现为：

第一，对某一事实或现象进行设置议程，并设计报道框架，集中褒扬或贬损。如西方媒体对西方政治制度与对东方文化的新闻报道，对西方民主政治制度极尽褒扬，而对第三世界国家则设置出"中国威胁论"和"伊斯兰威胁论"的议程及新闻框架。

第二，配合某种利益，只选择对己方有益的事实报道，罔顾对方的利益与生命。如西方媒体对巴以冲突的报道，鲜见西方霸权主义对伊斯兰世界侵蚀的报道，也不见巴勒斯坦千千万万在以色列轰炸中无故死难的平民（报道），但只要西方"贵族们"肇遇事端，马上就有"正义"之士跳出来谴责。① 再如 2011 年以来中东难民大量涌入欧洲的事实，西方媒体无视这个西方主导的世界由于霸权主义和利益争夺而造成的难民危机，却把矛头指向了伊斯兰文化或难民对欧洲社会秩序、就业压力及民众的生活影响。

第三，只选择某一事实的正面因素或负面因素、或媒体认可的观点而不选择不认可的观点。如在报道中大量选用与媒体观点一致的事实或专家学者的语言，而对与媒体观点相左的事实则不予采纳，或不采访持不同意见者。

第四，在一段时间内集中报道某一事实或某一现象，而不解释产生的环境或背景。如西方媒体集中报道伊斯兰世界的负面信息，而不解释产生这些乱象的深层次原因。再如上海《文汇报》编辑将 5 篇狗咬人的新闻事件集中编排在一个版面上，总编辑审版时发现这样编排不妥，认为 3000 万人口的大城市一两天内发生 5 起狗咬人事件比较正常，没必要集中刊发，如集中刊发则有可能制造"媒体事件"，引发市民的恐慌，因此，将 5 篇稿件分 3 天刊发，这样做既坚持了新闻真实性原则，又避免了一起"媒体事件"。

第五，只选择主要矛盾不选择次要矛盾，只强调红花的作用忽略绿叶的价值，或只选择次要事实不选择重要事实，避重就轻；在语言中大量使用带有感情色彩的词语，凡是媒体赞同的声音，前面加入受人尊敬的头衔，如教授、博士、独立媒体、自由主义者、改革者等，以显示其言论的权威性、合法性。这些做法或许是记者对某件事实的

---

① 参见［法］阿兰·巴丢《"文明"世界病入膏肓的真相》，刘燕婷译，《新京报书评周刊》2015 年 12 月 15 日。

个人态度，或许潜藏着媒体的议程设置和某种目的。

巴以冲突的新闻报道最能透视西方媒体的失衡。美国政府一直以来偏袒以色列打压巴勒斯坦，因此，在新闻媒体的报道中，尽量压制和减少对以色列不利的消息，对巴勒斯坦人在以色列长期占领和压迫下的痛苦和绝望鲜作报道。2002年1月10日，美国全国公共广播公司（NPR）在报道新年期间巴以局势时说，那里的局势"相对平静"，因为"在那三个星期只有一个以色列人被杀"。全国公共广播公司忽略报道的新闻是：在这个"平静的时期"，26名巴勒斯坦人被杀，平均每天有一个巴勒斯坦人被杀害。在巴以冲突的报道中，美国媒体往往故意遗漏关键的历史背景——以色列对巴勒斯坦长达35年的占领、巴勒斯坦人在以色列占领下遭受的各种非人的磨难，以及以色列对加沙地带长达几十年的封锁。

美国新闻公正与准确研究所曾就NPR（美国国家公共电台）2001年对巴以冲突的6个月报道进行了调查，发现81％的死亡消息是关于以色列人的，只有19％的死亡消息是关于巴勒斯坦人的；如果在冲突中有少年儿童死亡，80％涉及以色列少年死亡的将会得到报道，只有20％涉及巴勒斯坦少年死亡的得到报道。此外，NPR报道以色列平民与军警死亡的比例为84％：69％，报道巴勒斯坦平民死亡与安全人员死亡比例为20％：72％。时至今日，这种不平衡的报道已经成为包括CNN、NPR等美国主流媒体报道巴以冲突的新闻模板，即采用双重标准、对暴力事件受害者基于种族和国籍原因给予不同对待。

"9·11"事件后，美国政府和媒体在致力于打击恐怖主义的同时，努力通过各种渠道重塑国家的正面形象，以"反恐"之名，发动霸权战争。在新闻传播界，五角大楼成立了战略影响办公室和全球传播办公室，目的是向外国新闻机构设置报道议程和提供新闻，以影响这些国家的公众情绪和政策制定者。实践证明，美国因"9·11"事件成功地影响了全球新闻报道的议程和报道框架，树立了"正义"与

"反恐"的正面形象，就连以好莱坞为代表的美国电影业也出现了一股爱国电影热潮，在制作与题材上发生了一些微妙的变化，美国联邦调查局及中央情报局等执法机构一改过去数十年的反面角色，被塑造成正面的形象。

二　新闻报道的平衡意识

新闻报道需要平衡，失衡的报道不仅使媒体公信力受损，而且可能导致社会冲突。对异质文化体系的失衡报道，则可能使国家形象受损，国际威望降低。

新闻报道的公正与平衡是媒体公信力的核心所在。因此，新闻工作者要准确把握其内涵，用平衡的报道手法准确地反映事物内部及其与外部的联系，达到真实、客观、公正地反映现实世界的境况，尽力呈现事物复杂而多元的本来面目。平衡不单是技术问题，还是道德问题。因此，平衡的实现需要新闻从业者自身高度重视，把它内化为一种职业素养。

报道的平衡有两个层面：宏观平衡和微观平衡、现象真实与本质真实。新闻报道的真实性有多层次，有现象层次的真实，有初级本质层次的真实，有二级本质层次的真实，有核心本质层次的真实。对于一些复杂的国际问题报道，媒体必须将现象真实与本质真实、微观真实与宏观真实有机地结合起来进行报道。

微观平衡是就单篇新闻报道而言，而宏观平衡则要求各类报道在总量上保持合理的比例，以持续不断的平衡报道呈现出完整真实的社会全貌。微观平衡是宏观平衡的基础，没有单篇报道的平衡，宏观平衡就无从谈起。但只注重微观平衡是不够的，即使每一篇报道都做到了平衡，也并不意味着就达到了宏观平衡，甚至仍有可能歪曲客观世界。西方媒体关于伊斯兰世界的报道，从单篇来看都很讲究平衡，但从总体上看，却并没有全面平衡地反映阿拉伯－伊斯兰世界的实际状况，导致伊斯兰、阿拉伯人、穆斯林在西方公众头脑中的形象多是暴力、恐怖、极端、灰暗的代名词。从这个角度来看，宏观平衡比微观平衡更重要。

当前，对于中国国际新闻报道来说，微观与宏观平衡有待加强。近些年来，出现了不少讲究平衡的新闻作品，如关于海湾战争、美日贸易摩擦、德国与伊朗关系恶化、柬埔寨洪森与拉那烈权力之争、韩朝军事冲突等的报道，但这类作品在数量上还不是很多，说明平衡报道还没有成为我国新闻媒体普遍遵循的原则。另外，有些报道的平衡技巧还比较粗糙，如两伊战争的报道，经常是一半援引巴格达电台或伊拉克通讯社消息，一半援引德黑兰电台或伊朗通讯社消息，都称击退了对方的进攻，让受众无从了解战局的真正进展；在宏观平衡上，尤其在报道广度的方面比以前有很大的进展，既关注发达国家的形势，也重视发展中国家的变化；既聚焦国际上激烈的争端与冲突，也审视社会各个领域的发展进程；既报道各国建设取得的成就，也反映面临的困难和挑战。

伊斯兰文明覆盖下的广大区域是"一带一路"战略的主要实施区域，人口数量与中国相近，文化虽与中国有区别，但同属东方文化，有着相近的国际地位和近代被西方殖民的历史，但在过去的十多年里，中国媒体对于伊斯兰文化体系下的西亚、北非、中亚、东南亚的报道缺乏平衡，报道议程跟随西方主流媒体，报道框架也与西方媒体趋同，多为区域性的恐怖事件，对伊斯兰世界的国民情况、经济水平、教育、国防、政策等方面缺乏相应的报道，或者正面报道时抹去其伊斯兰、穆斯林身份，而在负面报道中强调伊斯兰、穆斯林身份，诱导公众在潜意识中把伊斯兰与恐怖主义挂钩，给穆斯林贴上暴力、极端标签。巴基斯坦与中国关系密切，巴国也是中国确立"全天候战略合作伙伴关系"的国家，但是在报道中，给受众留下了贫穷、落后、塔利班武装等影响，对于巴基斯坦国内的经济、教育、医疗，以及对中国人民的友好情感等情况报道较少。

随着中国"一带一路"战略的开启，中国与中东各国的政治往来、经济贸易、文化交流在逐渐加深，因此，新闻媒体的报道应该更加注意全面与平衡，否则无法为"一带一路"战略服务。

三　准确把握平衡原则的途径

（一）拓宽采集新闻的信源渠道

"兼听则明，偏信则暗"，这一俗语所昭示的真知灼见同样适用于新闻报道。通过对多个新闻源的使用和交代，媒体一方面可以表明新闻事实是有根据的，增强新闻的真实性；同时，还可以通过集纳各方信息，兼顾矛盾各方，防止新闻报道的"一边倒"，为实现新闻报道的平衡奠定良好的信源基础。

媒体在尽力拓宽采集新闻的信源渠道的时候，还要注意在其中寻找出对事物的发展起着重要作用的方面并使之突出。同时，要注意的是表达新闻客观和倾向的平衡，并不是提倡机械性的平衡，同等的篇幅、同样的版面，甚至于相同的时间，也不是需要传播者把各个方面争论的各种内容均衡记录下来，而是根据事物的本来面目和外在联系，突出主要因素和意见，相对次要的因素和意见则弱化处理。然而有时会出现这样一种情况，采集信源时可能对于同一事件会有截然相反的看法，双方利益冲突，矛盾尖锐。事实本身包含是与非、对与错、利与弊等相反的因素。

为了使报道公平又不失力度和鲜明的倾向，媒体必须谨慎地运用平衡手法，从不同的信息源获取信息，从相对的立场观察问题，并将对立的立场和观点摆出来加以比较，让受众从鲜明的对比中得出判断。这样做，既能避免媒体的观点造成倾向性，也能避免对一方利益忽略而造成的伤害。通常情况下，判断报道是否平衡主要是通过报道者的新闻写作手法。

例如，中央电视台关注伊拉克战争报道的成功，就是善于利用平衡报道来树立自己的国际影响力。其在新闻信源的平衡上尤为明显，在中央电视台国际频道的画面上，既有 CNN、美联社、路透社的信号，又有"半岛"电视台、阿布扎比电视台的声音；既播出美军的新闻发布会，也播出伊拉克政府新闻发言人的谈话。路透社则评价道："随着中国共产党决定给予国内媒体报道突发性国际新闻更大的自由度，中国的电视台和报纸得以史无前例地就目前受全球瞩目的美伊战争，为观众和读者提供及时、公正、详尽的报道。"伊拉克战争的信源平衡是我国媒体成功掌握平衡报道的艺术与技巧，使新闻消息易被国内外受众所接受、认同，最大限度地减少误读现象的产生。

（二）注重重点与一般的平衡

现实社会中有主要矛盾与次要矛盾，有重点工作与一般工作，有热点问题与冰点问题。如果新闻报道中缺少了重点与热点，报道就会缺失分量和张力，但如果这类报道过多，则不能全面平衡地反映现实客观。反之，一般新闻和冰点新闻过多，则使媒体报道凌乱无分量，不能深刻反映现实社会，避免使无足轻重的小事件比关系公众利益的重大新闻吸引更多的社会关注，否则就不能集中社会关心的重心，会大大削弱对社会的吸引力和影响力。当然，重点与一般是相比较而言的，报道只抓重点不兼顾一般，同样不能正确地反映现实社会的本来面目。因此，新闻报道既要抓重点和热点，也不能忽视一般和冰点，这样才能让受众全面平衡地了解和认识客观世界，满足受众的多元化需求。通常情况下，重点与一般的比例以三七开或四六开为宜。

（三）重视新闻报道的整体平衡

首先，注意报道议题的平衡，即各个领域、行业、地区，以及正面与负面报道及其构成要素的全面平衡。综合性媒体反映面广，涉及政治、经济、军事、教育、科技、文化、体育、医疗等领域，涉及工业、农业、商业、交通运输等各个行业，自然要注意平衡。如果一家新闻媒体在一个新闻单元或一段时间内，集中报道某一个议题，尤其是集中报道某一地区的负面信息，则有可能是这一地区出现了严重的问题，也可能是媒体有携嫌之疑，也可能是进入了某一议程设置的框架之中。

在一个新闻单元中做到领域、行业、地区、正面与负面报道等因素的平衡比较容易，但在较长的时间内保持平衡较难。因此，新闻媒体在连续不断的新闻报道中，要兼顾各领域、行业、地区、正面与负面报道的平衡，同时还要注意报道价值取向的平衡，不以点盖面、不一边倒。在选择国际新闻的议题时，尤其要注意平衡，避免沦为他国的免费传声筒。

（四）把握新闻体裁的平衡

新闻作品的体裁丰富多样，有消息、简讯、通讯、言论、特写、新闻摄影、深度报道等。

消息、特写、新闻摄影，篇幅短小，内容简洁，只客观概述新闻事件的轮廓，不提供媒体对事实的态度和观点，其中的倾向性有待受众领悟。而深度报道与通讯是对新闻事实详尽的报道，其中不仅叙述事实发生的过程，还阐释引发事实的社会背景和历史原因，从历史渊源、因果关系、矛盾演变、影响作用和发展趋势等方面报道新闻事实，突破了消息一人一地一事的报道模式，一面剖析事实内部，一面展示事实宏观背景，甚至提供专家学者等社会各界的观点和媒体的立场，对事实的报道达到了一定的广度和深度，这种新闻体裁可以让受众比较全面平衡地了解事实的真相和来龙去脉。言论则就某一事实直接发表观点和看法，立场鲜明，舆论引导性强，其作用在于揭示新闻事实的本质及其发展趋向，解释新闻事实的因果和意义，对新闻事实做出价值判断，深化新闻报道的主题。

因此，对于复杂背景下的国际焦点问题的报道，应该多选择专题报道、深度新闻，如果只做消息或简讯报道，则容易让受众知其然不知其所以然。而选择专题报道、深度新闻的方式，则能够为受众展示真实的社会环境，使受众在获取信息的过程中得到求知和思考的深入。

（五）力争褒与贬、庄与谐、理性与活泼的平衡

新闻媒体应当褒扬正义、文明、优秀、先进，鞭笞邪恶、野蛮、庸俗、落后。正义与文明、优秀与先进，代表人类社会发展的方向，不褒扬就不能很好地引导舆论，然而只褒扬不鞭笞，就不能有效地促进邪恶、野蛮、庸俗、落后向积极的一方转化。

庄重、严肃是新闻媒体新闻报道的主流，但如果新闻单元中这类新闻报道过多，会削弱受众接受信息的兴趣和注意力，因此，在新闻单元的编排上应该搭配一些诙谐幽默的新闻。

理性、深入报道事实是媒体的职责所在与水准体现，但如果新闻单元中这类新闻报道过多会留给受众较大的阅读压力，也会影响受众的兴趣和注意力，因此，在编排上应适当配置一些轻松活泼的新闻。

第四节　国际新闻的深度报道意识

新闻媒体的要闻版和综合类新闻栏目以消息报道为主，如央视的《新闻联播》和《人民日报》的头版等，在新闻单元内消息与其他新闻体裁的比例一般为6：4，另外，新闻单元由于受版面和节目时间的限制，不宜做深度报道。因此，新闻媒体开辟新闻专题或深度报道栏

目，加强深度报道的分量。如央视《焦点访谈》《新闻调查》《新闻1＋1》《深度国际》《今日关注》《面对面》《东方时空》等，《人民日报》评论、理论、国际副刊等。

对于复杂的新闻事实与国际问题，只做消息报道，不做深度报道容易使受众"知其然而不知其所以然"，因此，新闻媒体需要加强深度报道意识，尤其对复杂的社会现象和国家问题，应该向受众呈现事件的来龙去脉、背后的深层原因，进行理性的深度解析。

一　深度报道的概念及特点

关于深度报道的含义新闻学界和业界有多种界定。《新闻传播百科全书》给深度报道下的定义为：深度报道指对较重大的政治、经济及社会事件或问题进行充分的解释分析，揭示其原因意义的报道样式。注重"何因"（Why）和"怎样"（How）这两个要素的发挥。[1]

《新闻学大辞典》的定义为：深度报道是对重大的新闻事实从深度（深刻性）和广度（广延性）两方面进行深入、细致的剖析，运用解释、分析、预测等方法，从历史渊源、因果关系、矛盾演变、影响作用、发展趋势等方面报道新闻的形式。

深度报道必须是对重大的新闻事实或具有一定新闻价值的事实进行挖掘，运用广视角、大容量、深层次、多手法的思想视域与报道方式对新闻事实进行的专门报道或问题研究，全面、系统、深入、理性地揭示新闻事件的本质和原因。具有以下几个特点。

（1）突出"为何"要素，追根究源，摸清新闻事实的来龙去脉，深挖新闻背后的新闻。

新闻报道都注重新闻六要素，但不同的新闻文体对六要素有所侧

---

① 参见邱沛篁、吴信训等主编《新闻传播百科全书》，四川人民出版社 2001 年版，第5 页。

重，在消息报道中，最突出"何事""何人""时间"这几个要素，而"为什么""如何"一般处于从属地位；在有些消息报道，尤其是在"倒金字塔式"的消息报道中，"为什么"和"如何"常常被忽略不顾，只简单地报道：何时何地发生了何事，系何人所为。而深度报道恰恰相反，它在"为何"上大做文章，尽可能地利用各种材料，说明一个事件是在什么样的背景与条件下发生的，这一事件的发生会对社会各界带来什么样的影响，从而帮助受众了解此事的本质和意义。

（2）注重纵横联系，把新闻事实放在一定的社会环境和时代背景下面来分析，或者把单一的、孤立的新闻事实与其他事实相比较、相联系，揭示其蕴含的意义。

任何一个新闻事件都可以向它的纵的方面（历史、发展演变过程）挖掘，也可以向它的横的方面（环境、同类对比）挖掘。纵横挖掘的结果，往往能发现浅尝辄止的人所意想不到的"富矿"。

（3）大量地利用有关背景材料拨云见日、指点迷津。

消息也常常使用新闻背景，但不同的新闻文体对新闻背景的使用有不同的侧重，消息报道中的背景材料侧重于补充与说明，而深度报道的背景材料侧重于揭示和解惑。如中央电视台《新闻调查》栏目播出的《拷问食品安全》节目，就是通过摆出近几年来我国频繁出现的食品安全问题，如三聚氰胺、苏丹红、金华火腿肠、瘦肉精等这些新闻背景，来揭示我国一些食品生产商道德沦丧和食品生产法律不健全的事实。

（4）用事实说话、夹叙夹议是深度报道的表达艺术。

消息报道强调客观、简括，由于写作原理要求和篇幅所限，不发表议论，而深度报道既要叙述新闻事实，又要对事实加以解释、分析、评论，通过报道事实来"说话"。

深度报道内容上的层层深入是基于丰富的新闻事实与信息，基于对材料充分的调查取证，基于新闻事实与社会的广泛联系。例如，环球网对法国《查理周刊》恐怖袭击事件的报道，一篇题为"《查理周刊》惨案不只是恐怖袭击"的深度报道，除了呈现事件的起因、发展、结果外，还带有分析《查理周刊》遇袭背后的法国社会深层次原因。其中说理性的部分让受众了解了该事件背后原因的复杂性。报道中信息较为详尽完整，能够为受众提供翔实的法国乃至欧洲复杂的社会画面，使受众在了解事件中获得知识和思考。在内容上，善于整合历史的、现在的多种材料，整合现实中宏观、中观、微观各个层面的背景，将新闻事实放到各个层次和背景中来表现它的走向和意义，从而使受众在了解新闻事件时，全面、深刻，不会情绪化地对原因做简单的归结。我们节选了该报道的一部分。

　　多名嫌犯冲进讽刺漫画周刊《查理周刊》总部，持枪扫射，造成 12 人死亡，这是法国 40 年来最惨重的袭击悲剧。这场袭击震撼了法国和整个西方，并立即不约而同地定性为恐怖袭击，齐声谴责。虽然法国官方声称谴责不针对任何具体族群或者宗教，法国伊斯兰理事会也谴责这是反民主的行径，但谁都明白作案者的身份。以极右著称、前国民阵线主席勒庞则公开谴责伊斯兰"原教旨主义"者。

　　不管怎样，从后果来看，西方这样的新闻自由不但无助于解决不同族群之间的矛盾，相反会激化。毕竟，不同的族群，其价值观和宗教信仰是不同的，如果用一个族群的标准去衡量另一个，其冲突不可避免。更何况，难道新闻自由也包括冒犯他人信仰的自由吗？从这个角度讲，中国没有这样的新闻自由，实是各民族之幸。

　　西方和伊斯兰社会的尖锐对立可谓冰冻三尺，尤其是在冷战后迅速升级，2001 年"9·11"事件达到阶段性顶峰。虽然西方在反恐时非常谨慎地把极端恐怖分子与普通穆斯林进行区隔，但事实上并无法从根本上改变两种文化的对立。2004年马德里连环爆炸案和2005年伦敦爆炸案都是极端伊斯兰恐怖分子所为，尤其是伦敦爆炸案凶犯，竟然是英国土生土长的穆斯林。

如果说过去双方的矛盾主要在于偏袒以色列、干预内政，但21世纪则主要在于穆斯林在西方极其迅速的人口扩张。按这个速度发展，在一两代人的时间里，整个西方将伊斯兰化。在这个背景下，西方社会不断发生类似于文明遏制的举措。比如法国立法禁止穆斯林妇女披戴传统罩袍，要求进行价值观同化。比利时政府则随后出台法规禁止戴头巾中学生进入各大官方学校，其理由是阻止对穆斯林妇女和女孩的压制。但正如质疑者所说的：选择穿着服饰是人类的最基本权利，要求禁止戴面罩的那些人他们无法拿出证据，证明戴面罩可能破坏社会民主、公共安全、秩序或道德。更令人担忧的是，伴随着穆斯林人口的扩张，西方极右势力也迅速抬头。

所以，从大的历史背景来看，今天的巴黎惨剧，并不仅仅是反恐这么简单，实是西方与伊斯兰文明对立的延续。只是矛盾虽然是旧酒，但西方却无法找到新瓶来解决。

从人类的历史上看，不同文明之间如何实现和平，到现在都没有找到有效的办法。西方和伊斯兰文明的冲突延续了上千年直到今天，西方对印第安文明、非洲文明、印度文明、中华文明不是屠杀、贩卖就是殖民，对犹太文明迫害也是主线。相对而言，只有中国对不同文明更为包容。因为我们是天下观，没有宗教。所以也就少了西方建立在种族和宗教对立基础上的冲突、歧视和排他性，更没有为了传教而具有的扩张性。

巴黎悲剧，不但不会令这种文明冲突降温，相反将会更加激烈。仅就法国而言，这起悲剧将有助于极右政治势力的进一步崛起。应该说挪威惨案和温纳自杀都没有在法国激起太大的反响，但这一次给法国人的冲击实在太大。正如总理瓦尔斯所说："它击中了法国的心脏，每个人都感到恐惧。"法国各地都自发出现不同规模的集会，悼念死难者。此事件将令整个法国社会思考自己的文明未来以及与伊斯兰文明的关系。在民意的压力下，法国也将出台更为严厉的文明遏制政策以及同化政策。这反过来又将刺激穆斯林社会的反弹。毕竟，不管什么宗教，都有极端主义者（《查理周刊》在法国的政治光谱里属于极左）。每一方的激进反应只能造成恶性循环。

在未来的 20 年间，随着西方文明的日益衰落和人口数的迅速下降，极右势力将日益活跃和壮大，对立双方激进派的崛起，将使得文明的对撞更加惨烈。只是在这个过程中，西方文明赖以存在的基础民主不但束手无策，相反还将加剧危机的来临。

该篇报道的信息较为详尽完整，能够为受众提供翔实的法国乃至欧洲复杂的社会思想现状。它善于整合历史与当下的多种材料，注重宏观、中观、微观各个层面的背景，将新闻事实放到各个层次和背景中表现它的走向和意义，让受众在比较宽广的视角下审视事件，在多维的角度下思考，使受众在认知事件时，全面、深刻，不会给出情绪化标签式的归结。

二　深度报道的体裁

深度报道的体裁有：连续报道和系列报道、调查性深度报道、新闻评论、专题报道、解释性报道、预测性报道、特别报道、深度访谈等新闻报道。

（一）连续报道

连续报道是指对新闻人物或事件在一定时期内持续进行的报道。一般用于重大题材或正在发展过程中的事物，不断从新的角度反映过程的进展及其在社会上引起的反响，收到集中、突出的报道效果，以形成舆论和引起受众的关注。①

连续报道是深度报道运用得较为广泛的一种形式。它是在一定时期内，对正在发生、发展中的同一新闻事件，进行及时而又持续的分段报道，即保证了新闻报道的时效性，还使观众对新闻事实的进展形成强烈的关注和期待。连续报道中的一些组成部分虽然单独来看往往不能成为一篇深度报道，但通过连续报道的整合，连缀起来的各条报道会共同形成报道的厚度与深度，从而完成从一般消息体裁的简明报道向深度报道的旨趣转变。

连续报道具有报道事件过程的完整性与动态性、"进行时"的时效感与悬念感的特点。

（二）系列报道

系列报道是围绕同一新闻主题，从不同角度、不同侧面，以若干具有并列意义的不同新闻事实，多次、连续地展开报道，以达到深入全面反映新闻事实的旨趣与效果，是深度报道的一种形式。

系列报道注重对社会问题和现象的解释分析，富有理性思辨色彩，报道对象大致有两种情况：一是对彼此独立存在却反映了相同本质的一些事物，持续发出报道；二是对某一重大事实，从不同角度发出多篇报道，以全面、深刻地揭示其意义。

系列报道具有主题同一、题材重大、结构立体等特点。

（三）调查性报道

调查报道是"记者对社会公众关心的新闻事件、新闻人物或深藏的潜在的社会问题、社会现象，经过周密的调查研究，用活生生的第

---

① 参见刘海贵、尹德刚《新闻采访写作新编》，复旦大学出版社 2007 年版，第330 页。

一手资料和可靠的数据，写出的具有一定的权威性报道的一种报道形式"①。甘惜分主编的《新闻学大辞典》则将调查性报道界定为"一种以较为系统、深入地揭露问题为主的报道形式"②。

调查报道与一般新闻体裁的区别就在于它是对潜在新闻线索的执着追求，寻找无可否认的证据，侧重于展现和揭示事实背后不为广大受众所知的事实，因而它能够最大限度地接近事实真相，满足受众的知情权。

揭示事实表象下的真相和挖掘事实内在隐蔽的关系，并向公众分析这些联系的重大意义是调查性报道的特点。

（四）专访

专访是以访谈对话的方式，对新闻事件或新闻人物进行深度的剖析和展开，阐述对某个问题、某种现象、某个人物、某一新闻事实的立场和看法。这种剖析和展开具有一般深度报道的内涵和深刻的特征。同时，它突破了原有的以传播者为主体的立场，具有更大的包容性和开放性，可以容纳不同的主体对新闻事实进行评析和判断。它不仅继承了调查性报道精雕细刻的优点，同时调动了受众的互动性和参与性。

（五）新闻评论

新闻评论是对重大的新闻事件或重大社会问题发表意见、进行分析和评述的体裁。新闻评论就某一事实直接发表观点和看法，立场鲜明，舆论引导性强。其作用在于揭示新闻事实的本质及其发展趋势，解释新闻事实的因果和意义，对新闻事实做出价值判断，深化新闻报道的主题。

---

① 彭朝丞：《一篇有中国特色的调查性报道——评〈百家三资企业调查表明：在华投资大有可为〉》，《新闻界》2000年第5期。

② 甘惜分主编：《新闻学大辞典》，河南人民出版社1993年版，第153页。

新闻评论的表现手法灵活多样，或虚实结合，有述有评，既有对事件的呈现，又有对事件的分析和评论；或以典型事件为基础，就事论理，具有舆论导向的作用；或采用"透过现象说本质"，依托新闻事实"用观点说话"，就事论理，揭示意义；还可以在客观报道的基础上，提供报道者的观点与立场，便于受众在事实和见解的同步接收中思考与判断。

（六）专题报道

专题报道是深入报道某一重大新闻事件或为广大受众所关心的社会现象的专门报道，是在一个独立的新闻单元中，对其进行全方位的报道和评论。专题报道由于篇幅长、展现的内容丰富而深厚，最能集中体现深度报道最本质的特征。选题具有新鲜性、重大性、思辨性和专题性的特点。

专题，顾名思义，是对某一题材或内容的专门报道。它的对象只有一个，一个事件、一种现象或者一个新闻人物。专题新闻报道是在一组新闻单元中通过多侧面、多角度、多方位的报道，将某一事件、现象的前因后果、来龙去脉或人物的思想和事迹展示出来。

三　国际新闻深度报道的必要性

深度报道具有"透视解析立体化，表现手法多样化，传播语境真实化"的特点，可以深入事实内部和各个侧面，全方位地透视、分析、解释、评论事实，不仅说明事实的来龙去脉，还要讲清原因结果，并能预示事实发展的趋势和方向，深刻揭示其内涵和意义，即"以今日的事态，核对昨日的背景，从而说出明日的意义"。因此，对于当今世界复杂多变、扑朔迷离、波诡云谲的国际政治和经济环境进行深度报道十分必要。

（一）追本溯源可以使新闻全面、系统、深入、理性

面对波诡云谲的国际局势，新闻媒体应为受众提供更详细的内

容、更核心的真相、更权威的观点、更理性的分析。

今天的受众已不满足于一般的信息报道，他们不仅要知道发生了什么，还要深入了解为什么在这一时期这一地区会发生这一事件，这就需要新闻媒体对事实进行更深层次的解读和分析。

由于深度报道不局限于报道新闻事件本身，不是"纯新闻报道"，因此，在报道事实的同时揭示其发生的原因、造成的影响等，其深度在于不但能发现问题，而且能揭示和剖析问题产生的历史根源，让受众全方位、本质地认识问题。

例如，1997 年 8 月 17 日，是希特勒最为信任的顾问与助手鲁道夫·赫斯去世 10 周年的日子，这一天，新纳粹分子在德国及另一些国家为赫斯招魂，为纳粹张目。新纳粹分子缘何妖风四起、如此猖獗？1997 年 8 月 26 日，《北京青年周刊》撰写的一篇题为《新纳粹又掀妖风》一文对其做了深度报道，其深层原因是德国军队、警方、司法界都为新纳粹支撑起了保护伞。在各地新纳粹组织的头目和骨干中，有不少人曾是联邦国防军军人，德国不少地方的警察对新纳粹的活动，甚至是暴力犯罪活动置若罔闻，新纳粹在司法界也不乏"保护使者"，德国西部有一个由众多资深律师组成的专门援助被捕新纳粹重要人物的组织等。

这篇报道不仅为受众提供了在德国出现了新纳粹分子这一事实，还深度挖掘了其产生的根源和为什么能够大行其道的现实环境。

（二）纵横联系可以拓宽视野增加厚重感

深度报道注重纵横联系，把新闻事实放在一定的社会环境和时代背景下来分析，或者把单一的、孤立的新闻事实与其他事件相比较、相联系，揭示其蕴含的意义，因此，可以拓宽视野，增加报道的厚重感。

任何一件事都可以向它的纵的方向（历史、发展演变过程）挖掘，也可以向它的横的方面（环境、同类对比）拓展，往往能发现浅尝辄止的报道所涉及不到的"富矿"。因此，媒体要对事实进行多层次、多角度、多方位的开掘，并思辨性地分析新闻事实。

报道的深度来源于事实本身，更来源于媒体对现实的透视力，这就要求媒体记者的眼力犹如一把锋利的解剖刀，把事实的特点、本质，事物发展的演变进程、根本原因呈现出来，发现矛盾，揭示真相，探寻本质，而不能停留于现象和表面的认识。

例如，美国在20世纪末曾经发生过一件奇闻：一个9岁的孩子罗伯特手持仿真手枪抢劫银行，而且抢劫成功。单纯报道这一突发事件未尝不可，虽然这样做可以引起受众的关注，但是会忽略这一事件背后潜藏的社会原因。有位记者对罗伯特作案前后的行踪进行了纵横挖掘。他不仅描写了罗伯特"高兴地挥动着手中的钞票，连蹦带跳地逃跑了"，而且还引导受众沿着孩子的足迹走访了饮食店、社交场所、孩子的家庭，从而揭示了一系列严重的社会问题，引导受众不能对这一事件一笑了之。经过记者的挖掘，罗伯特抢劫的原因是，头一天晚上看了侦探电视片和关于警察与小偷的电视报道，电视片中充满了抢劫犯罪等暴力镜头，提出"媒介暴力"对孩子的心理和行为产生了毒害和影响，是其抢劫的原因之一；另外，罗伯特用抢劫的钱买了油炸点心和汉堡包，饱餐一顿后又买了手表和电影票，回家后把剩下的20元钱交给了父亲。他的母亲已经与他的父亲离婚了。这又反映了美国社会严重的高离婚率的问题，孩子由于缺少家庭关爱和教育而走上犯罪道路，成为"单亲家庭"的牺牲品。最后记者没有忘记翻查历史记录，"罗伯特是纽约市今年已发生的100多起抢劫案中案犯年龄最小的一个"。记者没有渲染和夸大事实，只是向受众展示了更广阔的生活环境，增加了事实的厚重感，看完这篇报道后让人心情沉重轻松不起来。

（三）拨云开雾可以揭示新闻事实的意义和本质

运用有关背景材料拨云开雾、指点迷津，可以揭示新闻事实更深一层意义的报道。虽然消息报道也使用背景材料补充说明新闻事实，但深度报道使用背景材料侧重于揭示事实的本质和意义。

例如，新华社曾经就"中国与不丹即将就两国边界问题进行官方会谈"做的消息报道，使用的背景是介绍不丹的地理位置。而美联社的报道使用的背景材料是："中国和不丹没有外交关系，不丹的对外政策一向是由印度指导的"，"但是北京已经表示希望直接同不丹打交道，而不通过印度政府"。法新社的报道使用的背景材料是："不丹自从 1981 年以来一直表示愿意经过谈判划定它同中国的 500 公里长的边境线，这显然是得到印度赞同的；中国也表示对同不丹建立直接关系感兴趣"，"北京希望不丹王国对它的两个强大的邻国采取一种等距离的立场"，"这将是不丹王国自从 1959 年在西藏暴乱之后它禁止边界贸易以来同中国的首次官方接触"。这两篇报道提醒受众不丹王国这次对北京的访问不同寻常，这样的背景材料显然不是我国媒体报道中的那种一般性的地理材料背景所能比拟的，它揭示了"新闻背后的新闻"。

当代社会被误解最严重的当属伊斯兰文明。对于不同文化间的冲突，新闻媒体不仅要向受众传递信息，还有责任向受众呈现事实背后的深层次原因，让受众厘清是非，正确地看待问题，形成正确的价值观和世界观。长期以来，伊斯兰世界与西方世界有着彼此"格格不入"的宗教信仰、价值观念、文化体系，因此两大文明自公元 7 世纪以来一直在冲突的最前沿。自近代以来，西方世界因工业革命而崛起，伊斯兰世界在近代因发展乏力和被殖民而凋零。进入现代社会，原本羸弱的伊斯兰世界被分化，国家、派别林立，在石油利益与地缘政治等复杂因素交织下，各种势力在阿拉伯－伊斯兰世界角逐，战争、动荡不断。"9·11"事件后,在西方媒体议程设置和形象建构下,"恐怖""暴力""极端"等一系列负面标签被强行贴在伊斯兰教和穆斯林的身上。但是,新闻媒体对发生在伊斯兰世界的战争、动荡、暴力事件,以及被曲解的文化缺乏相应的深度报道,大多只是进行消息报道,未能让受众认识到事件本身的深刻性、复杂性,造成受众简单地对事件进行标签式的解读和对异质文化的误读。因此,对复杂的新闻事实进行适当的深度报道,有助于引导受众全面了解事实,同时也能提高记者的报道水准和媒体的权威性。

参考文献

【著作】

［美］阿克巴·艾哈迈德：《今日伊斯兰》，甘肃民族出版社 2013 年版。

［美］爱德华·萨义德：《报道伊斯兰——媒体与专家如何决定我们观看世界其他地方的方式》，阎纪宇译，上海译文出版社 2009 年版。

［美］爱德华·萨义德：《东方学》，王宇根译，生活·读书·新知三联书店 2007 年版。

［埃及］艾哈迈德·爱敏：《阿拉伯——伊斯兰文化史》，纳忠等译，商务印书馆 2001 年版。

［英］戴维·巴勒特：《媒介社会学》，社会科学文献出版社 1989 年版。

［德］迪特·森格哈斯：《文明内部的冲突域世界秩序》，新华出版社 2004 年版。

丁宏主编：《宗教·社会与发展："穆斯林社会发展问题"研讨会论文集》，中央民族大学出版社 2012 年版。

［加］弗雷泽：《软实力：美国电影、流行乐、电视和快餐的全球统治》，刘满贵等译，新华出版社 2006 年版。

［法］弗雷德里克·马特尔：《主流：谁将打赢全球文化战争》，

刘成富译，商务出版社 2012 年版。

　　［美］傅立民：《美国在中东的厄运》，周琪译，社会科学文献出版社 2013 年版。

　　高占福、李志坚：《伊斯兰教与中国穆斯林社会现代化》，宗教文化出版社 2013 年版。

　　郭庆光：《传播学教程》，中国人民大学出版社 1999 年版。

　　胡明：《胡适选集》，天津人民出版社 1991 年版。

　　胡联合：《全球反恐论——恐怖主义何以发生与应对》，中国大百科全书出版社 2011 年版。

　　花建军：《软权力之争：全球化视野中的文化潮流》，上海社会科学院出版社 2001 年版。

　　［美］杰里尔·A. 罗塞蒂：《美国对外政策的政治学》，周启鹏等译，世界知识出版社 1997 年版。

　　金宜久：《伊斯兰教史》，江苏人民出版社 2006 年版。

　　［美］理查德·内德·勒博：《国际关系的文化理论》，陈锴译，上海社会科学院出版社 2015 年版。

　　李瞻：《国际传播》，台湾三民书局 1986 年版。

　　李少南：《国际传播》，黎明文化事业股份有限公司 1983 年版。

　　李希光：《畸变的媒体》，复旦大学出版社 2003 年版。

　　梁漱溟：《中国文化要义》，学林出版社 1987 年版。

　　陆扬、王毅：《文化研究导论》，复旦大学出版社 2006 年版。

　　［美］罗伯特·福特纳：《国际传播：全球都市的历史、冲突及控制》，刘利群译，华夏出版社 2000 年版。

　　［英］马林诺夫斯基：《文化论》，费孝通译，中国民间文艺出版社 1987 年版。

　　马丽蓉：《西方霸权语境中的阿拉伯—伊斯兰问题研究》，时事出版社 2007 年版。

〔美〕迈克尔·帕伦蒂:《美国的新闻自由》,韩建中等译,河南人民出版社 1992 年版。

〔美〕诺姆·乔姆斯基、戴维·巴萨米安:《美国说了算:乔姆斯基眼中的美国强权》,臧博译,中信出版社 2011 年版。

彭兰:《网络传播概论》,中国人民大学出版社 2001 年版。

Pew Research Centers Forum on Religion & Public Life,Mapping the Global Muslim Population,October 2009.

钱穆:《中国文化史导论》,商务印书馆 1994 年版。

〔美〕乔纳森·莱昂斯:《智慧宫》,刘榜离、李洁译,新星出版社 2013 年版。

〔美〕塞缪尔·亨廷顿:《文明的冲突与世界秩序的重建》,周琪等译,新华出版社 2005 年版。

宋鸿兵:《货币战争》,中信出版社 2008 年版。

孙晶:《文化霸权理论研究》,社会科学文献出版社 2004 年版。

沃尔特·李普曼:《公共舆论》,阎克文译,上海世纪出版集团 2006 年版。

吴信训:《大众传播新闻》,四川人民出版社 1994 年版。

吴云贵:《近现代伊斯兰教思潮与运动》,社会科学文献出版社 2000 年版。

〔美〕休斯顿·史密斯:《人的宗教》,刘安云译,海南出版社 2013 年版。

杨松芳:《美国媒体中的中国文化形象建构》,北京师范大学出版社 2011 年版。

〔美〕约翰·L. 埃斯波西托、达丽亚·莫格海德:《谁代表伊斯兰讲话? 十几亿穆斯林的真实想法》,李维建等译,中国社会科学出版社 2010 年版。

〔美〕约瑟夫·奈:《硬权力与软权力》,门洪华译,北京大学出版社 2005 年版。

［美］詹姆斯·罗尔：《媒介、传播、文化——一个全球性的途径》，董洪川译，商务图书馆 2005 年版。

张锡模：《圣战与文明：伊斯兰与西方的永恒冲突》，生活·读书·新知三联书店 2014 年版。

张国庆：《媒体话语权》，中国人民大学出版社 2012 年版。

张桂珍：《国际关系中的传媒透视》，北京广播学院出版社 2000 年版。

《中国伊斯兰百科全书》，四川辞书出版社 2007 年版

庄锡昌：《多维视野中的文化理论》，浙江人民出版社 1987 年版。

【期刊】

陈敏华：《认知互动与文化偏见——试析西方文明与伊斯兰文明的社会互动》，《国际观察》2008 年第 6 期。

党芳莉：《跨文化传播中国家形象的媒体误读研究》，《上海财经大学学报》2009 年第 4 期。

丁克家：《美国影视媒体对"他者"的文化想象——美国影视中阿拉伯穆斯林形象塑造和再现的文化解读》，《回族研究》2005 年第 4 期。

范可：《文明冲突与和而不同》，《广西民族学院学报》（哲学社会科学版）2003 年第 5 期。

高祖贵：《伊斯兰世界：美国的霸权支轴（续一）》，《国际资料信息》2004 年第 9 期。

《国际文化界反思"9·11"事件》，《天涯》2001 年第 6 期。

韩松立、许雪芬、史润霞：《文化认同视角下西方社会与伊斯兰社会的文化冲突》，《西北民族大学学报》（哲学社会科学版）2014 年第 3 期。

洪和平：《伊拉克战争中的传媒战给我们的启示》，《军事记者》2003 年第 7 期。

胡望年：《伊拉克战争"新闻攻心战"特征浅析》，《军事记者》2003 年第 7 期。

霍志坚、毛薇：《解读伊拉克战争中的新闻报道》，《湖南大众传媒职业技术学院学报》2003 年第 4 期。

李良荣、刘畅：《适宜于报道的社会运动——反思西方主流媒体对于"阿拉伯之春"与"占领华尔街"的媒介建构》，《新闻大学》2013 年第 3 期。

李辉、章景然：《伊斯兰"吉哈德"与"圣战"探微》，《佳木斯大学社会科学学报》2013 年第 6 期。

雷淑容：《西方新闻自由实质的一次暴露——析伊拉克战争中的美英媒体行为》，《新闻战线》2003 年第 9 期。

刘蓉蓉：《现代化战争中的媒体角色——伊拉克战争中美国媒体给我们的启示》，《西南农业大学学报》（社会科学版）2006 年第 4 期。

马丽蓉：《论西方霸权语境中的文明对话与文化自觉》，《回族研究》2006 年第 1 期。

马丽蓉：《全球软环境治理与媒介霸权主义——从"伊斯兰恐怖论"和"中国威胁论"谈起》，《回族研究》2008 年第 3 期。

马丽蓉：《阿拉伯—伊斯兰世界群体文化心理蠡测（上）》，《回族研究》2007 年第 2 期。

马晓霖：《六十年来我国媒体关于中东问题的报道》，《阿拉伯世界研究》2010 年第 2 期。

马宗保：《美国穆斯林人口与社会》，《回族研究》2014 年第 2 期。

毛小林：《伊斯兰文明在美国的体验——从爱德华·W. 萨义德及其〈掩盖伊斯兰〉谈起》，《阿拉伯世界研究》2006 年第 3 期。

邵志择：《恐怖主义与西方媒介的关系》，《新闻记者》2006 年 5 期。

邵培仁：《媒介恐慌论与媒介恐怖论的兴起、演变及理性抉择》，《现代传播》2007年第4期。

沈宁：《从文化视角看伊斯兰世界反美浪潮》，《当代世界》2012年第11期。

宋庚一：《美国媒体对伊斯兰世界的形象建构——以〈时代〉个案为例》，《阿拉伯世界》2004年第2期。

唐佳梅、单波：《脱轨的新闻框架与动态的文化霸权——"9·11"事件十周年报道的跨文化分析》，《现代传播》2013年第7期。

田文林、林海虹：《伊斯兰与西方的冲突：一个自我实现的文化预言》，《世界经济与政治》2002年第1期。

王逢振：《爱德华·萨伊德：真正的知识分子》，《外国文学》2001年第5期。

王震：《"阿拉伯之春"与西方意识形态渗透》，《现代国际关系》2012年第6期。

温宪：《"新帝国"的卫道士——析美国媒体在伊拉克战争中的报道导向》，《新闻战线》2003年第7期。

吴坤：《凤凰卫视对"9·11"事件和阿富汗战争的新闻报道》，《现代传播》2002年第6期。

吴冰冰：《霸权、话语、认同与伊斯兰——评〈西方霸权语境中的阿拉伯—伊斯兰问题研究〉》，《回族研究》2007年第4期。

杨卫东：《后冷战时期美国与伊斯兰世界冲突的文化根源》，《东北师范大学学报》（哲学社会科学版）2011年第5期。

袁馨：《浅析媒体在战争中的角色——以伊拉克战争为例》，《商丘职业技术学院学报》2013年第3期。

张讴：《战争中的媒体和媒体中的战争》，《中国电视》2003年第4期。

【硕士和博士论文】

方芳：《恐怖主义的媒体话语与中美国家身份》，博士学位论文，上海外国语大学，2013年。

傅毅飞：《后"9·11"时代美国新闻自由的"沉沦"及其走向——以"9·11"后的两次战争为例》，硕士学位论文，南京师范大学，2006年。

高炳：《"9·11"事件后美国穆斯林受到的冲击及其应对》，硕士学位论文，南京大学，2013年。

李江宁：《"9·11"之后美国对伊斯兰世界公众外交评析》，硕士学位论文，中国人民大学，2005年。

刘峥：《新闻语篇CDA研究方法初探——纽约时报拉登之死案例研究》，硕士学位论文，清华大学，2012年。

吕永生：《美国新闻媒体与第一次海湾战争》，硕士学位论文，山东大学，2006年。

马德国：《〈纽约时报〉"9·11"事件报道研究》，硕士学位论文，湘潭大学，2011年。

马琼晖：《西方媒体话语下的伊斯兰世界——〈纽约时报〉和〈泰晤士报〉对伊斯兰国家报道框架分析研究》，硕士学位论文，上海外国语大学，2013年。

宋庚一：《美国媒体对伊斯兰世界的形象建构——以〈时代〉个案为例》，硕士学位论文，武汉大学，2005年。

许鑫：《美国媒体伊拉克战争报道研究》，硕士学位论文，南昌大学，2005年。

赵灵敏：《"9·11"以来美国媒体对伊斯兰世界的认知及其原因》，硕士学位论文，暨南大学，2004年。

郑蓉：《西方霸权话语与阿拉伯民族形象的构建》，博士学位论文，上海外国语大学，2012年。

【报纸】

法国学者：《"阿拉伯之春"，被操纵的革命》，《环球时报》2012年12月20日。

《反伊斯兰教电影导演因涉嫌违反保释条例被捕》，《环球时报》2012年9月28日。

李明波：《分析称西方媒体夸大对叙利亚报道抢占话语霸权》，《广州日报》2012年2月27日。

李明波：《从叙利亚报道看媒体话语权之争》，《广州日报》2012年2月27日。

马艳：《恐怖主义是全人类的公敌——从艾提尕尔清真寺大毛拉遇害说开去》，《中国民族报》2014年8月20日。

《穆斯林委员"拒不哀悼"因腿有伤》，香港《文汇报》2014年3月7日。

邱永峥、刘畅：《西方搞舆论战强攻叙利亚》，《环球时报》2012年3月16日。

张国庆：《伊拉克战争中的美国媒体》，《文汇读书周报》2013年7月12日。

郑协：《马长庆委员谴责暴力恐怖行径》，《西宁晚报》2014年3月5日。

【网站】

《俄罗斯称西方媒体使用可疑消息来源对叙利亚进行报道》，环球网2012年2月26日，详见 http://world. huanqiu. com/roll/2012-02/2471293. html。

《美国宣传导向：极力丑化穆斯林臆造伊斯兰暴力与危险形象》，中国穆斯林青年网2011年4月15日。

《肆意抹黑叙利亚西方媒体职业操守何在》，新华网2013年9月

15 日，详见 http：//news. xinhuanet. com/world/2012 — 03/19/c
_ 122847367. htm。

《索马里穆斯林"网络圣战"》，伊斯兰之光网 2008 年 8 月 22 日，
详见 http：//www. norislam. com/? viewnews—2376。

唐亮：《伊拉克战争的另类思考：透视战争中的媒体操纵》，人民
网 2003 年 4 月 6 日，详见 http：//news. sina. com. cn/w/2003—04—
06/0528982908. shtml。

《西方媒体热评拉登之死让"圣战"与世隔绝》，中国新闻网年 2011
年 5 月 12 日，详见 http：//news. qq. com/a/20110513/000249. htm。

后　记

　　《媒体单边战："9·11"事件背景下西方媒体对异质文化的形象建构》是在西北民族大学的支持下，由西北少数民族新闻传播科研创新团队（2013年度）进行的学术研究，为时3年多，今日终于出版，甚感欣慰。老师们为此付出了艰辛的努力，一开始团队成员对西方媒体呈现的"文明冲突""伊斯兰恐惧症""伊斯兰原教旨主义""圣战""恐怖主义""极端分子"等热门议程不甚了解，但经过潜心研究发现：西方媒体新闻传播的议程设置十分明显，其议题是配合国家利益和全球战略的语言表述方略和技巧。我们最终意识到，在当今全球霸权主义背景下，激烈的政治博弈与利益争夺仍然是国际局势的实质内核。

　　本专著本着全面平衡、客观公正、不偏不倚的精神，从新闻学与传播学的角度对西方媒体关于"9·11"事件的新闻报道进行了梳理、对比、分析和研究。第一，从独特的视角为读者呈现了新世纪以来三次重大的国际新闻事件——"9·11"事件、"阿拉伯之春"、巴黎暴恐事件，以及伴随着这三次事件媒体上出现的新闻舆论与国际政治之间关系的特点；第二，阐释了西方媒体话语霸权建构的基础、现状与表现，以及中国与中东等国传媒力量和国际传播实力的孱弱；第三，通过西方媒体就"9·11"事件的报道内容，透视了其对伊斯兰文化的主观性与偏差性；第四，分析了西方媒体如何针对东方文明（伊斯兰文明/中华文明）进行"议程设置"与"刻板形象"的建构，曲解或丑化异质文明，从而达到配合国家利益或全球战略的目的；第五，深入分析了西方媒体误导误读异质文化背后存在的政治、经济、军事、资源、意识形态、民族、文化、殖民历史等深层原因，以及错综复杂、波诡云谲的国际政治生态及深刻背景；最后，探索了国际新闻的报道对策，用以规避误读误导现象，为中国营造良好的外交环境和提升中国文化软实力提出了一些国际新闻传播的建议。

本专著是集体创作的结晶，主要由杨志平、马廷魁策划并统稿，具体章节的撰写者为：第一章由杨志平、马廷魁撰写，第二章由白艳丽、杨公成撰写，第三章由杨志宏、马翠华完成，第四章由马廷魁、张辉刚完成，第五章由马廷魁、杨志平完成，第六章由马小龙完成，第七章由杨志平、撒兰创完成，在此，由衷地感谢团队成员的努力工作和全力支持。

虽然本专著即将出版，但由于时间仓促，尤其是团队成员中没有国际关系学出身的专业研究人员，对国际政治与世界政局变化的研究不够深入，因此自觉内容肤浅，不够深刻，缺乏深入的分析与研究，所以，希望专家学者和广大读者批评指正。

杨志平

2016 年 12 月 1 日于兰州